国力研究

日本列島を、強く豊かに。

高市早苗［編著］

産經新聞出版

国力研究

国力研究◉目次

2　「習近平中国」の実態　垂秀夫（前駐中国大使）　77
「習近平中国」と「鄧小平中国」／「習近平一強」とは何か／「なぜソ連共産党は滅んだのか」／中国外交は常にアメリカというプリズムを通じて見る／中国には見えない日本／中国共産党イコール中国ではない
質疑応答

第二章　情報力

3　インテリジェンスをいかに強化していくか　江崎道朗（麗澤大学客員教授）　105
インテリジェンスの四類型／戦後日本のインテリジェンス機関／情報が回らない、上がらない、そして外部に漏れる／国家安全保障戦略とインテリジェンスの連動／台湾有事の事態認定を支えるインテリジェンスをどうするのか／中央情報組織の必要性／中央情報機関に必要な四つの権限／官邸が要求すべき情報
質疑応答

4　スパイ防止法や通信傍受等の法整備が必要　小谷賢（日本大学危機管理学部教授）　139
サイバー空間はグレーゾーンが広い／ロシアのディープ・フェイク／ウ戦争での米英の偽情報対策／日本初の偽情報戦／経済安全保障のための情報／スパイ防止法が必要
質疑応答

5 非対称兵器と平和ボケ　山口芳裕（杏林大学医学部教授）　161
非対称兵器とは何か／テロリストにとって理想的な兵器／CBRNEに関する最近の動向／中国冷凍餃子事件はテロ／「白い粉」は化学兵器の芸術品／厚労省の平和ボケ
質疑応答

第三章 防衛力

6 自衛隊の実力と反撃能力　尾上定正（元空将）　183
自衛隊の実力／軍事力はスピードが重要に／日米の統合運用レベル／自衛隊の三つの課題／反撃能力保有で必要なこと
質疑応答

7 台湾有事と日本の役割　兼原信克（元国家安全保障局次長）　207
中国は弱いと思ったらやる／台湾の運命／台湾有事と日本／誰も考えていないことがある
質疑応答

第四章 経済力

8　国力の基礎となる経済力　本田悦朗（元内閣官房参与）　235
富国強兵の経済／デフレは国力を毀損する／円安と国力は関係ない／財政は世界潮流が変わった／「健全な財政」とは何か／終わりに
質疑応答
9　日本の経済戦略──高圧経済と統合運用で政策先進国を目指せ　若田部昌澄（早稲田大学政治経済学術院教授）　255
高圧経済と統合運用／安倍晋三元総理の遺志とは何か／日銀の政策転換は時期尚早／対中国で日本の役割は大きい／統合運用で完全デフレ脱却を／統合運用のための統合政府／経済成長こそが最大の財源／バランスが重要
質疑応答

第五章　技術力

10　明治の「殖産興業」に学べ　加藤康子（産業遺産情報センター長）　283
「鉄は工業の母、護国の基礎」／自動車産業は基幹産業／EV推進は日本の雇用に影響する／EVシフトは泥船／EV車の真実／「俺たちはエンジンを守りたい」
質疑応答

装　丁　神長文夫+柏田幸子
DTP　荒川典久
帯写真提供　共同通信社

序章

国際社会の現実と「総合的な国力」強化の必要性

高市早苗

この数年間で激変する国際情勢を目の当たりにして、私たち日本人が思い知ったこと……。それは、国連安全保障理事会の拒否権を持つ大国が「外交」を制し、核兵器を持つ大国が「軍事」を制し、資源を持つ大国が「経済」を制するという国際社会の現実です。

そのいずれも持っていないのが、現在の日本です。

国連安保理と外交

「外交」については、国連安保理が機能不全に陥っている現状が長期的に続く可能性が高くなりました。国連安保理常任理事国が紛争当事国である場合、安保理は機能しなくなります。

かつては「国連至上主義」という言葉も存在するほど、我が国には国連を「万能」と見る向きもありましたが、一部の傍若無人な国・地域を前にしては、残念ながら国連の機能には限界があると考えざるを得ません。

近年、中国、北朝鮮、ロシアが、関係を深化させていることに強い懸念を抱いていましたが、二〇二四年六月一九日に、ロシアのプーチン大統領と北朝鮮の金正恩国務委員長が『包括的戦略パートナーシップ条約』に署名し、軍事的・経済的連携が強化されたことは、我が国にとっても国際社会にとっても決定的に深刻な出来事だったと思います。

さらに、二〇二四年七月三日には、中国の習近平国家主席とロシアのプーチン大統領が、訪問先のカザフスタンで中ロ首脳会談を行い、プーチン大統領が、中ロ関係を「史上最良」と評価したと報じられました。

これで、北朝鮮による核実験やミサイル発射についても、中国とロシアの拒否権行使により、国連安保理が対北朝鮮制裁決議を行うことは極めて困難になるでしょう。

既に、対北朝鮮制裁決議の履行状況を監視する国連安保理北朝鮮制裁委員会専門家パネルは、ロシアの拒否権行使によって、二〇二四年四月末には活動終了に追い込まれています。

早速、ロシアから大量の小麦が北朝鮮に提供され、北朝鮮の食糧事情が劇的に改善しているとの情報も入ってきています。拉致問題解決に向けた交渉への悪影響も懸念しています。

私は、二〇二三年五月にはG7科学技術大臣会合の議長を務め、二〇二四年七月にはイタリアが議長を務めるG7科学技術大臣会合に出席してきました。

「ロシアによるウクライナ侵略」に対する強い非難については、G7諸国及びEUの代表者間で一致し、二年連続でコミュニケに盛り込むことができましたが、特に欧州諸国については、ロシアの脅威については強い問題意識を持っているものの、地理的に遠い中国や北朝鮮の動向も含む東アジアや東南アジアの緊迫した状況についての関心は比較的薄いように感じられ、残念に思いました。科学技術大臣会合ですから、平場の議題は先端技術開発や科学技術人材交流に関する協力など限定的なものになることは仕方ありませんが、諸外国の閣僚が来日された折のバイ会談や各国大使との会談の機会には、中国による先端技術情報の窃取や軍事転用のリスクについて、積極的にお話をするようにしています。

他方、二〇二四年七月に開催されたNATO（北大西洋条約機構）の首脳会合では、ロシアによる侵略との戦いを続けるウクライナへの支援が議題とされ、同月一〇日に採択された首脳宣言において、「北朝鮮（及びイラン）が、軍需品や無人航空機（ＵＡＶ）などの直接的な軍事支援をロシアに提供し、ウクライナに対する侵略戦争を煽っている」と指摘され、中国は、「いわゆる『無制限』のパートナーシップとロシアの防衛産業基盤への大規模な支援を通じて、ウクライナに対するロシアの戦争の決定的な支援者となっている」と指摘されました。

中国、北朝鮮、ロシアが手を組むことによる東アジアや東南アジアにおける安全保障上の深刻なリスクに関しても、外務省や防衛省による国際社会への情報発信の一層の強化を期待します。

日本政府には、同志国との連携を強化して、早急に安保理決議の実効性確保のための手を打ち、「安保理改革」を含めた国連の機能強化に向けた取組を主導するとともに、「日本に望ましい安全保障環境を創出するための戦略的かつ力強い外交」を展開することが求められます。国連をはじめとする国際機関で活躍できる邦人を増やす取組も不可欠です。

核兵器と軍事

中ロの蜜月

「軍事」については、国民の皆様がご承知の通り、日本は核兵器を保有していません。

ロシアによる侵略を受けて戦い続けているウクライナは、かつて、旧ソ連の崩壊により世界第三位の核保有国となりましたが、『ブダペスト覚書』によって核放棄に合意し、核兵器をロシアに移転しました。その代償として、ロシア、米国、英国の核保有国は、ウクライナへの武力行使や核兵器の使用を控え、安全を保証することを約していました。

約束を反故にされ、独立以来最大の危機を迎えているウクライナの窮状を見るにつけ、旧ソ連やロシアにより幾多の辛酸を嘗めてきた歴史を持つ日本に生きる者として、決して他人事とは思えません。

帝政ロシア時代、『下関条約』で日本に割譲された遼東半島を、三国干渉によって力ずくで清に返還させ、直後にロシアが清から租借するという出来事がありました。勇敢な先人達が「臥薪嘗胆《がしんしょうたん》」を合言葉に、その後の日露戦争を懸命に戦って勝利を得ましたが、ロシアという国が領土拡張のために手段を選ばないことは、今も昔も変わらないように思えます。

また、先の大戦の終戦間際、旧ソ連は『日ソ中立条約』を一方的に破棄して対日参戦しました。非戦闘員は満州・樺太・千島列島でソ連兵の蛮行の犠牲となり、軍人は国際法違反のシベリア抑留により長期の労働を強いられました。北海道の割譲というソ連の目論見は打ち砕かれたものの、我が国固有の領土である北方領土は、後継国のロシアに継承され、現在に至るまで不法占拠が続いています。

残念ながら、ロシアに国際法や国際約束が通用しないことは、歴史を振り返れば明らかです。

二〇二四年六月一七日にＳＩＰＲＩ（ストックホルム国際平和研究所：スウェーデン議会の

議決により設立された研究所）が公表した『年次報告書二〇二四』によると、二〇二四年一月時点の保有核弾頭数は、ロシアが四三八〇、中国が五〇〇、北朝鮮が五〇でした。核兵器数（解体待ちの核弾頭を含めた数）は、ロシアが五五八〇、中国が五〇〇、北朝鮮が五〇とされています。

同研究所のプレスリリースを見ると、同研究所の推定として、次のような分析が記されています。

「ロシアは、二〇二三年一月より核弾頭の実戦配備を三六発増やした（二〇二四年一月までに）と推定される」

「中国の核兵器の規模は四一〇発（二〇二三年一月）から五〇〇発（二〇二四年一月）に増加しており、今後も増加し続けると予想される」

「中国は初めて、平時に少数の核弾頭をミサイルに搭載した可能性がある」

「中国はこの一〇年間のうちに、少なくともロシアや米国と同数のＩＣＢＭ（大陸間弾道ミサイル）を保有する可能性がある」

「北朝鮮は現在、約五〇発の核弾頭を組み立て済みであるとともに、合計九〇発の核弾頭に到達するに十分な量の核分裂性物質を保有しており、これらは二〇二三年一月の見積もりから大幅に増加している。（中略）また、核兵器投射用に設計された少なくとも二種類のＬＡＣＭ（対地巡航ミサイル）の開発も完了させた」

ＳＩＰＲＩ大量破壊兵器プログラム準研究員で、米国科学者連盟核情報プロジェクト上級研究員でもあるマット・コルダ氏による次のコメントも紹介されていました。
「他の幾つかの核保有国と同様、北朝鮮は戦術核兵器の開発に新たな重点を置いている。従って、北朝鮮が紛争の非常に早い段階でこれらの兵器を使用するのではないかという懸念が高まっている」

世界最多の核弾頭を保有するロシア、米国の国防総省の分析では核弾頭の保有数が二〇三〇年には一〇〇〇発に達すると見込まれる中国、核実験とミサイル発射を繰り返し強行する北朝鮮と、いずれの国・地域にも隣接し、三方を囲まれた、「世界有数の核兵器の最前線」に国土を構えているという我が国の地政学的な環境については、決して忘れてはなりません。

既に、他国の領域主権に対して、力による一方的な現状変更や試みが為されています。仮にロシアが軍事的手段でウクライナ領土を広範囲に獲得することに成功した場合、その目が東に向けられたら、何が起きるのでしょうか。二〇二二年四月一日、公正ロシア党首のセルゲイ・ミロノフ議員が「ロシアは、北海道の全ての権利を有する」との主張を発信した時には、背筋が凍りました。南西方面のみならず、北部方面の防衛体制の強化も必要です。

私が強調しておきたい点は、「明日は我が身」ということです。

ここ数年、我が国周辺空域では、中ロ両国の爆撃機が編隊を組んで「合同パトロール」と称する長距離共同飛行を繰り返してきたほか、二〇二一年一〇月には、中ロ両国の海軍の艦艇が津軽海峡と大隅海峡を通過し、日本を周回する共同航行を行いました。

中ロの共通項を挙げれば、枚挙に暇がありません。強大な権限を持つ国家元首が長期にわたり君臨する専制主義的な国家体制であること、力による現状変更の試みを繰り返して周辺国・地域に脅威を与えること、国連安保理の拒否権や核兵器を保持する立場から国際秩序や国際法さえも無力化できること。

中ロ両国の蜜月ぶりを見れば、ロシアのウクライナ侵略は、決して「対岸の火事」でも「遠い欧州の出来事」でもありません。中国は、この戦争の行く末を、固唾を呑んで見守っていることでしょう。

中国は、我が国の尖閣諸島周辺における領海侵入と領空侵犯に加え、日本海や太平洋でも日本の安全保障に影響を及ぼす軍事活動を拡大させ続けています。

東シナ海や南シナ海でも力による現状変更の試みを強化し、台湾統一の意思を示して武力行使の可能性も否定していません。その台湾は、日本の与那国島から約一一〇キロメートルの位置にあり、まさに日本の目と鼻の先です。さらに、台湾南側のバシー海峡は、日本が中東から輸入する原油などの殆どが通過する重要な生命線です。安倍晋三元総理が仰っていた通り、「台湾有事は日本有事」に直結するのです。

我が国が同志国と結束してロシアの企みを失敗に終わらせることこそが、中国が慎重な判断をする材料となり、日本の大切な友人である台湾への戦火を遠ざけ、我が国自身の危機を回避するためにも正しい道だと考えます。

その上で、常に最悪の事態を想定して、在外邦人の方々の安全確保はもちろん、国民の皆様の生命、領土・領海・領空・資源を守り抜くための万全の備えを構築しておくべきことは、言うまでもありません。

さらに、振り返れば、ロシアのウクライナ侵略は、非正規軍の活動、サイバー戦、情報戦などを組み合わせたハイブリッド戦により徐々に開始されましたが、二〇二一年一一月に台湾国防部が発表した『国防報告書』には「中国のグレーゾーン脅威」という節が追加され、中国は、中国軍機の台湾南西空域侵入に加え、サイバー戦やフェイクニュースの散布といった認知戦などの手段によって、「戦わずして台湾を奪取する」ことを企てていると分析しています。

直ちに防衛費の増額が必要

近年の「戦い方」の変化を踏まえれば、陸・海・空といった従来領域に加え、宇宙・サイバー・電磁波、いわゆる「宇サ電」と呼ばれる新領域を組み合せた戦闘、HGV（極超音速滑空兵器）、無人機によるスウォーム攻撃、国際的に可否が議論されている最中の完全自律型AI兵器への備えも進めていかなければなりません。

もはや、既存のミサイル防衛網だけで対処することは困難です。統合防空ミサイル防衛能力の強化とともに、相手の領域内で有効な反撃を加えることができるスタンド・オフ防衛能力を保有することによるミサイル攻撃そのものの抑止や、無人アセット防衛能力の強化、現有装備品の稼働率向上、弾薬・燃料の確保、地下化も含めた主要防衛施設の強靭化、警戒監視・偵察能力の強化、能動的サイバー防御の導入、サイバーセキュリティの強化、避難施設や輸送手段の確保など国民保護体制の強化……、多くの取組を可及的速やかに進めていかなければなりません。

政治的なリスクを恐れず、最も深刻な脅威を想定した上でリアルな処方箋を書き、防衛力を抜本的に強化するべき時代なのです。

そして、日本を取り巻く安全保障環境がかつてなく厳しくなっている中、あるいは、前記のような国際情勢の現実も踏まえれば、日本の国防について「行き過ぎた他者依存」は厳に戒めるべきであり、「我が国自身の防衛力」を不断に強化することが必要不可欠だと考えます。今後とも、同盟国である米国や基本的価値観を共有する同志国との防衛協力の深化は不可欠ですが、いずれの国でも国内世論の動向や経済状況によって防衛協力に関する政権の方針が大きく変わる可能性はありますから。


防衛費増額に対する批判を展開する政党もありますが、国民の皆様の生命を守ることと財源を確保すること。この二つを天秤にかけることなどできません。中長期的に大事なことは、「防衛費確保のために、重要な他の施策の財源を削る」という発想ではなく、日本経済のパイ全体を拡大して必要な予算を確保することです。

国の守りが万全でなければ、経済活動にも多大な影響が及びます。直ちに防衛費の増額に着手することは、日本の将来の経済成長に向けても必要な投資です。

また、AI、バイオテクノロジー、情報通信、衛星、量子、半導体、素材、製造技術など、いわゆるデュアルユース技術（民生にも軍事にも応用できる両用技術）が増加している中で、防衛関連技術の研究開発成果の民生分野へのスピンアウトも、その逆である民生技術の防衛装備品への活用も、経済成長に繋がります。日本企業や研究機関が保有する多くの優れた技術要素を多様なビジネスに育て上げ経済成長を実現することによって、防衛力の強化に必要な税収も確保できますし、しっかりした防衛力の保有は日本の外交力を支える要素にもなります。

二〇一五年に安倍内閣で成立した、いわゆる『平和安全法制』においては、我が国の平和と安全に重要な影響を与える事態である「重要影響事態」では他国軍への後方支援が可能であり、我が国に対する武力攻撃が発生した事態である「武力攻撃事態」に加え、我が国と密接な関係にある他国に対する武力攻撃が発生し、これにより我が国の存立が脅かされる事態である「存立危機事態」においても、武力を行使して対応することが可能になりました。つまり、自衛の措置として、国際法上の集団的自衛権の一部を行使できるようになっています。

二〇二二年一二月一六日に閣議決定した『国家安全保障戦略』『国家防衛戦略』『防衛力整備計画』に記した施策を着実に実行していくことが肝要です。

我が国の安全保障に関する最上位の政策文書である『国家安全保障戦略』は、安倍内閣時の二〇一三年一二月一七日に初めて策定されたものであり、その下で、「国際協調を旨とする積極的平和主義の下で『平和安全法制』の制定等により、安全保障上の事態に切れ目なく対応できる枠組み」が整えられてきました。

二〇二二年版『国家安全保障戦略』には、防衛分野のみならず、外交、経済安全保障、技術、サイバー、海洋、宇宙、情報、エネルギーや食料など、幅広く国益や国民の皆様の安全と暮らしを守るために必要な方針が分かり易く示されています。国民の皆様に、是非ともご一読いただきたい文書です。

唯一、『国家安全保障戦略』の閣議決定直前に私が抵抗していたのは、「非核三原則を堅持するとの基本方針は今後も変わらない」という箇所でした。続く「拡大抑止の提供を含む日米同盟は、我が国の安全保障政策の基軸であり続ける」との記載と矛盾すると考えたからです。日本は『核不拡散条約』の締結国ですから、非核三原則のうち「持たず」「作らず」は引き続き堅持するにしても、「持ち込ませず」については「米国の拡大抑止の提供」を期待するのであれば、現実的ではありません。「守るのは、国民の命か、非核三原則か」という判断を迫られるような究極の事態に至った場合に、「非核三原則を堅持する」の文言が邪魔になることを懸念していました。「非核三原則を堅持する」を削除して欲しい旨を要請しましたが、私の担務外事項でもあり、要望は叶いませんでした。

民主党政権下だった二〇一〇年三月、当時の岡田克也外務大臣が、「緊急事態ということが発生して、しかし、核の一時的寄港ということを認めないと日本の安全が守れないというような事態が、もし発生したとすれば、それはその時の政権が、政権の命運をかけて決断し、国民の皆さんに説明するということだと思っている」旨を、衆議院外務委員会で答弁されました。

同年四月にも、再び、岡田外務大臣は、「緊急時にそういった事態（核兵器を搭載した爆撃機が国内に一時的に飛来するような事態）が生じたとすれば、私が従来から申し上げているように、非核三原則をあくまでも守るのか、それとも国民の生命の安全を考えて異なる決断を行うのか、それは、その時の政府の判断の問題であって、今からそのことについて縛ることはできないと考えている」旨を、参議院決算委員会で答弁されました。

その後、自由民主党（自民党）の政権復帰を経て、二〇一四年二月、今度は岡田克也議員が、ご自身の当時の答弁を安倍内閣が引き継いでいるか、衆議院予算委員会で確認の質問をされたところ、当時の岸田文雄外務大臣は、「現政権も、この（当時の岡田外務大臣が行った）答弁を引き継いでいる」と答弁されました。

よって、「非核三原則を堅持する」と明記する必要性はなかったはずだと、今も残念に思っています。

いわゆる『骨太の方針』なども同じですが、重要な文書や法律案を閣議決定する前に、閣僚がチェックして必要があれば修正できるのは、自らの担務部分のみです。『国家安全保障戦略』にしても、本文は、私の担務である「宇宙」「経済安全保障」に関する記載箇所を短冊で見せていただいただけでした。閣議決定前の全文審査のために閣僚より先に入手できるのは、自民党や公明党など与党の政調会です。自民党も政調会の厳格な審査を終えて、総務会で党議決定しました。

内閣は与党の議席数の上に成り立っていますから、自公両党が党議決定までした文書に閣僚が署名しないということは、反党行為にも匹敵しますので、許容されるものではありません。

この時も、「拡大抑止の提供を含む日米同盟」という文言から、国家存亡の危機に直面した時には現実的な対応が為されることを信じて、泣く泣く閣議署名をしました。

資源と経済

「資源」については、特定国への過度な依存は大きなリスクとなります。

供給国は、各国への資源輸出によって強い経済力を手にすることができますし、禁輸の可能性を示唆するいわゆる「経済的威圧」によって強い外交力も手にすることができます。

一般的に「資源国」とは、様々な貴重な資源を産出する国々の総称だとされます。

資源には、石油、石炭、天然ガスなどの「エネルギー資源」、多くの製品に用いられるバッテリーメタルやレアアースなどの「鉱物資源」、「食料資源」、などが含まれます。

《エネルギー資源》

私が描くエネルギー安全保障の姿

日本のエネルギー自給率の最新値は、一二・六％です。

出典は、IEA（国際エネルギー機関）の『World Energy Balances 2023』（二〇二二年の推計値）ですが、G7諸国を見ると、カナダは一八八・六％、米国は一〇六・七％、英国は六七・五％、フランスは四九・三％、ドイツは三五・三％、イタリアは二二・四％でした。

二〇二一年九月の自民党総裁選では、情報通信関連の消費電力量が急増する見通しを指摘し、特に「ＡＩ、データセンター、ネットワーク系の省電力化に向けた研究開発の促進」「安定的な電力供給体制の構築」「工業団地やデータセンターへのＳＭＲ（小型モジュール炉）の地下立地」「核融合炉の開発」などを公約しました。

その後、生成ＡＩが登場し、生成ＡＩの開発に必要な消費電力量が大きいことに加え、生成ＡＩの利用拡大に対応するインフラの消費電力量が膨大であることが課題となっています。

特別高圧・高圧の電力が安定的に安価に供給できる対策を講じていかなければ、日本の立地競争力は弱くなります。円安を機に海外から日本に製造拠点を戻そうかと検討している日本企業の悩みは「日本は電気代が高い」ことだそうです。


二〇二〇年代前半は、安全性を最優先にした原子力発電の活用。二〇二〇年代後半は、現在の原子力発電所で使われている軽水炉に比べ、小型化による原子炉の安全性の向上やモジュール化による経済性の向上が期待されるＳＭＲを含めた革新炉の活用。そして、二〇三〇年代には、核融合炉の実現。私が描くエネルギー安全保障の姿です。そのために国が明確な戦略を打ち出し、大胆な投資をしておくことは、次世代への贈り物にもなります。

私が拘《こだわ》り続けてきた「核融合」とは、重水素と三重水素が融合してヘリウムに変わる際に放出されるエネルギーで、太陽や星を輝かせるエネルギーです。二酸化炭素を発生させず、高レベル放射性廃棄物も発生させないことから、環境保全性の高い次世代クリーンエネルギーとして期待されています。主燃料は海中に無尽蔵に存在する水素の同位体ですから、資源の輸入も不要です。

原子力発電は、ウラン235を主燃料としており、高レベル放射性廃棄物が発生しますが、「核融合」と、原子力発電の「核分裂」は、全く別物です。

近年、米国や英国など主要国では、政府主導で独自の取組を推進するとともに、核融合ベンチャー企業への大規模投資が進むなど、国際競争が加速していました。

我が国では、ＩＴＥＲ計画など核融合に関する研究開発を長年続けており、日本企業には、最先端の核融合機器製作に対応できる優れた技術が蓄積されています。発電炉の実現には一定の期間を要したとしても、スピンアウトによる新産業創出に期待が持てます。

「磁場閉じ込め型核融合」（トカマク・ヘリカル）では、日本企業が圧倒的な存在感を示している技術がいくつかあります。超伝導コイルを高精度で製作する技術は、海洋調査船の耐圧殻や宇宙船の外壁、軽水炉のタンクの精密加工に活用できます。核融合炉の加熱装置用の超高圧絶縁技術や大電流高速変調技術は、一〇〇万ボルト級直流送電、電車や電力設備への応用が期待できます。イオン伝導体を用いて海水からリチウムを回収する世界初の技術は、リチウム電池のリサイクル技術や他のレアメタル回収にも応用が期待できます。

「慣性閉じ込め型核融合」（レーザー）でも、レーザーによる切断・加工、レーザー加速を用いた重粒子線がん治療、レーザーによるドローンや飛来物の迎撃装置などへの応用が期待できます。

我が国が有する技術的優位性を確保しつつ、核融合エネルギーの実用化に向けた取組を加速し、日本の産業競争力を強化するためには、国が積極的に関与する姿勢を示すべきだと考えました。

担当大臣として

二〇二二年八月一〇日に科学技術政策担当大臣に就任して間もない同年九月に、有識者会議「核融合戦略」を設置しました。有識者会議では長時間にわたる議論が交わされましたが、計五回の会議に私も出席し、二〇二三年四月一四日に、日本初の核融合国家戦略となる『フュージョンエネルギー・イノベーション戦略』を策定することができました。

フュージョンエネルギーを新たな産業として捉え、産業協議会の設立や、スタートアップやアカデミアによる開発の支援強化、安全規制に関する議論、人材育成等の取組などを進める戦略です。同戦略は、英語版にして海外にも発信しました。早速、同年五月から七月にかけて、日本の複数の核融合スタートアップが多額の資金調達に成功しました。

また同戦略に基づき、小型化・高度化などの新興技術への支援を強化するため、二〇二三年一二月には、ＣＳＴＩ（総合科学技術・イノベーション会議）本会議でフュージョンエネルギーに関するムーンショット目標を決定し、令和五年度補正予算に二〇〇億円を計上しました。

フュージョンエネルギーの産業化に向けては、これまでＩＴＥＲ計画などに関わってきた企業はもとより、多くの日本企業の力が必要です。二〇二四年三月に、一般社団法人フュージョンエネルギー産業協議会（通称 J-Fusion）が設立され、フュージョンエネルギーの産業化に向けた新たな一歩を踏み出すことができたことを本当に嬉しく思っています。J-Fusion は、メーカー、商社、電力、ＩＴ、建設、材料、金融など、実に多様な業界・業種の企業で構成されており、他国の業界団体とは異なった、日本独自の団体となっています。

フュージョンエネルギーは、エネルギー政策としても、産業政策としても重要であり、我が国が技術的に勝てる分野のひとつです。経済安全保障の観点でも、非常に重要な分野だと考えています。

また、経済安全保障担当大臣としては、『経済安全保障推進法』に基づく「重要物資の安定的な供給の確保に関する制度」で、二〇二二年一二月に「可燃性天然ガス」を「特定重要物資」に『政令』で指定しました。

我が国の電力の発電構成の約四割、都市ガス燃料のほぼ全量（二〇二〇年で九二％）をＬＮＧ（液化天然ガス）に依存しています。ＬＮＧの供給途絶が生じた場合には、国民生活・経済活動に甚大な影響を及ぼします。

石油備蓄は二〇〇日分以上ありますが、ＬＮＧの国内在庫量は二～三週間分程度です。ＬＮＧは、マイナス一六二度以下で液化貯蔵する特殊施設が必要ですから、石油のように常温で長期間タンクを用いて備蓄することが困難なのです。

二〇二一年の天然ガスの海外依存度は、九七・八％でした（ごく一部を国内で産出しています）。輸入先は、二〇二二年時点では、豪州が四二・七％、マレーシアが一六・七％、ロシア九・五％でしたが、ロシアからの輸入は困難になりました。

世界的にＬＮＧ需給がタイトになり、供給途絶リスクは顕在化しています。これまで特に冬のＬＮＧ調達競争を行ってきたアジアの大需要国に加え、近年の国際情勢により、ＬＮＧ調達競争に各国が参入したからです。

『経済安全保障推進法』に基づき、ＪＯＧＭＥＣ（独立行政法人エネルギー・金属鉱物資源機構）を支援主体として、認定事業を支援しています。まずは、平時よりも余分のＬＮＧカーゴを日本に供給できる体制の構築を図ります。平時は他社への販売や自社での引取で処理しますが、緊急時には政府が指定する電力・ガス事業者への販売ができる体制を構築します。

今後も、上流資源開発や国内資源開発に加え、戦略的にＬＮＧの余剰を確保する取組を支援しなければならないと考えています。

《鉱物資源》

国産レアアースの産業化

鉱物資源についても、『経済安全保障推進法』に基づき、「重要鉱物（バッテリーメタル、レアアース、ウランなど）」を「特定重要物資」に『政令』で指定しました。

重要鉱物は、多様な用途に用いられ、経済活動が依拠しています。とりわけ、蓄電池やモーターなどの製造に必要なバッテリーメタル（リチウム、ニッケル、コバルト、黒鉛など）やレアアース（一七種類の元素：希土類の総称）の需要が拡大しています。

二〇二一年の貿易統計によると、バッテリーメタルとレアアースの海外依存度は、ほぼ一〇〇％でした。

中国への依存度が九割を超えている黒鉛については、二〇二三年一〇月二〇日、中国商務部が、国家の安全と利益の保護を理由として、黒鉛の輸出管理措置（輸出ライセンスの取得を要する）を発表し、同年一二月一日から新たな輸出管理措置が導入されました。

重要鉱物の需要が堅調に伸び続けている中で、諸外国による資源の獲得競争は激化しています。海外の巨額投資による資源権益の囲い込みや、サプライチェーンの寡占化に対抗するためには、ＪＯＧＭＥＣのリスクマネー支援も活用した上流資源の確保やレアメタル備蓄制度の活用も必要だと思います。製錬工程の多角化も重要です。

『経済安全保障推進法』に基づく施策では、当面は、蓄電池の原材料となる「バッテリーメタル」（マンガン、ニッケル、コバルト、リチウム、黒鉛）と永久磁石の原材料となる「希土類金属」（ジスプロシウムなど）、半導体等の原材料となるガリウム及びゲルマニウム、原子力に利用されるウランを対象とし、新たな有望鉱山を発見するための探鉱、鉱物資源を採掘・生産するための鉱山開発、選鉱・精錬施設の建設、鉱物資源生産の高効率化や低コスト化を図るための技術開発に支援を行っていく予定です。

二〇二四年七月現在、二件の認定事業により、リチウムイオンバッテリーのリサイクル工程で製造されるブラックマスからニッケル、コバルト、リチウムを回収・精製するパイロットプラントにおける実証や、カントリーリスクが低い国での鉱山開発などが進んでいく見込みです。

レアアースについては、科学技術政策担当大臣が所管する『第３期戦略的イノベーション創造プログラム（ＳＩＰ）』（第３期ＳＩＰの実施期間は、令和五年度〜令和九年度）の課題「海洋安全保障プラットフォームの構築」で取り組んでいます。

内閣府の科学技術・イノベーション推進事務局が担当する『大水深探鉱技術の開発に向けた技術的実証』という事業には、令和五年度補正予算でも二〇億円を確保しました。

日本のＥＥＺ（排他的経済水域）内であり、既に十分な産業規模のレアアースの資源量が確認されている南鳥島沖の水深六〇〇〇メートルの海底から、レアアース泥を揚泥し、分離・精製・製錬する実証試験を実施し、回収技術を着実に実証します。さらには、産業化に向けた課題の抽出も行います。

前年の令和四年度補正予算で揚泥管を作っている最中なのですが、金属資材の需要増などの理由で製作期間が延びました。揚泥管の完成は二〇二五年（令和七年）八月の見込みとなり、そのためにレアアース泥の引揚げは、少し後倒しになるかもしれません。

令和五年度補正予算では、揚泥の際に必要となる遠隔操作型無人探査機（ＲＯＶ）の製作を行うこととしています。ＲＯＶは、水中を移動し、カメラによる現場状況の目視確認や、水深六〇〇〇メートルの海底においてアームによる作業を行います。

この実証事業に成功したら、安定した国産レアアース供給体制が実現し、資源安全保障に大きく貢献するものとなります。

最終的には、南鳥島を一つの拠点としてレアアースの生産システムを構築することを目指しています。将来的な鉱区設定、すなわち「国産レアアースの産業化」に向け、着実に取組を進めていきたいと考えています。

《食料資源》

「肥料」を特定重要物資に指定

日本の食料自給率は、最新値が二〇二二年度（令和四年度）ですが、カロリーベースで三八％です。

同じく日本以外のG7諸国をカロリーベースで見ると、カナダは二二一％、米国は一一五％、英国は五四％、フランスは一一七％、ドイツは八四％、イタリアは五八％でした。

出典は、農林水産省の『食料需給表』ですが、他国の数値については、日本の年度ではなく暦年であり、FAOの『Food Balance Sheets』などを基に農林水産省が試算したものです。

前記したエネルギーとともに、食料の安定供給確保は、国民の皆様の生存に関わるものです。国として、最も力を入れなければならない課題です。

二〇二一年九月の自民党総裁選挙では、厳しい気候に耐え得る施設型食料生産設備への大型投資を訴えました。いわゆる「植物工場」や「陸上養殖」などです。初期投資が多額であり、電気代もかかりますので、国による支援の強化が必要だと考えました。

二〇二一年一〇月一日からの自民党政調会長在任中には、政調会に食料安全保障を重点的に検討する専門組織を設置し、江藤拓衆議院議員や森山裕衆議院議員を中心に議論を進めていただきました。

二〇二四年の通常国会においては、『食料・農業・農村基本法』が改正され、「食料安全保障」が大きく打ち出されるとともに、『食料供給困難事態対策法』『食料の安定供給のための農地の確保及びその有効な利用を図るための農業振興地域の整備に関する法律等の一部を改正する法律（農業振興地域の整備に関する法律・農地法・農業経営基盤強化促進法の改正）』『農業の生産性の向上のためのスマート農業技術の活用の促進に関する法律』が成立しました。

懸命に答弁を続けられた坂本哲志農林水産大臣や大臣を支え続けた農林水産省職員の皆様、粘り強く政策構築に励んでこられた自民党政調会の国会議員の皆様に敬意を表します。

二〇二四年度から二〇二五年度にかけて、それぞれの法律に関して、国の『基本計画』の改定、『基本方針』『基本指針』『地域計画』の策定などが行われます。

さらに、二〇二四年六月一二日に官邸で開催された「食料安定供給・農林水産業基盤強化本部」では、林野・水産分野も含め、農林水産・食品分野全体で、食料安全保障を強化する方針が確認されました。二〇二五年に向けて、持続的な食料供給に必要な合理的なコストを考慮する仕組みの法制化、農業用インフラの保全管理、食料システムの持続性の確保に向けた食品事業者の取組促進など、対策が進んでいくと思います。

ＪＡグループでも、「国消国産」を合言葉にキャンペーンが始まっています。


経済安全保障担当大臣が所管する『経済安全保障推進法』に基づく「重要物資の安定的な供給の確保に関する制度」では、二〇二二年一二月に「特定重要物資」として「肥料」を『政令』で指定しました。『主要食糧の需給及び価格の安定に関する法律』など他の法律で措置が講じられている場合には、この制度により措置を講ずる必要性は小さいので、農産物そのものは対象外になります。

肥料は、農作物生産に不可欠であり、供給途絶によって農作物の収量の維持が困難となります。しかし、肥料原料については、資源が特定の地域に偏在しており、その殆どを輸入に依存しています。特に二〇二一年秋以降は、世界的な穀物需要の増加、中国による肥料原料の輸出検査の厳格化、ロシアによるウクライナ侵略（二〇二二年～）など、国際情勢の変化により、化学肥料原料の供給途絶リスクが顕在化していました。

「化学肥料原料の海外依存度」の最新値は、二〇二四年六月の農林水産省資料『肥料をめぐる情勢』によるものですが（令和四肥料年度：二〇二二年七月～二〇二三年六月）、次の通りでした。

「尿素」は、海外依存度が約九五％です。輸入先は、マレーシアが七三％、中国が一一％、サウジアラビアが三%、ブルネイが一%、その他が六%となっていました。

「りん安」は、海外依存度がほぼ一〇〇%です。輸入先は、中国が六二%、モロッコが一六%、米国が一〇%、その他が一二%となっていました。

「塩化カリウム」は、海外依存度がほぼ一〇〇%です。輸入先は、カナダが七〇%、イスラエルが七%、ドイツが三%、その他が二〇%となっていました。

「塩化カリウム」については、二〇二〇年七月~二〇二一年六月の令和二肥料年度では、ロシアから二三%、ベラルーシから一四%を輸入していましたが、ウクライナ情勢により両国からの調達ができなくなりました。

また、「尿素」と「りん安」については、二〇二三年一一月から中国の輸出が一時停止する事態も発生しました。

『経済安全保障推進法』に基づき、一般財団法人肥料経済研究所が支援主体となった基金事業により民間事業者が取り組む認定事業は、二〇二四年六月末時点で一〇件になりました。輸入代替国の選択肢が狭いりん安(リン酸アンモニウム)及び塩化カリウムを支援対象としており、国内の年間需要量の三カ月分に相当する肥料原料を恒常的に保有し、原料需給の逼迫が生じた場合にも肥料の国内生産を継続し得る体制の構築を目標としています。

本事業とは別に、地方公共団体や民間事業者により、下水汚泥や家畜の糞などを活用した輸入原料に依存しない肥料生産の取組も始まっていますが、コストや品質などの課題もあるようです。

農林水産業は成長産業になり得る

私は、現在進行中の「備蓄体制の構築」にとどまらず、別途、『経済安全保障推進法』の指定基金で運用される「経済安全保障重要技術育成プログラム」（通称 K Program）を活用して、肥料の自給・確保に寄与できる革新的な技術を獲得できないものかと考え、二〇二三年に内閣府科学技術・イノベーション推進事務局に対して指示を出していました。

職員達が精力的に各大学、国立研究開発法人の専門家や関係省庁と議論を重ねてくれた結果、「合成生物学」などを活用した取組が可能かもしれないという方向性が見えてきました。「合成生物学」というのは、遺伝子の本体であるゲノムやタンパク質等の生体成分を新規に設計したり、組み合わせたりすることで、生命・生物の本質的な理解を目指す新しい学問領域です。既存の生物学、化学、工業等の技術が融合することで、有用物質の革新的生産システムの構築に繋がることが期待され、産業応用の分野からも注目を集めています（一般財団法人バイオインダストリー協会のＨＰ参照）。

イメージとしては、土壌中に広く薄く存在する肥料成分を効率的に回収・濃縮して肥料として活用する研究開発ですが、関係省庁と研究開発テーマの具体化に向けた議論を続け、研究開発ビジョン検討ワーキンググループで有識者のご意見を伺った上で決めることですから、まだ詳細を書くことができない段階です。

輸入が途絶するなど有事においては、日本国内で消費する食料の生産を最優先するべきことは当然です。他方、平時には、日本産食品の輸出を拡大して生産者が十分に稼げる環境を作り、いざとなれば十分な生産を可能とする設備投資や人材確保を行える体力をつけておくことも必要です。

現状、農林水産物の輸出は、二〇二三年で一兆四五四七億円と過去最高を更新し続けていますが、美味しくてヘルシーな日本の食品は海外から高く評価されており、私は伸び代が大きいと考えています。

例えば、日本の米粉には、「グルテンフリー」よりも基準が厳しい「ノングルテン」を達成しているものもあります。小麦アレルギーの子供さんが誕生日ケーキを食べられないことを気の毒に思っていましたが、ノングルテンの米粉ケーキなら大丈夫です。パンやピザやパスタの消費が多い欧米でも小麦アレルギーの方が多いと聞いています。イタリアのレストランでは、パスタなどのメニューに「グルテンフリー」と記載されたものを多く目にしました。日本の「ノングルテン」基準の米粉を国内でピザ生地やパスタに加工して（米粉のままで輸出すると海外で加工する際にグルテンが混入するリスクがあるため）、輸出すると、世界に市場が拡がるでしょう。

現状の海外展開については複数の課題も見えてきたことから、二〇二四年六月四日に約四年半ぶりに策定した『新たなクールジャパン戦略』では、課題の分析と解決策も含め「農林水産物・食品の輸出」をしっかりと書き込みました（最初の『クールジャパン戦略』は、二〇一九年九月に策定され、二〇二三年九月一三日の内閣改造により、私の担務にクールジャパン戦略が追加されました)。

私は、革新的な技術の活用、市場ニーズの的確な把握(インテリジェンスの強化)、巧みな情報発信により、日本の農林水産業は成長産業になり得ると考えています。

また、前記した「植物工場」についても、いくつかの課題をクリアできたなら、普及が進むと考えています。以下、国立研究開発法人農業・食品産業技術総合研究機構(略称:農研機構)に、現状の分析をお願いしました。

二〇二二年のデータで我が国の園芸施設(設備)の内訳を見ますと、パイプの骨組みにビニールなどを被覆した温室(一般的なパイプハウスなど:太陽光利用)が三万六五九二ヘクタールで全体の九六・六%を占めていますが、生育が天候に左右されやすく、気象災害も受けやすいことが食料安全保障上の課題です。

最近は、太陽光利用で複合環境制御装置を備えた「半閉鎖型植物工場」が増え始めましたが、一三〇二ヘクタールで全体の三・四%です。トマト、レタス、パプリカ、イチゴ、花卉などを栽培しています。メリットとしては、野菜や果樹など様々な農作物に利用可能で、一万平方メートル以上の大規模生産が可能であること、建設費・ランニングコストが比較的安価であることだそうです。デメリットとしては、施設整備のための農地が必要だということです。

技術革新を進めていく

私が普及を目指しているのは、人工光を利用し、風水害にも強い堅牢な施設内で栽培を行う「完全閉鎖型植物工場」ですが、現状では一九ヘクタールで全体の〇・〇五％です。

メリットとして挙げられたのは、栽培環境を精密に制御できるため、狭い空間でも高密度・高効率生産（多収穫）が可能だということ。栽培ユニット（モジュール）を移設することで、大都市や被災地、乾燥地や宇宙でも食料生産が可能だということ。無農薬による安全性が訴求可能だということ。廃校や廃工場跡、商店街の空き店舗なども活用できますので、農地を持たない人でも参入可能だということでした。

デメリットとして挙げられたのは、建設費・ランニングコストが高いこと。停電などの電源喪失リスクが存在すること。現状では、栽培できる品目が葉物野菜などに限定されていることでした。確かに二〇二四年三月の『データ駆動型農業の実践・展開支援事業のうちスマートグリーンハウス展開推進事業報告書』（一般社団法人日本施設園芸協会）によると、日本の「完全閉鎖型植物工場」では、安定した需要があり栽培しやすいレタスが九五％、イチゴが三％、その他二％になっていました。

世界の動向を見ますと、ＬＥＤ光源やＩＣＴ技術の進展により、植物工場ビジネスに乗り出すスタートアップが次々と登場しています。食料自給率が一〇％未満のシンガポールでは、国が予算措置をして、植物工場や陸上養殖に係る研究開発プログラムを加速化しているそうです。米国でも、エアロファームズ社（Aero Farms）が、垂直農業向けセンサ、照明、自動制御システムを開発・販売しており、ニューヨーク州にある自社の「完全閉鎖型植物工場」でも野菜を生産しています。

日本では、ファームシップ社（Farmship）が、ＡＩ技術を活用した市場価格の予測値に基づき、「完全閉鎖型植物工場」でレタスを計画的に生産し、出荷しています。

また、日本のプランテックス社（PLANTX）は、世界初のモジュール型「完全閉鎖型植物工場」を開発しました。

同社は、野菜の成長速度等に関連する二〇種類の環境パラメータ（光量・光質、温湿度、水分等）を精密制御することにより、欧米のフロアタイプの植物工場に比べて五倍の生産性を実現しました。

これで、被災地や極地、廃工場・学校の跡地、レストラン、スーパー、宇宙などで食料生産が可能になります。ちなみに「宇宙」に関しては、内閣府の『宇宙開発利用加速化戦略プログラム』において関連研究開発を実施中です。

農研機構は、プランテックス社などと連携し、モジュール型植物工場の生産効率をさらに高めるとともに、薬用成分を含むような高付加価値な農作物の生産を可能とするマルチユース化を推進していくとしています。また、大震災などの不測時には、被災地での食料生産を行うとともに、食料安全保障や経済安全保障の観点から、海外に依存している重要な種子の緊急増殖などにも活用するということです。

そして、農研機構がこれまで培ってきた品種・栽培技術と情報技術（ＡＩ、データ連携基盤ＷＡＧＲＩ）をフル活用し、データ駆動型植物工場への転換を推進・支援すること、国際標準化を推進すること、リモートでの精密環境制御やメンテナンスなどにより日本発の植物工場ビジネスを世界展開することに取り組んでおられます。

『オープン&クローズ戦略』の下、海外の模倣・追随を許さない日本発の植物工場ビジネス（AI・ビッグデータを徹底活用したリモート制御等）を創出し、グローバル展開を目指すということです。

この心強い取組を前に進めるためにも、いくつかの課題を解決しなければなりません。

まずは、植物工場の課題解決（コスト削減、CO2削減、収量向上、品目拡大など）と知財・標準化を一体的に推進することが必要です。

次に、栽培レシピ等のビッグデータの秘匿化、セキュリティ確保対策（ユーザー入力情報の漏洩防止）も重要です。

さらに、アジア、インド、中東などにおける市場開拓、ビジネスモデルの構築を産学官で推進することも必要です。

私は、気候変動により風水害による農作物への甚大な被害が毎年のように発生していること、日本近海で獲れる魚種が変わってきていることから、まずは「完全閉鎖型植物工場」や「陸上養殖施設」の整備に係る初期投資費用を国が大胆に支援することが急務だと考えています。

他方、施設野菜は露地野菜と比べて、一〇アールあたりの粗利益は高いものの、経営費も高いものとなっています。特に「完全閉鎖型」では電気代と減価償却費の占める割合が大きくなっています。

よって、従来型の農林水産業を十分に支援するとともに、施設の省エネ化や品目拡大も含めた技術革新も進めていくことで、食料安全保障の強化に向けた多様な取組を続けることが必要だと思います。

「総合的な国力」とは

以上のように、我が国を取り巻く厳しい国際環境の中にあって、日本は、迅速で精緻な情報収集を行いつつ、必要な防衛力を整備することによって国民の皆様の生存と独立統治を維持し、独自の資源開発や代替物資の研究開発を推進し、国際社会においては強いリーダーシップと高度な技術力を有する不可欠な国としての地位を確立し、日本の企業や研究機関が保有する優れた技術を着実にビジネス展開することによって経済のパイを拡大させて、未来を切り拓いていかなくてはなりません。

私達は、しっかりと現実を直視した上で一刻も早く必要な備えを講じるとともに、今を生きる日本人と未来を生きる日本人のためにも、多様な分野において果敢に挑戦を続けていくべきだと考えています。

つまり、「総合的な国力」の強化が必要なのです。

それでは、「国力」とは何でしょうか。

二〇二二年一二月一六日に閣議決定した『国家安全保障戦略』に例示されている記載を、本文のまま（読み易いよう、改行は致しました）、次に紹介します。

我が国の安全保障に関わる総合的な国力の主な要素

⑴　第一に外交力である。

国家安全保障の基本は、法の支配に基づき、平和で安定し、かつ予見可能性が高い国際環境を能動的に創出し、脅威の出現を未然に防ぐことにある。

我が国は、長年にわたり、国際社会の平和と安定、繁栄のための外交活動や国際協力を行ってきた。

その伝統と経験に基づき、大幅に強化される外交の実施体制の下、今後も、多くの国と信頼関係を築き、我が国の立場への理解と支持を集める外交活動や他国との共存共栄のための国際協力を展開する。

⑵　第二に防衛力である。

防衛力は、我が国の安全保障を確保するための最終的な担保であり、我が国を守り抜く意思と能力を表すものである。

国際社会の現実を見れば、この機能は他の手段では代替できない。

防衛力により、我が国に脅威が及ぶことを抑止し、仮に我が国に脅威が及ぶ場合にはこれを阻止し、排除する。

そして、抜本的に強化される防衛力は、我が国に望ましい安全保障環境を能動的に創出するための外交の地歩を固めるものとなる。

(3) 第三に経済力である。

経済力は、平和で安定した安全保障環境を実現するための政策の土台となる。

我が国は、世界第三位の経済大国であり、開かれ安定した国際経済秩序の主要な担い手として、自由で公正な貿易・投資活動を行う。

また、グローバル・サプライチェーンに不可欠な高付加価値のモノとサービスを提供し、我が国の経済成長を実現していく。

(4) 第四に技術力である。

科学技術とイノベーションの創出は、我が国の経済的・社会的発展をもたらす源泉である。

そして、技術力の適切な活用は、我が国の安全保障環境の改善に重要な役割を果たし、気候変動等の地球規模課題への対応にも不可欠である。

我が国が長年にわたり培ってきた官民の高い技術力を、従来の考え方にとらわれず、安全保障分野に積極的に活用していく。

(5) 第五に情報力である。

急速かつ複雑に変化する安全保障環境において、政府が的確な意思決定を行うには、質が高く時宜に適った情報収集・分析が不可欠である。

そのために、政策部門と情報部門との緊密な連携の下、政府が保有するあらゆる情報収集の手段と情報源を活用した総合的な分析により、安全保障に関する情報を可能な限り早期かつ正確に把握し、政府内外での共有と活用を図る。

また、我が国の安全保障上の重要な情報の漏洩を防ぐために、官民の情報保全に取り組む。

以上、『国家安全保障戦略』で示された「総合的な国力」の要素は、「外交力」「防衛力」「経済力」「技術力」「情報力」です。

そして、私は、これらの全てに関わる重要な要素が「人材力」だと思っています。

「日本のチカラ」研究会で得られた学びの機会

全国各地の自民党支部行事などで講演をする中で、「今こそ、『総合的な国力』を強くするべき時である」と語っていましたら、講演を聴いて下さっていた複数の若手国会議員から、「国力の各要素について、掘り下げて勉強してみたい」旨のお声をいただきました。

自民党の政調会では、朝八時スタートの会議が多いのですが、分野別に細分化されている調査会や特別委員会や部会を短時間で渡り歩いてみても、「国力」という大きなテーマについて、じっくりと勉強ができる環境にはないのでしょう。

私自身も、経済安全保障、科学技術政策、宇宙政策など、閣僚としての担務をこなすのが精一杯で、担務外の資料を読む時間もなく、かなり視野が狭くなっていることを自覚していました。実は、公務の合間や夜間に、経済学者の先生や陸海空自衛隊の元幕僚長達にお願いして、交通費のみで家庭教師をしていただいていました。

そこで、「一人で話を聴くのはもったいない」と思い至り、次の選挙までの任期が長い山田宏参議院議員を頼って事務局をお願いし、話を聴きたい国会議員が自由に参加できる場を作ることにしました。

会の名称は、『日本のチカラ』研究会。

初回は、二〇二三年一一月一五日でした。月に一～二回、国会会期中の水曜日の夕方に不規則な時間帯で開いていますので、山田議員から入会者は約五〇名と聞いていますが、毎回十数名ほどの参加者です。でも、出席議員は熱心に学び、活発に質問をし、良い勉強会になっていると感じます。

私自身も、講師の先生方から全く知らなかったファクトを多く伺えるので、役所の公務との関係からフルタイムとはいきませんが、出席を続けています。

講師の先生については、私が雑誌や新聞のインタビュー記事を拝読して「お会いしたいな。直接、お話を伺いたいな」と思った先生のお名前を山田議員に伝えるだけで、講師の先生への講義依頼も案内状の配布も、全て山田議員がして下さっています。他の国会議員も同様で、山田議員にお話を聴きたい講師の先生のリクエストをしているようです。

山田議員は妙に人脈が広く、私が全く連絡先を知らない先生でも、必ず即座に手配をして下さいます。山田議員と秘書様のご尽力には、感謝してもし切れません。

何より有難いのは、全ての講師の先生方が、交通費のみで快く講義を引き受けて下さっていることです。実にささやかな交通費とお土産品だけは私が用意していますが、ご多用の御体ですのに貴重なお時間を割いていただき、数十倍または数百倍の価値のあるご講義を賜ってきた講師の先生方には、この場をお借りして、心より御礼を申し上げます。

以下、本書では、二〇二三年一一月から二〇二四年六月までの国会会期中に伺った貴重なお話の一部を、皆様と共有させていただきます。

講師の先生方がマスメディアでは語れないような経験を「国会議員の皆様には真実を知って

おいていただきたいことですが、ここだけの話にして下さいね」と断った上でお話し下さった機微な内容については、削除してあります。

国会閉会中は開催しませんので、この研究会は秋の臨時国会が始まったら再開します。まだ少ない開催回数ですので、国力の要素全てをカバーしていませんが、本書を前編だと思ってお読みいただけると嬉しく存じます。

現段階で講師の先生からお話を伺えていない国力の要素について、少しだけ補足するべく小文を書きますので、また、後章でお会いしましょう。

二〇二四年七月吉日

「日本のチカラ」研究会　主宰者　高市早苗

第一章

外交力

1

中国に怒るべきときは怒れ

山上信吾（前駐オーストラリア大使）

山上信吾（やまがみ・しんご）

一九六一年生まれ。東京大学法学部卒。八四年四月、外務省入省。国際法局条約課長などを経て、二〇〇七年八月から約二年間、茨城県警察本部警務部長。その後、外務省国際情報統括官や経済局長などを歴任し、二〇年一一月から二三年五月まで駐オーストラリア特命全権大使。同年一二月、退官。現在、TMI総合法律事務所特別顧問、笹川平和財団上席フェロー、外交評論家として活動。著書に『南半球便り 駐豪大使の外交最前線体験記』『中国「戦狼外交」と闘う』『日本外交の劣化 再生への道』（以上、文藝春秋）。

オーストラリアの「福島瑞穂」

私は四〇年間、公務員生活をしてきましたが、もはや居場所がないということで昨年（二〇二三年）末に同期のトップを切って外務省を辞めました。もうひと働きする気持ちはあったのですが、いまの外務省はそれを許さない。だったら本を書かせてもらいましょうと三冊の本を書いたのです。

その一冊目は『南半球便り　駐豪大使の外交最前線体験記』（文藝春秋）です。実は大使時代に日本にはオーストラリアについての情報が少ないという危機感を持っていました。オーストラリア大使の内示を受けた時に東京駅前の丸善に飛んでいったら、国際関係論のコーナーにはオーストラリア関係の書籍が三冊しかありませんでした。アメリカやイギリス、ロシアや中国の本は溢れているのにオーストラリアはたった三冊なのです。そのうち二冊は同じ人が書いていて「終わっているな」と思いました。

また、日本の大新聞でオーストラリアに支局を持っているのは日本経済新聞だけです。読売は信じられないことにインドネシアのジャカルタからオーストラリアをフォローしています。喩えて言えば韓国のソウルから日本をカバーするようなものです。朝日はシンガポール、毎日はタイのバンコクからオーストラリアを見ています。これではオーストラリアの情報がお茶の間に届くわけがありません。オーストラリアは大事だと皆さん頭の中ではわかっていても情報がまるで少ない。このギャップをどうにかしたいというのが、私の大使としての問題意識の一番でした。ですから在任中からニュースレターを書きまくったのですが、それを集めて本にしたのが一冊目でした。

いま、日本とオーストラリアとの関係はうまくいっていると言われていますが、それは表面であって、深いところでは全然うまくいっていません。ですから私は心配で仕方がない。今のオーストラリア版の労働党政権は場合によってはあと四年続きます。この間どうするのか知恵を出していかないと危ない。

まず一つ目の心配は、今のアルバニージー政権はオーストラリア史上これほどのものはないと言われるくらい左派政権だということです。特にアルバニージー首相、中国系のペニー・ウォン外務大臣、は労働党の中でも左で、敢えて喩えれば、鳩山由紀夫総理、福島瑞穂外務大臣のような感じです。ペニー・ウォン外相は非常に特異で、「日本の侵略の歴史」なるものに批判的な中国系です。彼女はもともと客家で、生まれ育ったのはマレーシアのボルネオ島のコタキナバル、八歳の時に南オーストラリアのアデレードに移住して、アデレードでロースクールまで行って労働党の政治家になった人です。

「おまえ黙れ」

日本のメディアは滅多に書かないのですが、このペニー・ウォン氏は外務大臣になる前に豪州連邦議会上院で慰安婦問題に関する日本非難決議を担いだ人です。それは日本に謝罪と補償、正確な歴史教育を求めるもので、上院で一票差で否決されましたが危なかったのです。ですからペニー・ウォン外相はいわば日本にとって〝前科者〟です。私は彼女が出てきた時、岸田文雄総理にも林芳正外務大臣にもご説明しました。当時の林外務大臣は日米豪印四カ国（クアッド）の外相会合でクアッドについて、「ビートルズだ」などと言いましたがとんでもない。そんな心が通い合う相手ではありません。

すでにいま日本とオーストラリアとは対中政策のずれが生じています。二〇二四年六月には中国の李強首相が中国の首相としては七年ぶりにオーストラリアを訪問しました。アルバニージー首相、ペニー・ウォン外相は中国側の耳障りになることは一切言わない。私が大使の時に一番大きなミッションだと考えたのは、どうやってオーストラリアが中国の軍門に降らないようにするかということでした。

オーストラリアは前のスコット・モリソン首相の保守政権が中国に対して厳しく対応したため、中国から大麦をはじめ、小麦、ワイン、石炭、ロブスター等と輸入規制を受けていました。モリソン政権は新型コロナウイルスの国際調査を要求したり、5Gネットワークから中国のファーウェイをファイブアイズの中で真っ先に排除したりしたからです。中国はカンカンになり、猛烈な経済威圧外交を行ったのですが、オーストラリアは持ちこたえました。当時、私はオーストラリアを助けるのが日本大使の役割だと考え、アメリカ大使やイギリス大使より前面に出てオーストラリア政府をサポートしていました。

保守連合政権の間はうまくいっていたのですが、政権交代してオーストラリアがいま、くじけそうになっています。中国の微笑み外交にそそのかされて鼻の下を長くしている状況です。実は私の在任中にも日本大使である私に対して「おまえ黙れ」と言ってきた人が三人います。

「おまえは日本大使だから日豪関係に専念しろ。中国問題について発言するんじゃない」と言ってきた人がいます。三人のうち一人は引退したオーストラリアの駐米大使、二人目は当時野党であった労働党の重鎮政治家でした。とんだおせっかいです。中国問題についてどういう意見を持っているかは自由ですし、オーストラリアのメディアにどう語るかは各国大使に任されています。それなのに「黙れ」と言ってくるくらい中国に対して腰の引けた勢力がオーストラリアの中にいるということです。

だからこそ、オーストラリアが腰砕けにならないように常に綿密に意思疎通をして、時に励まし、時に蹴りを入れるくらいのことをやっていかないといけない。日豪はそういう非常に難しい関係にあります。

商社と永田町のギャップ

二つ目に心配なことは、資源ナショナリズム、脱炭素化の中で、石炭、ガス等の重要なエネルギー資源の対日輸出にオーストラリアが冷ややかになることです。日豪関係の基礎数字に「七六四」「九四二」というものがあります。これは、いかにオーストラリアが日本のエネルギー安全保障、食料安全保障にとって大切な国かを示しています。「七六四」はエネルギーで、日本の輸入石炭の七割、鉄鉱石の六割、ガスの四割がオーストラリア産だということです。「九四二」は食料安全保障で、輸入砂糖の九割、牛肉の四割、小麦の二割がオーストラリア産だということです。オーストラリアは日本にとって非常に大事な国なのです。

しかし昨今、オーストラリアの中では、国内で採れるガスはまずは国内供給用で、余ったものを輸出しようという流れがあります。あるいは脱炭素で、石炭のみならず、ガスに対しても供給に消極的な動きが出ています。日本はここに歯止めをかけなければいけない。気候変動対策で再生可能エネルギーといってもそう簡単ではない、いま必要なのは石炭、ガスだと絶えず言っていく必要があります。つまり、オーストラリアが信頼できる安定的な資源エネルギーの供給源であるかといえば、不安定要因があるということです。

ちなみに私は赴任する前に七大商社を回ったのですが、そのときある商社の社長はこう言いました。「自社のグローバルの利益の半分はオーストラリアビジネス。オーストラリアはアメリカより重要なのですよ」と。これはおそらく資源エネルギーに重きを置くいずれの大商社も同じです。ただ、オーストラリアに置く比重には商社やエネルギー関係企業と永田町、霞が関とでは大きなギャップがあります。

三つ目の心配は、俗な言葉で言うとアテンションギャップです。オーストラリアの政治家は日本の存在を重要視しています。安倍晋三元総理の国葬儀には現職の首相と元職三人の四人が参列しました。海外の大使館での弔問記帳受付があった時もオーストラリアだけがアルバニージー首相とペニー・ウォン外相が打ち揃って日本国大使公邸に来たのです。こんな国は他にありません。それくらいオーストラリアの政治家は日本との関係を重視していますが日本はどうか。日豪議連はもっと活動を強化していただく余地があります。オーストラリアには毎年必ず議連として顔を出す、向こうからも受け入れるくらいのことをやって頂くにふさわしい国だと思います。

いま、大きな話が動いています。日本はオーストラリアに三菱重工の「そうりゅう型」潜水艦を売ろうとしたことがあります。安倍総理はトニー・アボット首相と握れたと思ったのですが、その後オーストラリアの政権交代もあり、うまくいきませんでした。そのとき、オーストラリアの駐日大使経験者に「そうりゅう型」のことでこう言われたのです。「俺たちは日本からレクサスが買えると思っていたら、日本が出してきたのはカローラだった」と。つまりスペックを下げたと言いたいのです。結局、オーストラリアは「そうりゅう型」を買わずフランスに行って大失敗。フランスは納期も守れない、コストはどんどん上がって、結局これが米英豪の「ＡＵＫＵＳ（オーカス）」（米英豪による安全保障枠組み）につながります。オーストラリアはもう通常艦はやめて原子力推進潜水艦にしようということになりました。

そしていま何が起きているか。オーストラリアの海軍がフリゲート艦を更新しようとしているのですが、このフリゲート鑑の候補にまた日本の三菱重工「もがみ型」が上がっているのです。ライバルはスペインとドイツと韓国です。私が見ている限りにおいては、オーストラリア側は日本にはやる気がないと思っています。確かに日本は新聞報道に少し出たぐらいで、官民一体となって強力な売り込みをしているかと言えばそういう状況にはありません。オーストラリア海軍の中には「もがみ型」を高く評価してぜひ買いたいという声もあり、日本との安全保障協力を強化したいという人もいます。しかし、どうも今の日本の政権も企業側も腰が引けていて、このままでは負けを覚悟しなければならない。

万が一、韓国に負けたら赤っ恥です。韓国はオーストラリア陸軍に自走式の榴弾砲を一〇〇台以上、納入した実績があります。それに勢いを得て船も造ろうと、パースの造船所を買収しようとやる気になっています。日本の防衛産業の将来を考えるとこれは大変深刻な問題ですが岸田総理も上川陽子外相も動いている気配はない。オーストラリア側は元陸軍トップや元駐米大使が私とも相談しながら水面下で動いていますが、非常に心もとない。政治の後押しが絶対に必要です。

怒るべきときに怒れない外務官僚

次にいまの日本外交の問題をいくつかお話ししたいと思います。一つは、残念ながら、とにかく外交が劣化してしまいました。外務委員会などで答弁に臨む姿勢を見ていても、活きがいい役人が少ないのではないですか。その場をどうやって逃げるかという答弁ばかりです。国会でのやり取りは彼らからすれば「うぜえな」という感じで、何とか大過なく逃げましょうということなのです。国会で説明するということは日本国全体に対して説明するということだという意識が全く弱い。それは実は外務大臣も同じです。

そういう空気がいま役所全体に蔓延しています。それだけではなく外交官が外に出て行こうとしない。最近の幹部人事を見て頂くと分かるように、大使もせずにやめていく次官が相次いでいます。何のために外交官になったのか。課長の次に審議官になります。審議官から局長、その上が外務審議官、最後に次官。この四段階くらいの間、ずっと東京に居続ける例が増えているのです。年数で言うと一〇年、場合によっては一五年です。そうして大使もやらずに辞めていく。そうすると外がわからない。外務官僚はもう外交官じゃなくて、内向きの内交官になってしまっているのです。

こんな現象は日本の外務省ぐらいです。アメリカでもイギリスでも、みんな大使になりたがります。大使は一国一城の主であって、一番やりがいがあるためやりたいのです。私も外務省に四〇年間いた中で何が一番面白かったかと言えばオーストラリアの大使であることは間違いありません。ところが今の外務官僚はそれをやろうとしない。外務官僚まで内向きになって外交ができるのかということです。これは人事政策も含めて根本的に変えなければいけない。とにかく外に出していく必要があります。

これは使いやすい人間を置き続けるという政治の側の問題でもあるのです。愛いやつ、言うことを聞くやつ、あるいは自分の秘書官だった者は首相が外に出さない。しかし大きく外交官を育てるためには政治の側も我慢していただきたい。たとえば局長の前に一回総領事をやらせる、局長をやった後に大使をやらせる。大使として実績を残した人をまた戻して次官をやらせる。こういう人事サイクルを永田町、霞が関で作って頂かないと日本の外交官は本当に劣化します。実際、英語もろくにできない次官が近年たくさんいます。

二つ目はそういう内向きの力が働いているせいか、ロビイング力、交渉力が決定的に低下しています。もっと言えば、怒るべきときに怒れない外務官僚が本当に増えています。

二〇二二年、アメリカのナンシー・ペロシ下院議長が訪台しました。それに中国が激怒して台湾周辺で軍事演習を行っただけではなく、日本のＥＥＺ（排他的経済水域）に五発の弾道ミサイルを撃ち込んで来ました。これは史上初めてのことです。北朝鮮ではなく中国が撃ち込んで来たのです。これは「日本はすっこんでいろ、台湾独立に加担するんじゃない」という中国の露骨な恫喝です。この時に日本は何をやったのか。外交の常識で言えば、当然、東京にいる中国大使を外務省に呼びつけて、面談して、相手の目を見据えて「ふざけるんじゃない」とやらなければならない。ところがこれを今の外務官僚はできない。ですから当時の森健良外務次官は電話で済ましたのです。私はキャンベラで激怒しましたけれども。次官がそんなことで示しがつくかということです。

抗議のレベルを下げた外務省

最近、中国の大使による暴言がありました。日本が台湾の独立に加担すれば「日本の民衆が火の中に連れ込まれることになる」と。これは「民衆」と言ったところが罪深い。外務省や日本政府ではなく、日本人全体を対象にして「火の中に連れ込まれる」と言ったのです。その火は彼らが起こすわけです。中国は台湾統一に武力行使も辞さないと言っているわけですから。つまりこれは日本人を殺すということなのです。「日本人をぶっ殺す」と言われた時に、まず外務省は何をやったのか。抗議のレベルを下げたのです。

中国大使がこのような暴言を吐いたのは二回目です。一回目は去年（二〇二三年）の四月の記者会見で、二回目が今年の五月です。一回目の暴言への抗議は外務省アジア大洋州局の審議官レベルで行っています。しかし抗議したにもかかわらず、今回もう一回、同じような暴言があったわけです。普通に考えれば一回目の抗議の効き目がなかったということです。そうであれば今回は抗議のレベルを上げる。一回目は審議官が抗議したのだから、二回目は局長か、場合によっては次官、さらには大臣に抗議してもらわないといけないと考えるのが役人の当たり前の発想ですが、なんと外務省は最初、レベルを下げたのです。中国課長に抗議させた。しかも電話です。これでは相手は屁とも思いません。私も含めて周りが騒いだため、結局は次官が中国大使に文句を言ったらしいですが、それでも不十分です。「日本人を殺すぞ」と中国大使に言われてなぜ怒れないのか。

私は上川外務大臣の問題も追及したい。中国大使がその発言をしたときには鳩山由紀夫元総理と福島瑞穂社民党首がその場にいたわけです。鳩山氏は中国大使の発言に「基本的に同意する」とわけのわからないことまで言って、福島氏は黙って聞いていた。そうであれば余計に「岸田政権の立場は違う」と言うべきは政治家です。なぜ上川外相は出ていかないのか。外務省も劣化していますが、政治もどうなってしまっているのかと思います。

ここから先は私の想像ですが、恐らくトップから「いま中国と事を荒立てるべきじゃない」という指示が下りているのでしょう。ミサイルのときも、中国大使の暴言のときもそうではないですか。だから官僚が動かない。政治家自らも動かない。

先日、昔からの知り合いの東南アジア某国の大使とランチをしたのですが、おとなしい人だと思っていた彼が、なぜ日本政府はあんな抗議で済ませたのかと言ったのです。東南アジアの人から見ても日本の対応は腰が引けて弱々しかったのでしょう。深刻な問題です。

国会答弁の応用では戦えない

三つ目の深刻な問題は発信力のなさです。慰安婦問題も南京事件も常に蒟蒻問答《こんにゃくもんどう》で国会答弁を応用してやっているからまったくパンチがない。南京事件の応答要領などは国会以外では使えません。

「日本軍の南京入城（1937年）後、非戦闘員の殺害や略奪行為等があったことは否定できないと考えています。しかしながら、被害者の具体的な人数については諸説あり、政府としてどれが正しい数かを認定することは困難であると考えています」

外務省は南京事件についてこう述べているのですが、これは日本の右派と左派に配慮した典型的な蒟蒻問答です。これをそのまま英語に訳して、「日本は三〇万人を虐殺した」と言う人に「非戦闘員の殺害や略奪行為等があったことは否定できない」と言えば、略奪を認めているように聞こえます。「ただ、数は三〇万人ではない」と言ったところで殺害や略奪行為は認めたことになります。国会答弁と対外発信用のメッセージをTPOに応じて使い分ける必要があるのに、それができていません。

また、たとえば岸田総理の米議会でのスピーチ。私はあんなに恥ずかしいスピーチを日本国の総理がするのを聞かなければならない羽目になるとは思っていませんでした。英語で話したことに意味があるのですか、とその程度のスピーチです。

なぜ恥ずかしいか。アメリカにおべんちゃらを言っているだけで終わっているからです。簡単に言えば岸田総理のスピーチは「アメリカは自由と民主主義のために戦ってきました。日本はその横にいます。これからもアメリカさん頑張ってください」という趣旨です。日本国の総理がワシントンまで行ってスピーチするのであれば、アメリカに対して注文をつけることが重要です。アメリカをいい気持ちにさせた後で、日本としてそのアメリカにどう動いて欲しいかというメッセージがないといけない。私は、それは台湾有事だと思います。

「台湾有事でアメリカは逃げるんじゃないぞ。アメリカ兵の血を流したくないと逃げたら、アメリカはもうこの地域でのリーダーシップを失うぞ」ということを、どうやって外交的に言うかが必要なのです。日本も汗をかくから一緒に頑張ろうと言うべきなのに、台湾の「た」の字も言わず、今日のウクライナを明日の東アジアにしてはいけないという一般論だけでした。これではパンチが全然ない。発信力も大いに磨いていかなければいけません。

最後に三つ、先生方に考えて頂きたいことを述べます。

一つは外務省の体たらくについてです。若い人はどんどん外務省を辞めています。私は同期の先頭を切って辞めましたが、一年下で同じく同期の先頭を切って辞めたのが垂秀夫前中国大使です。外務省は仕事をしてきた人間の居場所がなくなり辞めていく組織になってしまっています。これでは機能不全を起こすので、私は大量の輸血が必要だと思っています。中途採用、外部人材の活用という方法で外から大量の血を入れ、オールジャパンで外交を行う体制に持って行く必要があると思います。

ただ、その場合、反日勢力は必ず仲間を組織内に送り込もうとするため、そのチェックが必要です。高市早苗先生がリーダーシップを取られたセキュリティクリアランスはここでも必要になるわけです。昔、外務省は採用時には家庭訪問まで行っていました。家に行けばその人物がだいたいわかります。いまは手間を省くためなのか、プライバシー保護なのかわかりませんが、家庭訪問は行っていません。そんなことでは組織にどんどん反日勢力が入ってくると思います。

外務省は信濃町系が多いことで有名ですが、確かに中国スクールでは溢れかえっています。でもそれだけじゃない。代々木系もいるのです。「外務省は帰化人が多いですね」と言われたりもしますが、私は帰化人であることを云々するつもりはありません。日の丸に忠誠を誓ってもらえればいい。しかし実は反日であることを隠しながら、あるいは反日を背負っている人もいます。また、大量輸血で採用する人たちが丹羽宇一郎元中国大使のような人ばかりでは困りますから、しっかり採用してもらいたいと思います。

中曽根総理と安倍総理だけ

二つ目は、いま日本で決定的に弱いのはやはり情報です。対外情報庁がないと日本はもう諸外国と抗していけないという意識を持って頂きたい。私はロンドンにいた時に英国の情報機関の大幹部だった人と懇意になりましたが、彼からずっと言われているのは、こういうことです。「日本人は北京の中南海の要人の会話を聞けていないんだろう？　北朝鮮に拉致された日本人被害者の居場所を全部摑んでいないんだろう？　この二つができていないのだったら一刻も早く、対外情報庁を作らないとダメだよ」と。

これは早くＭＩ６、アメリカのＣＩＡ、オーストラリアのＡＳＩＳ、フランスのＤＧＳＥ、ドイツのＢＮＤのカウンターパートになる機関を日本は作ってくれということなのです。今の内閣情報調査室、警察庁の外事情報部、私が局長をしていた外務省の国際情報統括官組織、防衛省の情報本部、法務省の公安調査庁も、みんな帯に短し、たすきに長しでダメなのです。新しい器を作ってそこに人材を結集して、セクショナリズムを打破して、オールジャパンで対外情報に臨まなければ日本は追いつかない。

これは台湾有事の前にやらなければ間に合いません。ぜひ政治の力でお願いしたいと思っています。安倍政権のときにできると思っていたのですが、残念ながら特定秘密保護法でかなり政治的な資産を使い果たし、そこまで行けませんでした。返す返すも悔しい。

三つ目に本当に外交に強い政治家を国全体で育てましょうということです。外交に強い政治家とは、英語でのやり取りを厭わないだけではなく、世界を舞台にした一対一の闘いに強いということです。たとえば英語ができても弱々しい人はいます。林芳正外務大臣が中国のクビになった秦剛外務大臣と撮った日中外相会談の写真では秦剛外務大臣が完璧にバカにしたような軽侮の表情を浮かべています。日中友好議連の会長だからといって立てるわけではない。「お前は弱いな」という顔で見ているのです。相手が舐めてきているのか、立ててきているのか、外交の場では如実に感じます。英語の巧拙は横に置いて（できるにこしたことはありませんが)、堂々と立ち回れる政治家が必要です。外国人に対して視線が泳ぐような総理大臣ではいけないのです。

私は四〇年間、外交の場で政治家を見てきましたが、その意味で本当に支える気になったのは中曽根康弘総理と安倍晋三総理だけです。これからは位負けしない政治家が必要です。「中国のこと、東アジアのことだったら日本のあいつに聞こう」と他国に思わせる政治家です。いままでそのような役割を果たしたのは、シンガポールのリー・クアンユー元首相とオーストラリアのケビン・ラッド元首相です。悲しいことに日本の政治家ではありません。世界に通用する外交に強い政治家、そういう意味でも高市先生や皆さん方に期待しています。

質疑応答

高市　対外情報庁は私も絶対に必要だと考えてあちこち打診はしてみましたが、公安調査庁にしても警察庁にしても外務省国際情報統括官組織にしても否定的なのです。いろんなインテリジェンス機関が情報を集めてきてそれが内調に行き、仕分けして、必要なものが総理に上がる。それでいいんじゃないか、一つにまとめるというのはどうなのか、という意見がありました。私は絶対に必要だと思っていますが、対外情報庁は外務省に作るのか、内閣官房に作るのか。私は内閣官房に作るのがいいのではないかと思っていますが、どういったお考えでしょうか。

もう一つは、ずっと困っている件です。平成二三年に私は「安全保障土地法案」を議員立法で作ろうと骨子案を提示しました。私たちは中国の土地を買えないのに中国人は日本の土地を買い漁っている、これを阻止するためです。当時、自民党は野党でしたが、多くの国会議員がその勉強会に集まってくださいました。が、結局、各役所を呼んだときに外務省がこう言いました。WTO（世界貿易機関）の「GATS（サービスの貿易に関する一般協定）」があり、国際法の方が国内法より上位で、日本は外国人による土地取得を規制する留保条項を盛り込まずに締結してしまったのでもう無理です、と。私たちが騒ぎ出して以降は二国間条約も全て土地取引を留保して締結して頂いているのは承知しています。

私はいま『重要土地等調査法』の所管大臣でもあり、やはり調査しているだけではダメだという危機感があります。どうすればGATSに土地規制の留保条項をもう一度盛り込めるのか。あちらこちらに三つの方法について問い合わせました。

①GATSに日本も土地取引留保を盛り込む。しかしこれは「利害関係国全部が賛成する必要がある」というのです。つまり中国一カ国が反対したら日本が条約の内容を変える（土地取引を留保する）ことはできない。それなら②相互主義をGATS全体で共有できないのか。つまり日本に対して土地取引を許している国に関しては日本も許すという形にできるのか。これには「WTOの理念からして自由貿易が大事なのでそれはできない」という話が経済産業省から来ました。最後は③安全保障例外です。中国の場合は『国防動員法』を持っているので特殊な国です。彼らは日本で取得した土地や建物を軍事拠点として使えるわけですから、それを理由になんとかGATS締約国全体の話ができるのか。こう

して順次各所に問い合わせをしているのですが、解が見つかりません。これについてのお考えをお聞かせください。

山上　まず対外情報庁の話は、そんなことを言っているからできないのですよね。私は国際情報統括官をしていたので自信を持って言いますが、では外国のカウンターパートと丁々発止のやり取りができている機関はどこにあるのかという話なのです。欧米人が「コイツの話は面白い」と思うような情報機関のヘッドは、靖国神社の宮司になった大塚海夫氏と私ぐらいだったのです。それくらい惨憺たるものです。

よく「日本がファイブアイズに入ったら」なんていう議論をしますが、現状では日本はみそっかすになります。ですから特別な器を作って、そこに人を集めて、修練を積ませなければいけない。修練もできていない人間がいまの状況でいいなどと言うのはおこがましいにもほどがあって国益を害します。私は内閣官房でもいいと思います。情報をまず知るべきは総理と官房長官ですから、内閣直結であればその方が総理に情報が上がりやすいでしょう。外務省である必要に私はこだわりません。大事なのは新しい器を作ったときにそこを特定の省庁出身者の出島、つまり指定席にしないということです。たとえば、いまの内調はそうなってしまっています。トップは必ず警察官僚で、次長で外務省出身者が行く。兼原信克氏も行きましたし、私の同期でフィンランドの大使になった岡田隆氏も行きました。内調では決定的に次長は外され、ろくに情報は上がらない。それではダメで、今の時代はオールジャパンで力を合わせ、出身母体を問わずに協力していかなければなりません。

そういう空気を醸成するためにも、新しい器を作ってガラガラポンで、我こそはという人をそこに結集させて人を育てていく発想が重要だと思います。

また、土地の問題ですが、もう辞めたから言います。これは外務省の大ちょんぼです。あのときの議論では大正時代の法律である「外国人土地法」はもういま適用されていない、ということでした。日本は自由貿易主義者なのだから、こんな適用されていない法律のために敢えて土地取引について最恵国待遇からの免除登録をする必要はない、と。要するにええかっこしいの議論なのです。

いまや完璧に時代状況が変わっています。あのときは中国資本がこれだけ北海道の森林などを買うことは想定されていませんでした。明らかに事情が変わったのですから、考え直して日本の対応を変える。これはどの国でもやっていることです。私は臆せず留保をつけることを当然追求すべきだと思います。ただ、それが手続き論で大変だというのなら、奥の手は安全保障例外です。安全保障例外には、基本的にGATT（ガット＝関税及び貿易に関する一般協定）やWTOでチャレンジできない。だからトランプ大統領は悪用したわけです。鉄鋼製品、アルミニウム製品の関税上乗せなどはガットルールに照らせば大問題ですが、同盟国のものも含めてアメリカの安全保障のために必要な措置だと言いました。これをどの国が訴えて勝てるか、という話なのです。ガットやWTOのパネリストや上級委員会は、安全保障の内容については口を挟めないし、挟まない。結局のところ各国の主権事項だという判断があるからです。

ですから留保が第一手段だとして、それがうまくいかないのであれば、奥の手として安全保障例外の発動は当然やっていいと思います。ただ、安全保障例外の場合に気をつけるべきは、やはり中国だけを対象にするわけにはいかないので、そこは国籍ではなく、たとえばある一定の土地は誰もが買えないなどの縛りをかけるパッケージになるかもしれません。

議員A　国際会議の場などで各国の大使同士の役割分担などは今どれぐらいできているのか。また、外務省の中途採用人事はどこから取ってくるのがいいのか。処理水の戦いの時に若手の外務省職員からコンタクトがあり、戦いたいけど戦い方がわからない、ネットの喧嘩の方法について教えてほしいというので話したことがあります。やる気のある若手もいるわけですが彼らをどうすればいいか。

山上　その方にはいつでも私のところに来るように言ってください。私が手取り足取り指南します。実は今回一年弱の間に私は三冊も本を書いたのですが、それはオーストラリアでの喧嘩の仕方、日本外交全体の問題などを後輩に引き継ぎたいと思ったからです。僭越ながら志を共有してくれる人は何人かいることはわかっています。

そういう人を死滅させてはいけないのです。保守系の団体に行くと、ある種、私はお誉めにあずかって「あなたは外務省の規格に合わなかったんだね」「そもそもなぜあなたみたいな人が外務省に行ったの？　警察か他の役所に行けばよかったのに」と言われるのですが、この発想がダメなのです。「外務省なんてしょせん目の前の相手と足して二で割って握手する、そういう仕事しかしてないでしょ」と見ると大間違いで、そんな勢力が増えればますますそういう役所になっていきます。ですから外務省の要所要所に背骨と座標軸を持った人間が必要です。最後は人です。どういう人がいるかで全然違います。

私はキャンベラの大使で行ったときに心に誓っていたことがありました。中国の大使と韓国の大使は常に、しかも絶対的に凌駕する。機会があればアメリカの大使とイギリスの大使も凌駕する。結果、口幅ったい言い方ですけれども、何人ものオーストラリア人から、いまのオーストラリアでは日本大使がナンバーワンだと言われました。日本はブランドで日本企業の力も強いからできるのです。たぶんワシントンでもロンドンでも、パリ、ジャカルタ、バンコクでも不可能なことではありません。ただ、いまの日本の外交官にそんな心意気、覇気があるかどうかは別問題です。覇気がある人にやってもらいたい。

最初の質問の役割分担の話ですが、中国の問題について真っ先に語るべきは日本です。南アフリカのアパルトヘイトがあったときに、南アフリカ周辺のジンバブエなどの国を「フロントライン国家」と呼んでいました。中国との関係では「フロントライン国家」は日本です。まさに中国のアコギな姿勢、やり方を歴史的にずっと見て、適切な距離を取りつつ、独立自尊のスピリットでやってきたのが日本です。この経験を日本人が共有せずして、誰が共有できるのか。なぜ安倍総理の時代にあれだけ各国から要人が来たか。それは安倍総理が中国に対して語るべきものを持っていたからです。いま来日する要人の頻度とレベルが如実にガクッと落ちています。外務省にいれば一番よくわかります。

日本の政治家がすべきことは国際社会に出ていって、中国問題でどれだけ日本が苦労してきたか、我々はどうしていかなければいけないかを語ることです。中国の戦狼外交と同じレベルで吠え合うことを言っているのではありません。もっと大きな絵を描きつつ、日本としてメッセージを発信していく。これこそ日本がすべきことだと思います。

最後に中途採用をするとしてどこから取るか。出自はどこであってもいい。しかし日の丸に忠誠心を持って、日本国のために汗をかこうという人に集まってもらえるような外務省になってほしい。たとえば職業で言えば、ジャーナリスト出身がいても、商社出身がいてもいい。コンサルティング会社、メーカー出身者、あるいは学者がいてもいい。元フリーターの人でもガッツを持っている人だったら今の人たちよりはるかにましだと思います。私と同年代の幹部職にある人間が、「一〇年年次が下くらいまではまだいい。しかし二〇年下【つまり今の役所の課長レベルの四〇代】になるとガクッと質が下がる」と言っています。これは外務省だけではなく、霞が関中のコンセンサスでもあります。ゆとり教育を受けた人たちで、ちょっと鍛えようとすると、すぐブラックだとかパワハラだとかいう申し立てをする人たちです。これでは組織として強くなるわけがないんです。めげない人がどんどん入ってきてもらったほうがいい。

私は今年一月からＴＭＩ総合法律事務所という大手法律事務所の特別顧問に就任していますが、この士気の違い、能力の違いに本当に驚いています。やっぱり行くところに行くと違うんだと。国家の大事のために人材を吸収統合する外務省であってほしいと思います。

議員B　靖国の御霊に対する冒涜にどのように対応すべきか。あんな輩に真面目に取り合っていいものか。大塚海夫宮司の着任早々で、どこまでやるべきか。効果的な抗議の仕方と行儀についてが一つ。また、そもそもなぜアーリントン墓地には献花するのに靖国には国家のトップが行かないのか、行けないのか。防衛大臣、官房長官、総理は何か密約があるのかないのか。一番大事なものを捧げていただいた方々に対する慰霊のあるべき姿に第一歩を踏み出すとしたらこういうやり方ではないかというご提案をいただけたらありがたいと思います。

山上　先生の問題意識に沿って申し上げれば、まず靖国を冒涜した中国人の件は、労を厭うてはダメだと思います。これは明々白々たる犯罪行為が日本国の地において行われた以上、まずは日本国においてきっちりと処罰する。これが座標軸であるべきだと思います。ですから中国政府に対して、この犯罪人の引き渡しを求めることは当然すべきです。

また「日本人の感情が傷つけられた」と言えばいい。よく中国は日本人に対して「中国人民の感情が傷つけられた」と言いますね。同じ言葉をのしを付けて返したらいい。これを明確に公の場でも外交ルートでも言って、まずは犯人の引き渡しを求める。その際に、これは中国に対する強力な嫌味の一つになると思いますが「あのシンガポールでさえ自主的に出頭したよね」と言えばいい。東京のシンガポール大使館の参事官が銭湯で男性を盗撮したにもかかわらず、外交特権を主張してシンガポール本国に帰ったわけですが、出頭要請に応じて日本に戻ってきたのです。これはシンガポール政府の中でも侃々諤々の議論があったことは間違いありません。結果、日本は友好国で、これはれっきとした犯罪だから本人を出頭させようとなったわけで、やろうと思えばできます。犯人の特定は中国であればすぐできるので、中国政府当局の意向次第です。中国政府が犯人にプレッシャーをかければ日本に戻って出頭することになります。ですからまずは中国政府に申し入れをする。

このような労を厭うべきではないと申し上げたのは、これを放っておくと、どんどん日中関係の雰囲気が悪化してくるからです。私はある雑誌のインタビューで「日中戦争前を思い出す」と言いました。要するに侮日行為なのです。一九三七年に中国で日本人居留民が惨殺された通州事件があり、日中は全面戦争になっていきます。そのようなことが重なると、日本の国民感情はある時までは我慢するものの、やがて沸点に達して爆発します。

これを政治家や官僚は心すべきで、事案が起きた時にきちっと物申していくことが必要です。中国大使の暴言もしかり、ミサイルが撃ち込まれた時もしかり、きちっと中国大使を呼んで犯人の引き渡しを要求する。こういうことを粘り強く行わなければならない。それでもいまの中国は応じない可能性があるでしょう。応じなければそれを第三国、国際社会の前で明らかにする。これを積み重ねることが大事です。しかし、こういうことが日本人は決定的に下手なのです。

もし台湾有事になれば、必ず最初の一発は日本が撃ったと中国は言うに決まっています。

盧溝橋事件もそうだったように歴史は繰り返します。ですから日本は相手に非があるときにはそれを国際社会の前に明らかにして、どちらが正しいかを判断してもらう。そのような喧嘩を積み重ねて行くことが大事です。それなのにいまの外務省は電話でごまかすからいけない。いまや日中友好などという時代ではないのです。

そしていま危険なのは「戦略的互恵関係」です。「日中友好」という言葉はもう死語になりましたが、「戦略的互恵関係」というわけのわからない言葉を使っていま、ごまかそうとしています。「戦略的互恵関係」は中国側が使いたがっているのです。「互恵」はお互いに利益になるようにしようという意味だからまだ許せるとして、なぜ中国と「戦略的関係」なんですか。これは元は「ストラテジック・パートナーシップ」から来ている言葉です。ですから同盟国ではないけれども、基本的価値、戦略的利益を共有するような日豪や日英のような関係をストラテジック・パートナーと言います。日豪関係では「特別な戦略的パートナー」という言葉を使っています。中国は潜在敵国、あるいは顕在的脅威なのに、なぜ「戦略的パートナー」という言葉を中国に使えるのか。外務省がまだこの言葉を使うこと自体が理解できません。現状を糊塗する言葉です。私は早く変えようと昔から外務省の中で言ってきましたが、なかなか多数意見にならない。「日中友好」を「戦略的互恵関係」にしてなんとなくごまかされてきています。

彼らの非道はその都度、きちっと明らかにしておく。この積み重ねが今後、大事になると思います。台湾有事はいつ来るか分かりませんが、もう言論戦は始まっているのです。

靖国の件ですが、そもそも密約の存在など知りません。しかしたとえばこういうことがありました。私が中国課の首席事務官をしていたときに、当時のアジア局長である阿南惟茂氏は中国人を千鳥ヶ淵に連れて行くように言ったのです。これは寂しかった。終戦の際に責任をとって自決した阿南惟幾陸軍大臣の息子が靖国ではなく千鳥ヶ淵に連れて行くよう言う。ここまで狂ってしまっているのかと暗澹たる思いにとらわれたことを覚えています。つまり密約などに縛られているのではなく、心意気なのです。その時々の為政者、官僚がやろうと思えばできないわけがないと思います。

その意味で嬉しい展開は、岩田清文元陸幕長が自分は亡くなったら靖国に祀られたいと産経新聞の正論欄に書いていました。ああいう気持ちが自衛官の中でふつふつと広がってくる。また、まずは有事で亡くなった自衛官の希望者が靖国に祀られるルートを作っていく。これが第一歩ではないかなと思っています。全員となると自衛官の中でも必ず反発する向きがあります。でも希望者であれば誰も止められない。そういうことを積み重ねていくことによって、亡くなったときに靖国に祀られることがあるべき姿なのだと、本来の姿に戻していくことはできるのではないか。大塚宮司になったのは天の配剤だと思います。彼は現役の自衛官のときも友好国の将官を靖国に連れて行っていました。私もそのお手伝いをしたことが何度もあります。

まずはトランプ政権になったらトランプ大統領を靖国に連れて行くことに挑戦しませんか。ラーム・エマニュエル大使も無理筋ではないと思っています。ＬＧＢＴなんて言っている暇があったら連れて行く。靖国を特別な場所ではなく、アーリントン墓地やロンドンのセノタフのような普通の慰霊の場に戻していく努力をすることです。

来年は戦後八〇年です。八〇年は「Four score」と言い、スコアという言葉は二〇年を表すので、英語を話す人にとっては大変長い時間を意味します。リンカーンのゲティスバーグ演説も「Four score and seven years ago（八七年前）」と始まりますが、八〇年はそれだけ長い。だから戦後八〇年を契機にすればいい。七〇年談話で謝罪は打ち止めで、八〇年は新しい時代の始まりにする。絶対にバカな談話を出さないことです。でも気をつけてください。外務省の中にはリベラルな首相のときにそれを担いで「もう一回謝りましょう」と言う者が絶対に出てきます。私はこれを本当に心配しています。

議員C　外交に強い政治家は大事だなと思います。APEC（アジア太平洋経済協力会議）に行ったら各国大臣級が来ていて丁々発止やっている。そこで勉強しようと各国の大使館からのお誘いの場に行くようにしましたけれども、そういう場には圧倒的に自民党が少ない。また、外務大臣は国会開会中、たった一問のために国際会議に出られません。国対（国会対策委員会）から止められるわけですが、それは国益を大きく損ねているのではないか。林芳正外務大臣が足止めされてG20に行けなかった時は結局、与党からたった一問だけでした。それも本当は質疑はなかったのに足止めして申し訳ないから誰か質問してくれということで、ひねり出して作ったのです。国会の機能があまりにも強すぎて外交に支障を来しているのではないか。外務省側から見て外務大臣に来てほしい、総理大臣にいてほしいときに急にキャンセルになることをどう思うか。

山上　これは特に外国人に説明する時に一番理解不能な問題なのです。林芳正外務大臣がG20、しかもインドで行ったG20の外相会合に行かなかった。あのとき、私はキャンベラにいてインドの大使から嫌味を言われました。「中国の大使が嫌がらせするのではなくて、日本が来なかった。これはどういうことか」と。

ただ、このときは外務省側にも問題がありました。G20の外相会合がインドであるから参議院予算委員会があっても行かなければいけないということを参議院自民党の幹部である世耕弘成氏にさえ上げてなかったのです。ですから①外務省の根回し不足、②早くに諦めてしまった、③林大臣自身も動かなかった、という問題があります。制度の問題とその時々の人のやる気の問題という両方の問題があると思います。

それから、いま先生が仰ったいろんな会合に出るというのをぜひやって頂きたいのです。恐らく一番簡単なのは外国出張よりも東京にいる各国の大使館からのお誘いをうまく活用することとです。積極的に行って、顔と名前を売るだけではなくて、将来自分が外務大臣、あるいは総理になったときに、ボディランゲージも含めてどう立ち居振る舞いをするかという予行演習だと位置づけて頂きたいのです。これが本当に岸田さんはできていないと思います。あの猫背の歩き方、ネクタイのチョイスにしても、誰かがきちっとアドバイスをすればあり得ないという格好でアメリカ議会でスピーチをしてしまう。恐らく政治家にとっては演説なんて場数ですよね。それと同じで、外国人との社交も場数なのです。失敗もありますが、だんだんツラの皮が厚くなって、少々のことではドギマギしなくなります。安倍総理は若い頃からそういう問題意識を持っていたのは間違いありません。安倍総理はモンゴルの大統領を富ヶ谷の自宅に呼んだり、インドの首相を河口湖の別荘に呼びましたが、日本の政治家としては稀有な人です。そういう人が七百十数人の国会議員の中に、たとえば一〇人、二〇人いたら、日本の外交力は格段にアップします。そういうやりとりを通じて「慰安婦問題？　バカ言ってるんじゃないよ。あれは吉田清治というのが虚言を流してねえ。韓国人でさえそんな議論はもう買わないんだよ」と公の場ではできない議論をしていく。外交はこの積み重ねです。公の部分での発信力だけではなくて、裏での発信力が今の日本は国としてすごく弱い。

本来は外交官がやるべきことですが、さっきも申し上げたような事情で外務省は内向きになっているのだとすれば、それにハッパをかける形で政治家がどんどん外に出て行って、局長に「ついてきなさい」というくらいの気持ちでやって頂くことが国としては必要だと思います。先ほど申し上げたように戦後八〇年で敵は仕掛けてきます。いま『Japan's Holocaust（日本のホロコースト）』という変な本がアメリカで出版されています。そういうものに負けない確固とした足場を作っていくのが大事だと思います。

（二〇二四年六月一九日）

2 「習近平中国」の実態

垂秀夫（前駐中国大使）

垂秀夫（たるみ・ひでお）

一九六一年生まれ。一九八〇年大阪府立天王寺高等学校卒業、八五年三月京都大学法学部卒業、同年四月外務省入省、南京大学留学を経て、在中華人民共和国日本国大使館書記官、在香港日本国総領事館領事、日本台湾交流協会台北事務所総務部長、アジア大洋州局中国・モンゴル課長、在中華人民共和国日本国大使館公使、大臣官房総務課長、外務省領事局長、外務省大臣官房長、駐中国日本国特命全権大使（第一六代）等を歴任。二〇二三年一二月退官。現在、立命館大学教授。慶應大学総合政策学部特別招聘教授。著書に『「言の葉」にのせたメッセージ』（日本僑報社）。写真家としては、写真集『天涯共此時　北京―東京』など。

「習近平中国」と「鄧小平中国」

いまわれわれが対面している「習近平中国」をどのように理解したらいいか。まず「習近平中国」は新しい中国に大きく変わったと理解することが大事です。習近平氏は二〇一二年に中国共産党の総書記になりました。その後、一〇年を経た二〇二二年の第二〇回党大会を指して習近平氏が「異例の三期目」に入ったとよく言われますが、この見方自体が適切ではないと思います。「異例の三期目」という見方は、かつての中国を見るアプローチ、ルールに基づいて今の体制を見ているということになります。そうではなくて新しい中国、「真の習近平時代」が始まったと見るべきだと思います。

真の「習近平中国」はその前の「鄧小平中国」と大きく違う新しい中国です。「鄧小平中国」と私が呼ぶときは便宜的に鄧小平時代だけではなくて、江沢民時代、胡錦濤時代も含めています。では「真の習近平時代」とは何か。

まず、一つ目は「なぜ中国共産党なのか」に対する習近平氏の答えを見ればいい。中国は民主主義体制ではないため選挙がありません。そういう意味においては、正統性（レジテマシー）の問題が常にあります。なぜ共産党があの広大な中国、そして一四億超の人民を指導するのか。これに対する鄧小平時代の答えは「豊かさ」でした。共産党についていけば豊かになれるというのが鄧小平時代の答えです。対して習近平氏の答えは「強さ」でした。中国共産党自身が「中国は毛沢東により立ち上がり、鄧小平により豊かになり、そして習近平により強くなる」と言っています。つまり中国共産党の正統性に対する習近平氏の答えは「豊かな中国」

ではなく「強い中国」なのです。そして人民を鼓舞するような「中国の夢」「中華民族の復興」等をスローガンとして言い始めるわけです。

二つ目に非常に大事な点は、中国共産党のリーダーにはおしなべて、アヘン戦争以降の屈辱の歴史を経てきたというＤＮＡが組み込まれていると私は理解しています。とりわけ習近平氏にはそれが強い。なぜ中国はアヘン戦争以降、虐げられたのか。習近平氏は力がなかったからだと考えています。力への信奉が強いのです。

三つ目は誤解を恐れず申し上げれば、実は政治体制自体も変わってしまったということです。こう言うと多くの人が驚くかもしれませんが、ちょうど昨年（二〇二三年）の春ぐらいにイギリスの雑誌『エコノミスト』の総編集長が、北京に来られて会い、私のほうからブリーフを一時間行いました。そのときに私はこう申し上げたのです。いままでは一党支配体制、英語で言えば「under one-party rule」だったけれども、いまは「under one-man rule」になった、と。一見すると同じように見えるかもしれませんが、相当に大きな違いがあります。最近よく中国は「一人支配体制」だと言われますが、必ずしも本当の意味を理解していない人が多いと思います。

ご存じのように、毛沢東の後、華国鋒はすぐに土俵外に追い出され、改革開放を進めた鄧小平に権力、権威が集まりました。当時の状況では鄧小平はミニ毛沢東になれましたが、彼はそれを選ばなかった。むしろ鄧小平は個人崇拝を否定して、彼のすべての権力と権威を使って政治面での結晶とも言える集団指導体制を打ち立てたのです。

「習近平一強」とは何か

では、この集団指導体制とは何か。政治局常務委員は七名（一時期九名）いて奇数です。政治局常務委員はそれぞれ担当が分かれていますが、党規約上全員が基本的に同格であります。ただし、総書記には二つの特別な権限が与えられています。

その権限の一つは党の最高意思決定機関である政治局会議を招集することができるということです。政治局会議で政策を決定できるのではなく、招集するだけです。誤解を恐れずに敢えて自民党に喩えて言えば、この役割は総務会長に当たります。自民党で最も重要な政策決定は総務会長が招集して開く総務会で行いますが、政策は総務会長が一人で決めるわけではありません。一方で自民党の総務会と中国の政治局常務委員会には大きな違いがあります。自民党の総務会は基本的に全会一致で、反対する人がいたらトイレに行ったりするわけです。これに対して中国の場合は、決まらなければ多数決を採ります。だから政治局常務委員会は七名と奇数なのです。総書記が一人で政策を決めるわけではなく、総書記には政治局会議を招集する権限があるだけという意味で集団指導体制だったわけです。

党規約上のもう一つの総書記の権限は何か。簡単に言えば政治局会議にかけなくて済むような日常工作的な業務の政策決定については、総書記の下にある中央書記処を使って総書記が決めることができるというものです。これもまた誤解を恐れずに自民党に喩えれば、総務会に上げなくてよい事案を党として決められるのは、幹事長です。つまり総書記は決して一人ですべて決めることができる党主席制のようなものではなくて、自民党的に言えば、総務会長と幹事長を合わせたようなポストだったのです。実際、英語で言えば総書記も幹事長も「general secretary」「secretary general」とほぼ同じような表現になります。

集団指導体制では政治局常務委員にそれぞれ担当があると先ほど述べましたが、それはそれぞれの常務委員が利益集団のトップにいるということです。たとえば治安維持担当のトップ、議会関係のトップ、党の宣伝部門のトップ、と利益集団のトップがそれぞれいます。われわれの言う三権分立のようなチェック・アンド・バランス、あるいはメディアによるチェックとは似て非なるものですが、集団指導体制には中国式のチェック・アンド・バランスが存在していたということができます。

では習近平氏は、真の習近平時代が始まるまでの一〇年間に何をしたか。党規約は変更しなかったのでいまも名目上は七名みんな同格です。が、習近平氏は党中央委員会及び党中央委員会総書記名という、要は習近平氏の名前で通達を出し、習近平氏以外の政治局常務委員、六名全員を習近平氏の部下の立場に格下げしました。先述のように政治局常務委員には一応それぞれ担当がありますが、その担当の年度業務報告を習近平氏一人に上げることになったわけです。これは、新華社で報道されました。このようにして政治局常務委員の六人は総書記の部下になり、実質的な党主席制になったわけです。これが「一人支配体制」の最も重要なポイントです。

ですから、よく「習近平一強時代」と言われますが、これをきちんと説明すれば今述べたようなことになります。

昔から共産党の無謬性が言われてきました。政治局員二五名の中には腐敗汚職を犯す人間もいましたが、トカゲの尻尾切りをすれば、党としては間違っていないと無謬性を言えました。ところがいまは「一人支配体制」ですから、共産党の無謬性ではなく一人の無謬性になっています。これは神格化につながることになりかねません。

しかし、たとえ哲人であっても一人ですべてを決められる能力と時間には限界があるでしょう。時には間違うこともあるでしょう。これに対して他の人は待ちの姿勢です。日本語的に言えば忖度、事なかれ主義、これがいまの中国の実態です。

「なぜソ連共産党は滅んだのか」

「真の習近平中国とは何か」を読み解く四つ目ですが、これは現実的意味において一番重要だと思います。「鄧小平中国」の国家戦略目標は、豊かさを求めている以上、高い経済成長、経済発展でした。ところが習近平中国はこれを変えたのです。

国家戦略目標を経済発展からなぜ変えたのか。変えざるを得なかったとも言えます。それは簡単に言えば、胡錦濤時代中期には経済成長は低減していき、高い経済成長を維持することが徐々に困難になってきたからです。

さらに付随する問題が三つほど出てきました。一つは深刻な腐敗汚職。二つ目は高い経済成長のために犠牲になってきた自然環境破壊。三つ目は所得格差の拡大です。これらの問題に直面し、人民は大きな不満を抱え、時には街に出てデモを行ったり、暴動を起こしました。当時、中国は暴動の数を群衆性事案として発表していました。一番最後に発表したのが二〇〇五年ですが、そのときの発表数字を三六五日で割ると、一日に何百件もの暴動が起きていたことがわかります。また、経済学的なジニ係数によれば〇・三を超えれば活気のある社会、〇・四を超えれば危険水域、そして〇・五を超えれば常に暴動が起きている社会となりますが、公式の数字でも〇八年の中国のジニ係数は〇・五に近寄っていました。

こうした中、二〇〇八年一二月一八日に胡錦濤氏が重要講話を行いました。一九七八年一二月に鄧小平が三中全会で改革開放を始めてから三〇周年の記念座談会です。長い重要講話で、すべてのメディアが報道したのですが、最も大事なところはどこも取り上げませんでした。胡錦濤氏は何を述べたのか。彼は「政権与党としての共産党の地位は永遠でも不変でもない」と率直に語ったのです。共産党は倒れるかもしれない、との危機意識を対外的に初めて明らかにしました。集団指導体制ですから習近平氏もそこにいました。この危機意識が現在の中国の問題を見る上でとても重要であります。

その後、二〇一二年、習近平氏は中国共産党トップに立った後、何度か「なぜソ連共産党は滅んだのか」と語っています。同じ危機意識が根底にあると言えます。危機意識は同じでも打開するアプローチが違っていました。習近平氏は鄧小平中国の経済発展に代わる戦略目標として「国家の安全」を打ち出したのです。

習近平氏が言う「国家の安全」とは、いわゆる国防（ナショナルディフェンス）だけではありません。彼は「総体的安全保障観」という言い方をするのですが、それは非伝統的安全保障を含むあらゆる分野が対象で、当初一一項目を挙げています。二〇一三年には中央国家安全委員会を設置しました。当時、中国もＮＳＣ（国家安全保障会議）を作ったのかとの見方もありましたが、そんなものではありません。最近、「国家の安全」を国防、食糧、生態環境、エネルギー、そして経済産業の五つの分野の安全で説明しています。

一つ例を挙げて説明すると、なぜ中国が日本の処理水の問題にあんなに反対しているか。日本は二〇二三年八月下旬にＡＬＰＳ処理水を放出し始めたわけですが、その一カ月少し前の七月中旬に習近平主席は生態環境の全国大会を北京で二日間にわたって開いています。そして当時、中国を訪問した外国の指導者に対して、日本の処理水問題批判を始めていました。習近平氏が批判を始めたら、中国外交部をはじめとする下部機関は忖度、事なかれ主義が蔓延しているので容易に上げた拳《こぶし》を下ろせないのです。つまり処理水は習近平氏マターなのです。

さて、先ほど胡錦濤時代に不満が溜まって、中国で暴動が頻発していたと述べました。しかし、いまの中国人民にも相当に不満が溜まっていますが暴動はほぼゼロです。約一年半前に起きた白紙運動は、ほとんど奇跡みたいなことで暴動はほぼ起きない。それは、どうしてか？中国ではネット、それから携帯電話も管理されているからです。また、至る所に監視カメラがあります。中国の公安、情報機関の取り締まり体制が強まっており、暴動など起こせないのです。こうした中、「国家の安全」を最重視する習近平氏が見れば経済は悪いものの国家運営はとてもうまくやっているということになります。

中国外交は常にアメリカというプリズムを通じて見る

次は外交についてお話しします。鄧小平中国のときの外交はどうだったか。中国には「変わるもの」と「変わらないもの」があります。変わらないものは「中国の外交は内政に奉仕する」ということです。でも、内政の中身が変わりました。

鄧小平時代の内政は高い経済成長の追求が最重要であり、そのために外交は奉仕しないといけない。ですから比較的平和で安定した国際環境が必要でした。アメリカや日本との関係も比較的安定した関係を築こうとしたのです。このアプローチを「韜光養晦《とうこうようかい》」と説明する人もいます。

ところがいまは内政上の最重要目的が「強い中国」、あるいは「国家の安全」に変わりました。するとその内政に奉仕する外交で、やられたらやり返さないといけなくなった。「国家の安全」を追求する外交となりました。その手法も独善的かつアグレッシブな外交になります。「戦狼外交」と言われる由縁です。

つい最近も、駐日中国大使が日本と台湾の関係を巡って、中国の分裂に加担すれば「日本の民衆が火の中に引きずり込まれる」と述べました。同じことでも別の言い方があるはずですが、敢えて日本国民に反感を持たれるようなことを言うのは、戦狼外交としか言いようがありません。

また、中国の国際秩序に対する見方がどう変わったかも重要です。鄧小平中国のときは、国際秩序に自らが参画することによって利益を得ようとしました。その典型例がWTO（世界貿易機関）への加盟でした。ところがいま中国は、現下の国際政治経済秩序は公平でも合理的でもないとしています。中国はグローバルサウスと共にこれを改めていかないといけないとしているのです。中国が国際秩序を改めないといけないとの認識を持っている以上、日本が国家安全保障戦略で中国を「最大の戦略的な挑戦」と認識したのは、まさに的を射ていると言えます。中国は現在の国際秩序にチャレンジしてきているのですからまさにそういう認識になります。

その現下の国際政治秩序は誰が主導しているのかと言えば、中国の認識では西側諸国であり、とくにアメリカです。毛沢東の言葉を使えば、中国にとってアメリカとの関係は「主要矛盾」になります。戦略的にはアメリカとの関係は闘争になります。だから中国はウクライナや中東などあらゆる問題を常にアメリカというプリズムを通して見ています。過去、中国とウクライナとの関係はとても良かったのですが、中国はロシアのウクライナ侵攻を侵攻や戦争とは言えません。中国としては戦略的、中長期的なアメリカとの闘争があるので、ロシアに倒れてもらったら困るからです。形の上では中国は中立の立場と言っていますが、そんなことは誰も信用していません。

中東でも同じです。その後のイスラエルの対応には様々な意見があるかもしれませんが、最初はハマスのテロでした。しかし中国は絶対にハマスによるテロを批判できない。イスラエルの向こうにアメリカの影が見えるからです。

このようにあらゆる外交問題において中国は常にアメリカというプリズムを通じて見ています。いま、ヨーロッパとの関係を修復していますが、これもアメリカとの関係上、ヨーロッパを引きつけておきたいと考えているからです。中国自身がこう言っています。中国は上昇気流、アメリカは下降気流で、ぶつかれば乱気流（摩擦）が生じる。そして必ずや上昇気流にある中国が上に行く、と。これが中国側の認識です。

ただ彼らは現実的です。いまの国力ではまだアメリカには敵わないので踊り場も必要であると考えています。つまり戦術的には安定が必要です。この観点から見れば、ここ数年、米中関係は常に闘争と安定の繰り返しなのです。

中国には見えない日本

では、そういう状況の中国が日本をどう見ているか。中国には日本がまったく見えていません。または、当分の間見ようとしないのかもしれません。大きなアメリカのその向こうに追随する日本がいるという認識です。したがって、米中関係さえ調整すれば日本はついてくるというのがいまの中国の認識です。

私は長く中国問題にたずさわってきましたが、先日の全人代（全国人民代表大会）でとてもショックなことがありました。例年通り、王毅外交部長（共産党政治局員兼任）が相当に長い内外記者会見を行ったのですが、日本問題が一問も出なかったのです。記者会見は外交部が事前に質問を取り寄せていて、誰がどういう質問をするのかわかっています。つまり敢えて日本の記者には質問のチャンスを与えなかったのです。これは、中国は日本を重視していないことの表れと言えるでしょう。記者会見では日本に対しての前向きなメッセージを出す、あるいは厳しいメッセージを出すなどいろいろな使い方がありますが、中国はそれすらやらなかったということです。全人代の内外記者会見で日本問題が取り上げられなかったのは、初めてのことではないかとショックでした。

私は岸田総理の訪米は立派なもので、アメリカと協力して中国に対峙する姿勢をしっかり示したと思っています。しかし、そのバイデン大統領は岸田総理を迎える前に、習近平国家主席と電話会談を相当長く行っています。またイエレン財務長官を中国に派遣したり、その後はブリンケン国務長官を派遣したりしているわけです。もちろんアメリカも米中友好を謳っているわけではありませんが、いわゆる外交を展開しています。

日本は二〇二三年一一月に日中首脳会談を行いました。そのときは私も中国大使として会談の実現に尽力しました。サンフランシスコの首脳会談では「戦略的互恵関係」の再確認と処理水の問題について首脳レベルの合意ができましたが、結局いまに至るまでほぼ何も動いていない状態が続いています。先日、やっと日中韓首脳会談を韓国で開きましたが、バイの話では具体的な動きが見えないのが現状です。

中国共産党イコール中国ではない

こういう状況の中、中国の人民の多くの人は、すごく我慢強い。でも我慢できない人、経済的に余裕のある人は、どんどん中国を離れようとしています。昔は中国からアメリカ、カナダ、シンガポール等に行きましたが、いまのホットスポットは東京です。所得層によってはタイのバンコク、クアラルンプール、最近はベトナムに行く人もいます。違法移民として歩いてメキシコを縦断しアメリカ国境まで行く人もいます。去年はそれが四万人弱いました。

昨今の中国の振るまいで日本人の対中国民感情は非常に悪くなっています。これはよく理解できることですが、ここでよく考える必要もあるでしょう。アメリカのポンペオ氏は国務長官のときに、中国共産党と中国人民は別だと言いました。これは一九七〇年代に毛沢東・周恩来がわれわれに投げかけた言葉と同じです。一部の軍国主義者と一般の日本国民は違う、一般の日本国民もまた被害者だ、と。いわゆる「区分論」というものです。それでわれわれ日本人の多くは救われた気持ちになって親中になりました。

ポンペオ国務長官はなぜそれを言えたのか。彼には中国人の特別アドバイザー、マイルズ・ユーという教授がいたからです。

中国イコール中国共産党ではありません。たとえば清王朝も中国の王朝ですが、清を倒したのはアメリカでもイギリスでも日本でもなく、中国人でした。当時の日本政府は、袁世凱政権と交渉しているからと孫文を国外追放にしたりして戦略的な対応ができなかったのですが、日本社会の分厚い層はたくさんの中国人留学生を受け入れ助けました。そしてその中国人が辛亥革命で清王朝を倒したのです。当時の日本は戦略的思考ができていたと言えるでしょう。中国共産党の創設メンバーの三分の一は早稲田大学や日本大学など日本の大学の出身者でもあります。中国からいろんな人が日本に来て、それを日本社会が育んだ歴史があります。

中国共産党に対して憤りを感じて、批判するのは簡単ですが、それだけでは何も変わらない。

頭を柔軟にして戦略的に考える必要があります。われわれの祖父世代の人たちがどんなアプローチをしていたのかという歴史をもう一度、学んでもいいのではないかと常々思っています。中国を変えるのは中国人です。それをどう支援していくのかということです。

質疑応答

議員A 中国の未来を変えていく上で、それを主導する人物は海外に恐らく潜伏していると思いますが、もし日本にいるとするならばその中のどういう人たちと付き合っていけばいいのか。

垂 いま、東京を中心にたくさん集まってきています。彼らは日本人が驚く以上に、日本の歴史、伝統、文化に対してとても高い敬意を持っています。

一方で、日本に対してとても不満も抱いています。日本のエスタブリッシュメントが彼らの存在にまったく気がついていないからです。年初に週刊『東洋経済』が三回くらい記事にしたことがありますが、ほとんどの日本人がこうした動きを知りません。

議員B 中国の呉江浩駐日大使、薛剣駐大阪総領事による日本人や国会議員に対する発言、靖国神社での中国人の落書きや放尿などがありました。これに対する外務省の対応には野党も怒っています。また外務大臣の対応には国民も不安と不満があると思います。靖国の件には実効性がなくとも逮捕状は出すべきだと思いますが、どうすればいいとお考えですか。

垂　常時喧嘩しろとは言いませんが、主張する必要があるときは、しっかりと主張する必要があると思います。外務省自身がもっと危機意識を持って、敏感に対応する必要があるでしょう。それは、外務省、日本政府に任せていいのかという思いを国民に持たせたら外交にならないからであります。今回は外務省が電話で抗議しましたが、単にアリバイづくり的にやっただけだと思われています。万一そういうことであればとても残念です。

大使時代、私は中国で何度も中国外交部から呼び出されました。そうなった以上、私は徹底的に日本の立場を主張しましたし、また、大事な点としてそれを対外的にしました。

議員C　まず一つは処理水の問題ですが、習近平氏が生態環境の安全を主張し、それに対してある種の忖度で徹底して「汚染水」としているということなのでしょうか。私は中国が我が国に突きつけるカードとして使っているのかなと考えてきたので、そこをお聞きしたい。

垂　私は中国共産党の中央にいる人間ではないので、私の見方をお答えします。習近平氏は確かにこの一〇年間で徹底的に中国国内の生態環境を改善しました。これは習近平氏のレガシーになっています。また、この問題について、外交部がこれまで習近平氏に報告してきた情報の流れで言えば、当然ながら「日本は悪い」となります。

中国外交部からすれば、その方向で多くの国が中国についてくると思っていたのかもしれませんが、気がついたらほとんど誰もいない。いるのはロシアと北朝鮮だけ。ＩＡＥＡ（国際原子力機関）に対しても中国は、アメリカに次いで多くの拠出金を出しているので、もっと中国寄りのスタンスを期待したのかもしれませんが、そうならない。少なくとも、彼らから見るとこういう状況になって、簡単に言えば負け戦だとわかった後でも、トップがああいう発言をしている以上、容易に降りることができない。処理水放出後の最初の一週間は宣伝部門が中心となって徹底的に日本批判を行いました。清華大学の教授などがいい加減な資料を使って情報戦、認知戦を行いました。すると一般大衆に火が付いて止まらなくなった。

結果、何も事情がわからない農村部にいる一般の大衆が騒ぎ出した。たとえば、いたずら電話をかけ始めたわけです。東京の各所に一日に数百件かかってきたとの報道もありましたが、日本大使館には多い日には一日で四万件以上もの迷惑電話がかかってきました。私が一二月に帰国するときでも一万件ほどありました。すでに日本大使館には数百万件の迷惑電話がかかってきていることになります。私は一度、スピーチで迷惑電話の件数を出して「理性を取り戻せ」と訴えたのですが、そのときだけ日本で報道されました。

一方で中国側の無理筋の主張から来ている日本産水産品の輸入禁止を解除するために日本政府は交渉してきましたが、それが半年経ってもまだまとまらない状況にあります。販路拡大は必要ですが、事実として未だ負の影響を受けている水産業者がいる以上、できる部分を譲歩してでも中国側と話をまとめることも必要です。それも含めて動きが見えてこないのが現状です。

ちなみに水産品だけではありません。中国は東日本大震災の後、日本の農水産物や食品を輸入禁止にしましたが、それは一三年経っても続いています。私は日中友好を言う人たちにいつも言うのです。「こういう国は他にどこにあるのでしょうか。われわれはあれだけ東北を助けよう、福島を助けようと誓ったじゃないか。東北だけじゃない。北海道から沖縄に至るまで、生鮮食品、野菜は全部輸入禁止、一〇都県は加工品も禁止です。日中友好だというあなた方にこそ声を出していただきたい。あなた方の声であれば少しでも聞いてくれるでしょう」と。

昨今の日本のメディアはこの中国の農産品輸入規制についてほとんど書かない。風化してしまっているのです。某日本メディアの北京総局長にこの農産品の話をしたら「どういうことですか？　北海道から沖縄までダメなんですか。一〇都県だけじゃないんですか」と言っていました。これが実態で、今や水産品だけの話になってしまっています。こんなことでは水産品の件もいつか風化します。

中国に原材料の輸入や販路を大きく依存するようなサプライチェーンをつくるべきではありません。何かあったときに常に対処できるように、せいぜい一〇%から二〇%くらいで収めるようなことを産業界は考えるべきだし、政府がそのように主導しないといけない。ホタテなどはほぼ全部を遼寧省・大連市や山東省に輸出していたため、とんでもなく大きな影響を受けることになりました。もちろんホタテを輸入していた中国の業界も影響を受けているのですが、中国共産党はまったく気にもしない。日本で同じようなことを万が一、行えば補填などの話になりますが、中国では切り捨てられるだけです。

全体主義国家とはそういうところで勝負ができないのが現実です。われわれはもっとクレバーにならないといけないと思います。

議員D　中国から日本が絶対受け入れられないことをされたときの日本の抗議のあり方が年々頼りなく、ふがいなく、国民の支持をなくしていることに少なからず危機感を持っています。改めて考えると、二年前のナンシー・ペロシ米下院議長の訪台が起点ではなかったかと思います。ペロシ議長が訪台したとき、日本は第三国であったにもかかわらず、我が国の排他的経済水域に五発の弾道ミサイルを歴史上初めて中国から撃たれました。このときの抗議の仕方は適切だったのか。当時、外務次官が駐日大使に電話で抗議し、それについていま外務省は急いでやらなければならなかったので電話でやったと平気で言うような状況です。大臣、副大臣、政務官からの直接の抗議はまったくなかったという状況で、このことと今回の靖国神社、呉江浩大使の件も連動していると思っています。抑止力としての抗議のノウハウが日本にはないのか。それどころか中国の推進力になるような抗議しかできていないのではないか。どうすればよいのか。また、外務省に自浄作用はないのかということです。たとえば外務省にも気概があり、国益と国民のプライドを代弁してくださる闘う外交官がいらっしゃる。なぜ職位が上がれば上がるほどマイルドになってしまうのか。またなぜマイルドな方ばかりが大臣になるのか。外務省はどうしてあんなに意気地なしになってしまうのかというメカニズムを教えていただけるとありがたいと思います。

垂　メカニズムと言われるとなかなか難しいのです。私も外務省出身ですし、いわゆる悪名高いチャイナスクール出身ですけれども、そういうことで批判されることはありませんでした。靖国での事件はしっかりと法的に処理されるべきです。一方で、呉江浩大使と大阪の薛剣総領事の発言等については中国の公的な人間が述べたことなので、政府としてしっかりと対応しないといけないというのはその通りだと思います。

私も報道等の情報しか知りませんが、中国課長が電話でまず抗議したということです。これ自身はそう間違いではありません。まず、すぐに抗議をしたということです。しかし本来はその後、すぐに然るべきポストが中国大使を呼び出して抗議しなければいけなかったのではないかと私は考えます。

どうすれば自浄作用があるか。これはなかなか難しい。社会全体が政府や外務省に対してもおかしいことはおかしいと鼓舞していただくしかなく、このボタンを押したら急によくなるということはないように思います。よくそれがチャイナスクール批判に転嫁されますが、この問題はチャイナスクールとは必ずしも関係はないと思います。逆に私から見れば、アメリカンスクールの人はアメリカに対してどれだけ遠慮しているのかということが多々ありました。

一方で、国会議員の先生に申し上げたいのですが、実は副大臣、政務官で国会議員の先生が外務省に来たときに、刺すか刺されるかというような対応はあまりありません。それで大臣の立場に立たれたときにしっかりやれるかどうか。

私は外務省に四〇年近くいて、外交文書の記録を読んできたのですが、この問題は役人だけの問題ではありません。どれだけ多くの政治家がいい加減な対応をしてきたか。

そもそも尖閣問題で言えば、田中角栄総理が周恩来に「どうしますか？」と言ったとされています。田中角栄総理については非常に尊敬していますが、これが事実であれば、政治家の認識も大したことはありません。鄧小平が日中平和友好条約批准のために来日したときに、この問題は自分たちには解決する能力がないから、次の世代まで待てばいいという趣旨を言いました。しかし、そのとき日本の政治家は誰ひとりとして、その発言は受け入れられないと言っていません。これは事実です。

もっと言えば、過去、某省庁の大臣が尖閣問題について中国側から相当差し込まれた発言をされても何も言い返していないこともありました。役人だけの問題じゃない。日本社会全体の問題なのです。

中国はその点、しっかりしていて、主権領土の問題はものすごく固執します。だから台湾問題にも固執するのです。

国をリードする立場にある政治家の先生方、役人も含めて、主権、領土とはどういう問題かをもう一度よく考えないといけないと思います。平和なときに主権が崩れていく、中国側にどんどんサラミ的に取られていくことは絶対許してはいけない。

本来、尖閣問題は安倍総理とトランプ大統領の個人的関係があるときに大事なことをやるべきでした。尖閣の主権問題がこのような問題になったのは、アメリカが日本を「裏切った」からです。アメリカは日米安保条約第五条を日本の施政下にある尖閣諸島にも適用すると言いますが、しかし、それは領土問題の主権については特定の立場をとらない（中立である）というのがアメリカの大前提であります。元々アメリカは尖閣について日本の（潜在的）主権を認めていました。それを変えたのはアメリカなのに、なぜアメリカに注文をしないのか。

でも実はこのことを知っている人があまりいない。知っていても正そうとしない。なぜなら米国務省のリーガルチームの頭がコンクリートだからです。今まで積みあげてきた議論を打ち砕くのはもはや役人レベルにはできません。やれるのは政治家なのです。安倍総理とトランプ大統領の関係の中でやればよかったのだと思います。

議員E　先日、頼清徳総統就任式に行きましたが、就任演説はすばらしいものでした。その後に例の脅迫まがいのことを中国が日本に言ったりしたわけですが、今後も台湾の関係で、中国は嫌がらせを度々行ってくると思います。頼総統は相当覚悟を持ってやり始めたイメージは持っているのですが、今後の台湾、中国、日本、アメリカはどうなっていくのか。

垂　専門家として申し上げさせていただきます。中国、とくに習近平氏が、台湾の統一問題を自分のレガシーにしたいのはほぼ間違いないでしょう。ただ、その統一問題について、日本で常に話題になるのは武力統一で、そのシミュレーションの議論が多いと感じます。現在の与件が大きく変わらない状況において、私は正直申し上げて、その可能生はそれほど高くないと思っています。もちろん、あらゆる可能性はあり得るので必要な対策を想定しておかないといけないのですが、われわれがより注視しないといけないことは平和統一だと思います。

平和的統一など無理だといま多くの人は思うでしょう。私は台湾にも長くいて、先日も台湾に行って頼氏に会いましたし、副総統の蕭美琴氏は二十数年来の友人です。その上で言うのですが、最近、民進党への支持勢力は弱まってきています。本年一月の総統選挙では約四〇%しかありませんでした。しかもいま、台湾の立法院の中で国民党と民衆党が一緒になって民進党に対抗し、頼総統の権限を奪うような法律を作り、それが憲法違反だとやり合っているわけです。

これは何を意味するか。いま民進党の支持率が四〇%で、残りの六〇%は今回の総統選挙で協力しようとしたけれどもうまくいきませんでした。でももしこれが次の総統選挙のときに協力することになれば、政権交代が起き得るということです。

ところが、国会議員の先生方も、政府、あるいは交流協会も、ほとんど国民党、民衆党との付き合いをしてきていません。その理由は日本の対台湾政策がないからだと思います。日中関係における台湾要素しかないのです。

でもそれは間違っています。台湾がどのような政権になろうとも、日本は大事な友人であるということ、この地域の平和と安定は大事なのだということをしっかりわかってもらわないといけません。民進党政権であれば中国との統一の方向に行かないけれども、国民党と民衆党が一緒になれば、将来的に北京と交渉する可能性はあります。

いまは昔の台湾とは違います。TSMCがあり、超最先端の半導体製造工場があります。これが平和裡に中国の手に落ちたら、ゲームチェンジになり得ます。アメリカもそれはよくわかっているでしょう。TSMCは工場を熊本に持っていったり、ドイツのドレスデンや、うまくいっていないものの米アリゾナ州に持っていったりしています。アメリカ自身はサムスンの大工場を誘致して、いま最先端半導体のサプライチェーンの再編に必死になっています。

頼総統のスピーチは、中国との関係において蔡英文政権を継承して現状維持を打ち出しました。が、一方で随所に独立志向ともとれる「らしさ」も出しました。

これに対し、中国側は軍事演習を行うことで対応しました。ただ、中国の今回の軍事演習は「松竹梅」の梅か、ぎりぎり竹に近い梅ぐらいで、相当抑えたものでした。メディアは大きく騒いでいますが、①実はミサイルを飛ばしていない、②二日で終わったからです。少なくともペロシ訪台時とはまったく違う。

中国は今回の演習のポイントは封鎖と遮断だと言っています。つまりやり得るのは経済封鎖だということです。そうした意味では、大陸による台湾の経済封鎖のシミュレーション、あるいは平和統一のシミュレーションをよく考えるべき時期に来ています。
台湾当局は二〇二五年に原子力発電を停止するとしていますが、二〇二五年の原発の発電量はだいたい七％くらいですが、その七％を何で埋めるのか答えがありません。彼らは最終的には再生可能エネルギーで対応したいと考えていますが、それには時間もお金もかかる。そのトランジションエナジーとしてＬＮＧを考えているのですが、台湾のＬＮＧの備蓄はなんとたった一一日分です。

台湾が封鎖されたときに本当に米軍がタンカーを護衛して入ってくるのか。私はすごく疑問だと思います。それなのになぜ一一日分しか備蓄がないのか。備蓄用のターミナルを造っていく計画はあるのですが順調に進んでいません。環境アセスメントがなかなか通らなかったからです。

われわれが本当に地域の平和と安定、そして台湾のことを思うのであれば、台湾の状勢をしっかり認識していかないといけない。一緒になって考えていかないといけないと思います。


（二〇二四年六月五日）

第二章

情報力

3　インテリジェンスをいかに強化していくか

江崎道朗（麗澤大学客員教授）

江崎道朗（えざき・みちお）

一九六二年東京都生まれ。九州大学卒業後、国会議員政策スタッフなどを務め、安全保障やインテリジェンス、近現代史研究に従事。二〇一六年夏から本格的に言論活動を開始。麗澤大学客員教授。情報史学研究家。産経新聞「正論」欄執筆メンバー。国家基本問題研究所企画委員。二〇二三年フジサンケイグループ第三九回正論大賞受賞。主な著書に『知りたくないではすまされない』（KADOKAWA）、『コミンテルンの謀略と日本の敗戦』『日本占領と「敗戦革命」の危機』『朝鮮戦争と日本・台湾「侵略」工作』『緒方竹虎と日本のインテリジェンス』（以上、PHP研究所）、『日本は誰と戦ったのか』（ワニブックス）ほか多数。

インテリジェンスの四類型

我が国のインテリジェンスをいかに拡充したらいいのか。長年にわたって政府の情報部門を担当してきた方々と議論をしてきたことを踏まえ、これまでの経緯と今後の課題、そして展望について話をしたいと思います。

まずインテリジェンスとは何か。根拠不明な、怪しげな情報に基づく個人的な分析活動をインテリジェンスであるかのように誤解している方もいらっしゃいますが、京都大学の中西輝政先生らも指摘されているように、「インテリジェンスとは国家の指導者による日々の安全保障政策の立案を支える活動」です。あくまでも国策に関わるものなのです。

国家安全保障政策には四つの要素があり、それをＤＩＭＥ（ダイム）と言います。Diplomacy（外交）、Intelligence（インテリジェンス）、Military（軍事）、Economy（経済）。この四つが国家安全保障政策を支える要素になっています。

ディプロマシーは、誰を味方にし、誰を中立に置くのか。インテリジェンスは、敵だけでなく味方の内情も徹底的に分析して味方を強くしていく。ミリタリーは、敵が攻撃しにくくなるように抑止力を高める。エコノミーは、経済力を高めていく。経済力あってこその軍事力です。この四つの要素に基づいて国家安全保障を考えるのが世界標準です。

その上でインテリジェンスには主として以下の四類型があります。

①は安全保障に関する国内・海外における情報収集、スパイ活動です。このスパイ活動の一つとして旧ソ連や中国は産業スパイに力を入れていきましたし、いまも大きな問題になっ

ています。

②が防諜活動、カウンター・インテリジェンスです。国家機密だけでなく、民間機微技術も含む防諜です。このカウンター・インテリジェンスを支える制度の一つとしてセキュリティ・クリアランスが今回、法制化されました。

③はサボタージュという言い方をします。これはテロ、要人暗殺、インフラ破壊といった破壊活動です。これも旧ソ連・ロシアや中国が多用してきた手法で、国外における反体制派に対する監視活動・妨害活動も含まれます。一方、アメリカもオバマ大統領のときにビンラディンを殺害するなど、ときには要人暗殺を行っています。我が国はやっていませんが、サボタージュとテロ対策なども基本的にインテリジェンス活動の一つになります。

④が影響力工作です。これは宣伝工作やフェイクニュースを用いることで、相手の国や地域の人々の心理や認識に影響を与える行為です。認知戦もこの範疇に含まれます。いわゆる慰安婦問題など歴史認識問題もこの影響力工作に関わっています。

この④と関係して旧ソ連や中国など専制主義国家が多用しているのがアクティブ・メジャーズ（active measures、日本語では積極工作と訳されることが多い）で、（他国の）政権内にスパイ・協力者を布石して、単に情報を収集するのではなく、自己に都合の良い政策を遂行させる対外工作です。

以上のように旧ソ連や中国のような専制国家は、非合法的な工作を多用する傾向が強く、自由主義陣営のインテリジェンス活動とは様相も大きく異なります。そして影響力工作と専制国家による積極工作は厳密には別のものだと考えれば五類型になります。よって類例はあくまで参考程度のものですが、こうした数種類の活動を念頭においてインテリジェンスを考えるべきでしょう。

戦後日本のインテリジェンス機関

戦後日本のインテリジェンスについて基本的な流れを説明します。

敗戦後、情報機関としての内閣情報局、陸海軍の情報組織は全て解体されました。解体後、中華人民共和国の建国と朝鮮戦争を受け、吉田茂総理が一九五二年四月に内閣総理大臣官房調査室を設置します。我が国が独立を回復したその先に、まず情報機関をつくらなければならないと考えたわけです。そのために設置したのが内閣総理大臣官房調査室で、これが後の内閣調査室（一九五七年）、現在の内閣情報調査室（内調）です。

一九五二年、吉田茂政権下で緒方竹虎官房長官が日本版のＣＩＡ（米中央情報局）をつくろうとします。当時は自由党政権です。この緒方竹虎という人が後に、自由党総裁として鳩山一郎と一緒につくった政党が自由民主党です。自民党をつくった中心メンバーの緒方竹虎が日本版ＣＩＡをつくろうとした人間なのです。ただ残念ながら緒方竹虎は急逝し、この動きは頓挫してしまいます。

その後、冷戦期は、日本のインテリジェンス・コミュニティは予算不足、人員不足のため、米国に依存せざるを得ませんでした（とはいえ、戦前、戦時中の遺産を引き継いだおかげで特定の分野では日本もかなりの力を発揮してきたとも聞いています）。情報を米国に依存した背景には、安全保障に無関心な日本政治がありました。一九八八年、内閣が安全保障会議を開催したのは年に二回で、時間はわずか三〇分でした。つまり冷戦期は政権として一年間に三〇分しか安全保障の会議を行っていなかったのです。もちろん、防衛庁や外務省は頻繁に会議を行っていましたが、官邸としては一年間で三〇分だったということです。防衛や安全保障は、担当省庁に丸投げだったというわけです。

冷戦後、湾岸戦争などが勃発し、日本も責任ある対外行動が求められるようになったことから、一九九三年に外務省が国際情報局を設置します。これが二〇〇四年に国際情報統括官組織になります。

一九九六年、阪神淡路大震災を契機に、内調の下に内閣情報集約センターが設置され、これで初めて五交代制で二四時間三六五日、国内の大規模災害などの情報を収集するシステムが構築されます。実は一九九六年以前までは二四時間三六五日、情報を収集するシステムは官邸にありませんでした。

一九九七年には防衛庁が統合幕僚会議の下に情報本部をつくって、内局や各自衛隊に分散していた情報を統合する動きが始まります。ただ、各自衛隊の情報部門はいまだに統合できていません。

二〇〇一年、内閣情報調査室の下に内閣衛星情報センターを設置しました。これは一九九八年の北朝鮮テポドンミサイルの情報を独自に入手できなかったことによります。テポドンミサイルが日本列島を越えたのに、偵察衛星を持っておらず、何もわからなかったのです。これではどうにもならないということで、当時の野中広務官房長官がアメリカのカート・キャンベル国防次官補代理（今のバイデン政権の中心メンバー）らの反対を押し切って偵察衛星を導入しました。

二〇〇七年には自衛隊イラク派遣の教訓を踏まえ、国際任務の遂行等にかかわる現地安全情報の収集等を実施する陸上自衛隊中央情報隊のもとに現地情報隊ができます。ようやく自衛隊の中に対外情報収集部隊ができたのが二〇〇七年のことになります。

情報が回らない、上がらない、そして外部に漏れる

こうして官僚組織側は情報収集部門を拡充してきたわけですが、この情報を活用していくにあたってまず必要だったのは、官邸主導政治の構築でした。

それまでは官邸主導ではなく、各省庁がそれぞれ勝手に動いていたわけですが、橋本行革で一九九九年に内閣法を改正しました。各省庁の政策を相互調整する内閣官房が、内閣の総合戦略機能を担うとともに最高かつ最終の調整機関になりました。ここで初めて内閣が国家戦略を主導する仕組みができました。

この官邸主導政治を実効あるものにしていくために、総理の政策決定と政策遂行を直接補佐する体制をつくろうとしたわけですが、以下の三点の大きな課題がありました。

①は総理が決定すべき安全保障政策の企画立案と、その政策遂行の一元化。

②は総理の政策決定に必要な情報の一元的集約。

③は厳重な秘密保持体制。

この三つが二〇〇〇年以降、インテリジェンス部門について関心がある政治家、官僚の一番大きな論点でした。この三つをどういうふうにしていくのかが大きな課題になります。

では第二次安倍政権前まではこれについてどういう状況だったのか。

まず官邸に安全保障・危機管理関係の企画立案を担当する「常設の」部局がありませんでした。総理大臣主導で国家戦略をつくると言いながら、国家戦略を考える常設の部局がなかったのです。

そもそも国家レベルで検討すべき安全保障事項に官邸サイドが無関心でした。たとえば大量破壊兵器転用技術の保全・保護育成、原子力、宇宙開発、生物・化学兵器テロなどの問題について官邸がほとんど関心を持っていませんでした。

むしろ、官邸が特定項目についての情報収集を抑止していました。核アレルギーや中国に対する過剰な配慮からか、核兵器、台湾などの問題については情報収集をさせてこなかった側面があると言えましょう。

要は「情報を集める気もないし、関心もない。集めるための仕組みもないし、そもそも集めさせていなかった」という状況です。さらに秘密保護体制が確立されておらず、「官邸に情報が回らない、上がらない、そして外部に漏れる」という状況だったのです。これが第二次安倍政権前の状況でした。

この状況をどう打開するのかが当時の問題意識でした。

国家安全保障戦略とインテリジェンスの連動

では第二次安倍政権がどのような改革を行ったのか。

まず国家戦略とインテリジェンスを連動することを目指しました。官邸から要求・指示を出し、収集し、処理・分析を行い、報告をしていくという情報サイクル体制の構築です。その官邸主導政治を行うために国家安全保障会議（ＮＳＣ）、および国家戦略を企画・立案・担当する常設の事務局として国家安全保障局（ＮＳＳ）をつくり、国家戦略に基づいて各省庁が政治を行う仕組みに大きく変えたのです。

そして第二次安倍政権は二〇一三年、日本で初めて国家安全保障戦略を策定し、インテリジェンスについては次のように明記しました。

〈国家安全保障に関する政策判断を的確に支えるため、人的情報、公開情報、電波情報、画像情報等、多様な情報源に関する情報収集能力を抜本的に強化する。また、各種情報を融合・処理した地理空間情報の活用も進める。

さらに、高度な能力を有する情報専門家の育成を始めとする人的基盤の強化等により、情報分析・集約・共有機能を高め、政府が保有するあらゆる情報手段を活用した総合的な分析（オール・ソース・アナリシス）を推進する。〉

ここで〈政府が保有するあらゆる情報手段を活用した総合的な分析（オール・ソース・アナ

リシス〉を推進する〉ことが強調されたのは、複数の情報資料を重ね合わせて分析することで情報分析（プロダクト）の精度を上げようとしたのです。

というのも近年、偵察衛星等による情報収集能力が向上していることを逆手に取って諸外国はデコイ（おとり）を展開したり、疑似電波を出したりするなどして情報活動を妨害することが常套手段となっています。

たとえば、二〇一二年一二月一二日の北朝鮮のミサイル発射（北朝鮮は衛星打ち上げと発表）について、北朝鮮は前日に発射台の脇に横たわったミサイルを見せるという偽装工作をしたため、米国は「発射無し」と評価しました。一方、日本の情報本部は別の情報も含めて評価し、一二日に「発射あり」として対応しました。要は北朝鮮のミサイル一つをとっても、米国が間違え、日本が正しかったというケースがあるわけです。もちろん、逆のケースもあります。よって今後、常套手段化する外国の偽情報等に対処するためにも、偵察衛星だけに頼らず総合分析は不可欠だという認識を第二次安倍政権は打ち出したわけです。

安倍政権はこの国家安全保障戦略に連動して官邸の合同情報会議の改革を行います。この合同情報会議の改革によって何が起こったか。その全貌は明らかになっておらず、歴史的評価も定まっていないので、あくまで私見として述べますが、安倍政権によるインテリジェンス・コミュニティの改革による変化が大きく三つあったように思います。

一つ目は、情報収集への意識が変化しました。それまでは内閣官房内閣情報調査室、外務省国際情報統括官組織、防衛省防衛政策局、警察庁警備局、公安調査庁など各省の情報をとりまとめるのは、内閣情報会議とその下に設置されている合同情報会議を頂点とする合議制の体制でした。内閣情報会議は年二回、合同情報会議は隔週で開催していました。

内閣情報会議は国内外の内閣の重要政策に関する情報を総合的に把握するため、また、合同情報会議は内閣情報調査室や外務省、防衛省、警察庁、公安調査庁など情報活動に関わる機関の調整などを行う、とされていましたが、縦割りを打破できずにあまり機能していませんでした。

各情報機関（内調、警察、外務省、防衛省、公安調査庁など）の情報は合同情報会議で集約されるものの、これがどのように使われるのかは曖昧だったからです。第二次安倍政権まではそれが国家戦略と結びついていなかったのです。

第二次安倍政権は、各情報機関が収集した情報を国家戦略に反映させる方針をつくり、結果、二〇一三年以降は、国家安全保障戦略に関連する情報が重視されるようになったのです。

たとえば公安調査庁（公調）が極左暴力集団の情報を集めていても、それは国家戦略上どういう課題になるのかということです。むしろいまは外国の産業スパイに関する情報のほうが重要ではないのか。そもそも公調はどういう情報を優先的に集めなければいけないのかという指針が我が国にはなかったということです。その指針、優先順位を官邸が示し、国家安全保障戦略と官邸の意向に基づいて情報を集めることになりました。各省の情報部門は省益に基づく情報収集から、国家安全保障戦略と官邸の意向に基づく情報収集へと意識を変えざるを得なくなったわけです。

ただし、その情報を集めてどう対応するのか、という課題が残っています。たとえば、公安調査庁の役割は、法律的には国内の破壊活動団体の規制ですが、共産党の極左冒険主義時代にはあまり機能しませんでした。深刻なテロ事件を起こしたにもかかわらず、オウム真理教の解散指定もできませんでした（これは公安調査庁の問題というよりも、時の政権の問題ですが）。

欧州諸国では、警察機関とは別にセキュリティ・サービスというスパイ対策専門の機関があります。近年、公調は外国の産業スパイに関する情報収集に力を入れていますが、現在、その情報を使って抑止・検挙するのは警察です。この破壊活動対策やスパイ対策の専門組織をどうするのかについて政治の側は一定の方向性を打ち出すべきでしょう。

変化の二つ目は、各省庁の情報が官邸に上がるようになったということです。それまでは合同情報会議に情報を上げても、それが総理大臣、官邸にどのように伝わっているのか、各省の担当者は知ることができませんでした。とりまとめを担当する内閣情報調査室経由で情報を上げるようになっていたため、各省庁は、内調に知られたくない機微な情報を上げることに消極的であったのです。正確に言えば、それまでも外務省や公安調査庁は、特に機微な情報があれば、直接官邸に持ち込んでいたと思いますが、それは他の情報と照らし合わせた総合的に分析したインテリジェンスではなかったと思われます。

ところが第二次安倍政権の下で内調を通さずに各省の情報機関が直接官邸に情報を報告するルートも併設されました。各省の情報部門は直接官邸に情報を届けることができるようになったのです。

その結果、各情報部門もようやく情報を官邸に上げるようになりつつある一方で、その情報に関する責任も取らざるを得なくなったわけです。ただし、ここで問題なのは、総理が強い関心を持たなければ、各情報機関は情報を上げなくなるということです。

変化の三つ目は、各省庁が優れた情報を収集し分析する態勢を強化しつつあるということです。前述したように各省庁の情報部門は他の部門に「知られたくない情報」については、合同情報会議に報告しない傾向がありました。たとえば、情報源を明かせないなどの場合は他の情報部門に漏れる可能性があるため、情報を上げることができませんでした。

そもそもいくら情報を集めてもそれが国家安全保障戦略に反映されるわけではなかったことから、各省庁も、自らの情報部門をそれほど重視してきませんでした。たとえば自衛隊の情報部門は閑職扱いで、情報部門に入ったら出世ができないと言われていたのです。それが第二次安倍政権以降の大きな改革によって、各省庁は自らの情報を国家安全保障戦略に反映させるべく、より優れた情報を収集、分析できる態勢を強化するようになったのです。

台湾有事の事態認定を支えるインテリジェンスをどうするのか

このように第二次安倍政権の改革で、我が国の情報部門はかなり前進しています。ただし、最終的には総理、官房長官がどれほどインテリジェンスを重視するのかに懸かってきます。トップがインテリジェンスに関心を持たなければ、現場も懸命に情報を集めようとは思いません。

二〇二二年一二月、岸田文雄政権は国家安全保障戦略を改定して、インテリジェンスを国家戦略に明確に位置づけました。まさにこの「日本のチカラ」研究会の趣旨と同様に、総合的な国力（外交力、防衛力、経済力、技術力、情報力）を用いて戦略的なアプローチを実施する中で、情報を国家戦略に位置づけたのです。そういう意味で岸田政権が策定した国家安全保障戦略は画期的だったと思います。

また、その安保戦略に基づいて反撃能力を持つことになりました。反撃能力を持つとなると、中国や北朝鮮のどこにどう攻撃するのかというトップレベルのインテリジェンスであるターゲティング能力が必要になってきます。アメリカのターゲティング能力を日本が共有するとなれば、より強い機密保全体制が日本にも求められることになります。

米軍の艦艇などのメンテナンスを日本の民間企業が引き受けるという話になっていますが、アメリカとすれば敵対国の作業員がいる工場には仕事を発注しないでしょう。そういった形で日本の民間企業に対して秘密の保全を強く要求するようになっていくことになります。

二〇二三年一月の日米安全保障協議委員会（２＋２）で、〈同盟調整メカニズムを通じた二国間調整〉機能を強化するとともに、〈日米共同情報分析組織〉を発足させ、〈情報収集・警戒監視・偵察・ターゲティング（ＩＳＲＴ）、兵站及び輸送といった任務分野〉での日米間の協力を深化させることになりましたが、サイバー・セキュリティを含めてインテリジェンスの強化を日本がどこまでやるかによってアメリカが日本にどこまでターゲティング能力をシェアするかが決まるでしょう。

日本がインテリジェンスを強化していくうえで、喫緊の課題だと思うのは、大別して二つあります。

一つ目が恐ろしい話ですが、台湾有事対策であり、アメリカ対策です。

東日本大震災のとき、何が起こったのか。はっきり言えば、アメリカは、まともな危機管理ができない民主党政権に代わって日本の安全保障を仕切ろうとしました。二〇一一年四月七日付朝日新聞が報じていますが、日本の米軍横田基地に三〇〇人規模の「統合支援部隊」（ＪＳＦ）を新設し、東日本大震災の被災者支援や福島第一原発事故の対応を仕切ろうとしたのです。東日本大震災は「日本有事」であり、この「有事」に日本政府が適切に対応できないのなら米軍主導で「日本有事に」対応する、というわけです。

このとき自衛隊は、番匠幸一郎・陸上幕僚監部防衛部長をトップとする約一〇名の連絡チームを統合支援部隊（ＪＳＦ）に派遣し、番匠防衛部長は横田基地に常駐しました。有事に対応できないのなら、米軍が日本政府に代わって動き、その動きを支援すべく自衛隊幹部が在日米軍基地に常駐するという構図です。

つまりアメリカは、日本政府が役に立たなければ一方的に事を進めていくということです。よってこうした事態を回避するためにも、日米間での軍事、インテリジェンス部門での連携を一層強化していく必要があるわけですし、実際に日本政府もそうした方向で懸命に安全保障体制を整備しています。

しかし、いくら安全保障体制を整備したところで、台湾有事のときに日本政府が適切に「判断」し「対処」しなければ、アメリカ側は一方的に事を進めて、日本は黙ってついてこいと言う可能性があります。そして適切に「判断」するためには、その兆候を察知すべく恒常的に情報を収集し、情勢分析を行い、判断する。官邸を中心にアメリカ、台湾、そして日本の各情報部門と国家安全保障局の間で緊密な情報収集、情勢分析、判断という「情報サイクル」を回してこそ適切な「判断」を下し続けることができるのです。有事が起こってから騒いでも遅いのです。

ここでアメリカや台湾を含めているのは、台湾「有事」への対処は、台湾在留邦人たちの退避活動一つをとっても、日本単独では不可能であるからです。最低でもアメリカ、台湾と共同で対処することになるわけで、そのためにもその対処の前提となる「情報サイクル」を共有・運用していくことが日本には求められています。

なお、情報機関同士の「情報」のやり取りは、次の三つの段階があります。

①情報プロダクト（有益であるが、ソースが不明の場合には、受け取った側がその内容の正しさを検証できない）

②具体的なソースが一定程度推定できる情報プロダクト

③素データ

情報機関同士の協力で重要なのは、①より②、②より③の協力関係を構築することです。そして第二次安倍政権の一時期、台湾との間で①と②についての「非公式な」やり取りが存在したという噂を聞いたことがありますが、真偽のほどは分かりません。

どちらにしても日本は台湾の情報機関との緊密な、しかも「公的な」情報のやりとり、ホットラインを作っていません。そして台湾側も日本との「公的な」情報の連携がないことのリスクについて深刻に受け止めています。

というのもアメリカは、日本政府がもたもたしていたら独自の判断で在日米軍を動かすことになるでしょうが、日本の後方支援がなければその活動を継続できないのです。そして日本がアメリカの言いなりになって動くかと言えばそうとは限らない。要は日本政府が主体的に台湾有事について判断し、動くようにならないと結局、米軍の活動も続かないわけです。それは台湾からすれば、米軍による継続的な支援を期待できないということを意味します。

日本戦略研究フォーラムが行っている台湾有事シミュレーションでは、事態認定は日本独自でできるようになっています。しかし台湾との公的なパイプもないなかで、日本政府が適切な事態認定と対処ができるかどうか、かなり怪しいと言わざるを得ません。そこをどうするのかというのが残された課題の一つ目です。

中央情報組織の必要性

二つ目の課題は、強力な権限・権能を保障された官邸直属の中央情報機関が必要ということです。これについての課題が四点あります。

①官邸に各省庁から情報が上がるようにはなったものの、関係省庁相互間で重要情報を共有し、国家政策決定に資するために総合的に分析、判断するシステム、情報コミュニティの

構築が不十分です。

各省庁からの情報報告ですが、本来ならば情報報告についても明確な区分けが必要なのです。アメリカなどの場合は、長期分析（long-term analysis)、傾向分析（trend analysis)、現況分析 (current analysis)、警告情報 (indications & warning) などに分けられ、その類型によって、求められる正確性と速達性の水準が異なってきます。しかし我が国ではその違いが十分に認識されていないどころか、きちんと精査されていない「断片情報」が官邸に上がる場合もあると聞いています。単一情報源による断片情報だけが横行するような状況は極めて危ういので、複数情報の精査、相互検証、取捨選択と評価という一連の分析が組織的に行われる体制を拡充する必要があります。

もちろん、国家安全保障局もその情報を集約していますが、あくまで政策部門であって情報分析部門ではありません。よって各省の情報（各省毎に得意分野あり）を持ち寄って総合分析を実施するためにも国家として中央情報機関が必要です。そして、その中央情報機関を適切に運用するためには、インテリジェンスのプロの集団が必要です。そのプロにとって必要なのは、常識的な判断ができることと、何よりも国際情勢、近現代史を含む歴史・文化、そして軍事・外交に関する最低限の知識です。特に近現代史についての素養が不可欠だと言えましょう。特にインテリジェンスが国際政治にどのような影響を与えてきたのかを研究する情報史学（インテリジェンス・ヒストリー）は必須科目だと思います。

②国家レベルでの諸外国の情報機関との情報交換と、対外関係の正式な窓口の機能が未確立

です。

現状では、各省庁が独自の判断に基づいて個別に諸外国の情報機関と接触し、情報を交換しています。しかも政府クラウドがないこともあって諸外国の情報機関から提供された情報は一元的に管理されておらず、共有されていないことが多い。たとえば、在日米軍基地周辺の土地や不動産を中国系が購入しているといった安全保障上重要な土地に関する情報は、自衛隊、公安調査庁、外事警察、外務省などがばらばらに集めています。

実は在日米軍の中にもこの安全保障上重要な土地問題について担当する部署がありますが、この米軍の担当者に自衛隊、公調、外事、外務省がそれぞれ意見を聞きに行っているのです。米軍の関係者と会ったところ「同じ説明を何度したらいいのか。いい加減にしろ」なのです。なぜ横で連携しないのか、ということです。同盟国だから来れば対応するけれども自分は何度同じことを言わなければいけないのか、と。その担当者は「自分は日本が好きだから対応するけれども、日本が好きじゃないやつが担当になったら対応しなくなるだろう」と言っていました。これは非常に深刻な話で、日本の情報部門はそれぞれが勝手にバラバラと活動しているわけです。アメリカは国家諜報長官室（ＯＤＮＩ）が全体の統括をしていますが、日本にはそれにあたるインテリジェンス統括機関がないということです。

ちなみにインテリジェンス統括機関を創設すれば、安全保障上の土地に関する情報を統合し、分析することはできますが、その対処はどこが担当するのか、という別の課題があります。複数の省庁が関係する案件については我が国では内閣官房以外に調整する組織がありません。そして内閣官房では結局、細かい具体的なことまで調整する能力はありません。よってこの土地問題への「対処」についてはまず、官房長官が主管官庁を指定して、他の官庁にはこれへの協力を義務付けるようにすべきでしょう。

③日本は第二次安倍政権以降、アメリカだけでなく、フランス、オーストラリア、イギリス、イタリアなどと情報保護協定を結んでいます。これは第二次安倍政権による特定秘密保護法と、日本の外交・インテリジェンス関係者の奮闘のたまものです。でも各国の情報機関と連携して得た情報も一元的に管理、分析する情報機関がありません。それぞれがそれぞれに情報を持っているだけです。たとえば海上自衛隊からの情報漏洩が問題になっていますが、海上自衛隊が持っている情報は、国として統一的に管理していません。しかも各国の情報機関との連携は個別に行っていて、日本側の情報部門にスパイが入り込んできたときに、そのスパイを取り締まる仕組みも脆弱です。ではどうしたらいいのか。ある専門家から次のような示唆を受けました。

〈この省庁の垣根を越えた情報保全と情報共有で重要なのは、アメリカの事例を踏まえると、ＳＣＩ（Sensitive Compartmented Information：機微区画情報）制度です。このＳＣＩ制度の全体統制は、国家諜報長官室にあるアクセス統制プログラム監視委員会（Controlled Access Program Oversight Committee）が担当しています。そしてアメリカのＳＣＩ制度は、少なくとも大区画、区画、小区画の３層からなり、小区画まで含めると100～300の区画があるとされています。情報コミュニティの勤務者は、そのどの区画にアクセスできるのか、それぞれ need to know（その情報を知る必要がある者に対してのみ与え、知る必要のない者には与えないという基本原則）によるアクセスの許可を得る必要があり、厳格に管理されています。これがあるために、他官庁とも情報共有が可能なのです。我が国では、実務上は、シギント情報、画像情報程度の大雑把な区画は運用されているようですが、公式な制度ではありませんし、この大雑把な制度ですら内調がどの程度統制できているのかも分かりません。〉

④そういう中で第二次安倍政権のときに官邸直属の対外情報収集機関として、国際テロ情報収集ユニット（CTU－J）ができました。テロに関してだけとはいえ、事実上の対外情報機関です。陸上自衛隊も現地情報隊という対外情報機関を持っています。外務省も対外情報部門を持っていますが、残念ながらこれらは米英のような対外情報収集機関とはとても言えない現状です。しかもこの三つを統括するところもありません。

中央情報機関に必要な四つの権限

よって本来ならば、官邸直属の中央情報機関の設置が必要です。恐らく既存の内閣情報調査室を改組して中央情報機関を設置することになるでしょうが、その場合は抜本的に充実強化する必要があります。この「抜本的」の意味するところは、以下のような四つの権限を付与するということです。

第一に、関係省庁の情報関係予算について優先順位等の調整権が必要です。たとえば中国が我が国の脅威になっています。そこで外事警察に国内にいる在日中国人について情報収集を指示しても「外事は予算がないからできません」となり、公安調査庁も「予算がない」としり込みする恐れがあります。つまりどこも「予算がない」と言って情報収集に非協力的になる恐れがあります。しかし、中国に対して総合的な脅威分析をしようと思うならば、各情報機関にたとえば中国のそれぞれの分野の情報を取らせて集約することが必要になってきます。外事警察には国内の中国人の情報収集、海上保安庁には尖閣諸島周辺の中国の動き、外務省には中国がＡＳＥＡＮ（東南アジア諸国連合）諸国に対して何をしているのかを、軍事に関しては米台と中国人民解放軍の動向をそれぞれ収集させる。そうしないと中国に関する総合的な脅威分析はできないわけです。そのためにも予算配分の権限を持つ必要が出てきます。

関連してその中央情報機関に、各省庁が持っている行政情報の全てにアクセスできる権限も付与する必要があります。それができれば相当の情報プロダクトが作成できるようになりますが、残念ながら我が国では行政情報を各省庁が囲い込んでしまっています。

第二に、情報要員に対する国家としての統一的なクリアランスを授与する権限が必要となります。これはセキュリティ・クリアランスをどの部署が付与するのかという話です。アメリカの場合は国防総省の下でＤＣＳＡ（Defense Counterintelligence and Security Agency、米国防防諜・安全保障局）が三三の連邦機関と一万の民間企業に対してクリアランスを付与しています。

　このＤＣＳＡの詳細は以下の通りです（茂田忠良「米国のセキュリティ・クリアランスと背景調査」（二〇二三年九月警察政策学会シンポジウム講演録、『警察政策』第二六巻五三―六六頁、立花書房、二〇二四年三月一五日などを参照）
〈○先ず、重要なのが背景調査（background investigation）で、現在は、２０１８年制定の人事管理局長と国家諜報長官が共同で定めた基準に従って行われています。実際の調査はＤＣＳＡ傘下のＮＢＩＢ国家背景調査局の担当件数が一番多く、全背景調査件数の95％を調査していると言われます。この他、ＦＢＩ、国務省、ＣＩＡ、ＤＨＳその他は自前で調査しています。
○セキュリティ・クリアランス付与の審査裁定は、基本的には各官庁の人的保全部署が行っている例が多いようですが、ＤＣＳＡの「統合審査サービス」は、連邦の全裁定の70％を実施しています。国防総省傘下のインテリジェンス機関は、「統合審査サービス」の「支所」という形式で、実質的に、それぞれ個々に裁定部署を持っているようです。また、ＦＢＩ、国務省、ＣＩＡ、ＤＨＳその他自前で背景調査をするような組織は、当然、審査裁定機関も自前で持っています。
　なお、重要なことは、基本的に各官庁、特にインテリジェンス官庁は、自前の専門の保全部署を持っており、保全に取り組んでいることです。諜報機関の保全部署（ＦＢＩ、ＣＩＡ、ＤｏＤ諜報機関など）では、相互に連絡官や出向者を配置しています。数年前に調べた際には、国務省やエネルギー省の保全部門の幹部にはＦＢＩ出身者が就いていました。このような人事交流によって、各省庁の保全部門の専門性を確保しているのです。〉

併せてセキュリティ・クリアランス付与のためにも、安全保障の観点からの行政通信傍受が必要です。

ところが、我が国には、行政通信傍受を含むシギント（ＳＩＧＩＮＴ、通信、電磁波、信号等の、主として傍受を利用した諜報・諜報活動）を扱う国家シギント機関が存在しません。そのため米英に比べて日本（防衛省・自衛隊）の情報収集能力は限定的です。

実は米英の対外情報収集の主流は、このシギントなのです。米英のインテリジェンス・ネットワークはファイブ・アイズ（ＵＫＵＳＡ協定）と言われますが、その実態はアメリカの国家安全保障局（ＮＳＡ、National Security Agency）やイギリスの政府通信本部など五カ国の国家シギント機関が世界中に張り巡らせたシギントの設備や盗聴情報を相互利用・共同利用する為に結んだ協定によるシギント同盟です。しかし、日本には行政通信傍受を実施する国家シギント機関は存在しません。

正確にいうと日本にも、電波傍受などを担当するシギント機関（防衛省情報本部など）は存在しますが、憲法二一条（通信の秘密）や不正アクセス禁止法を理由にシギント機関にも治安機関にも行政通信傍受は認められていません。よって我が国の治安機関が日本国内にいる中国の破壊工作集団を行政通信傍受などによって網羅的に把握することは困難です。

ちなみに米国のＮＳＡは一九五二年設立、一九七五年にその存在を公認しました。職員は二〇一三年で定数三万四九〇一人（軍人一万四九五〇人）です。予算は四兆円規模とも言われています。このシギントについては、元内閣衛星情報センター次長の茂田忠良先生との対談本

『シギント』（ワニブックス）で詳しく説明をしています。

話をもとに戻すと、いまの日本では司法通信傍受しか許可されていません。行政通信傍受の解禁とポリグラフ（うそ発見器）の実施は必須です。たとえば米軍の人は海外に赴任し、帰国したら必ずポリグラフを受けることを義務づけられています。秘密に関わる人間には特権を付与しているのですから、それだけの責務があります。

第三に、関係省庁の情報収集・分析部門による諸外国との情報交換等を指導、監督、統制する権限が必要です。いまは各情報機関でばらばらに行っていて極めて危うい状況です。

第四に、関係省庁の情報収集・分析部門の秘密保全体制の指導、監督、統制の権限も必要です。海上自衛隊の情報漏洩について防衛省と警察が対応していますが、警察官が専門的な軍事技術について分かるわけがありません。かといって身内の不祥事、情報漏洩に関する調査を防衛省だけに任せていいのか。もし防衛省側がいい加減な調査をしていたら、米軍側は防衛省に徐々に情報を流さなくなるでしょう。

ちなみにアメリカでは、ＦＢＩ（連邦捜査局）を担当官庁として、それに関係組織の保全機関・調査機関が協力してスパイその他の国家安全保障に係わる事案の調査・捜査に当たっています。軍の情報漏洩についても同様です。よって日本も調査・捜査技術を持つ第三者機関を常設しないといけませんが、これが実に難題です。

要は世界標準の中央インテリジェンス機関をつくっていくためには、最低限この四つぐらいの権限を付与していくことが必要になるのです。

しかもこの四つの権限を付与した中央情報機関を創設してまず取り組むべきことは、情報分析部門を充実させることです。しかし、これは相当に難しいことです。各省庁からの出向者で埋めれば、結局、親元の顔を窺いながら仕事をするでしょう。しかもどこの国でも本当に質の高い分析官はそれほど多くないため、そうした質の高い分析官を多数集めて処遇できる人事を構築する必要があります。言い換えれば各省庁からの短期出向では望ましいプロ集団の構築は難しいでしょう。よって中央情報機関への移籍を前提に、米英のようにインテリジェンス部門に関しては特別のキャリアパスを提示するといった人事制度が必要になってくるでしょう。

官邸が要求すべき情報

以上、組織のあり方について論じてきましたが、官邸による情報要求の問題についてもふれておきたいと思います。

官邸はいま、各情報機関に対して何を要求すればいいのか。喫緊の課題として以下の二つがあります。

第一に、台湾有事の事態認定のため、アメリカ、台湾との「公的な」情報共有体制の構築を早く拡充せよ、という指示を出す必要があります。

日本政府は、台湾との国交断絶後、台湾に大使館に代わって公益財団法人日本台湾交流協会を置いていますが、その体制は脆弱です。そもそも台湾の情報部門と公的なパイプが存在しません。よって早急に公的なパイプを作る必要があります。場合によってはアメリカのように台湾旅行法を制定して、公的資格をもつ政治家、官僚、幹部自衛官が台湾を公的な資格で訪問できる法整備が必要です。

関連して台湾有事などに際して国内の破壊工作などが引き起こされる恐れがあることから、そうした国内破壊工作に関する情報収集と担当部署の拡充も必要です。アメリカの場合は国内の破壊工作などについてはＦＢＩが主管しています。我が国では、警察が不十分ながらもセキュリティ・サービス機能（スパイ対策、国家転覆活動対策、テロ対策）を担ってきています。よって国内の破壊工作などに本当に対処しようと考えるなら、武器使用や行政通信傍受といった必要な権限と任務を警察に付与し、消防、海上保安庁、医療、通信などと連携して対処する仕組みを整えるべきでしょう。

第二に、アメリカの核戦略に関する情報収集・分析と、我が国の核抑止戦略に関する政策立案の要求が必要になります。日米拡大抑止協議が行われるようになり、アメリカの核抑止戦略とその実態、日本に対する影響についての情報収集、調査も少しは行われるようになってきていますが、日本が核の恫喝を受けたときにアメリカはどう対応するのかについて、徹底的に情報を収集し、日本として対策を講じることを官邸は各省庁に指示を出す必要があります。

最後に日本のインテリジェンス強化に際して、これを運用する政治家について付言しておきたいと思います。我が国では、特定秘密保護法でもセキュリティ・クリアランスに関する法令でも、政治家は、背景調査の対象から外れ、例外扱いをしています。これは米英の法律に倣ったわけですが、インテリジェンスに関する素養がなく、機密をいとも簡単にもらしてしまう政治家の存在は同盟国・同志国からの不信、侮蔑を招いていることを深刻に受け止めるべきです。しかも秘密保全意識が弱い政治家の存在は、日本の情報部門の人たちの士気も失わせることになり、ある意味、有事・複合事態に対処するに際して最大の障害になりかねません。

現に日本の政治家、政党スタッフで情報保全が不十分な人に対して関係国は提供する情報のレベルを低くしたり、絞ったりしているとも聞きます。よって同盟国との緊密な情報関係を構築するためにも、一定の情報に関するリテラシーを身につけるまで日本の政治家に対して背景調査を実施するという時限措置が必要になってくるかと思います。

質疑応答

議員A　在日中国人は何人いるのか。とくに中国共産党の影響が強い人間がどこにどう分布していて、有事で軍が前線に行ったときにそこは誰が担当するのか。こういう話をしてもキョトンとしている政府の状況があります。これを誰にどう要求していいのかわからない。たとえば災害と有事が同時に起きたら救出・避難を自衛隊は担当できない。避難計画は県が作って消防と警察がやることになります。その連携はどれだけ取れているのか。テロ活動があったときに警察だけで対応できるのか。それは県の担当なのか。
江崎　まずは国家安全保障会議を開いて総理が「台湾有事に伴う様々な危機に備える」よう指示を出すことが重要です。そのうえで担当部署を明確にする必要があります。
そのためにも、まずは情報を集め、課題を洗い出すことが先決です。よって警察、公安調査庁などに対して新左翼の動きを調査するよりも、台湾有事と連動した国内テロ、サイバー攻撃対策を優先的に調査し、対策を講じろと優先順位を示すことが大事です。

ちなみに現在の国民保護法では、国民保護を担当するのは地方自治体ですが、戦時や大災害時の住民の避難・救出は消防の任務とすべきでしょう。しかし、消防は、県内ですら指揮系統が確立していません。まして県を超えた指揮系統は存在しないのが実情です。

なお、戦前は内務省・警察がこの任務を負っていました。消防も警察の一部局でした。ただし現在の警察の業務量、そして有事に予想される業務量（スパイ対策、破壊活動対策など）を考えると、警察ではなく消防にこの任務を付与するのも一案かと思います。

議員Ａ　「中国人はテロを行う人間だ」と差別するつもりかと誤解されるのではないか。

江崎　中国国民は国防動員法などによって中国政府の国策に従う義務を課せられていることを踏まえ、日本にいる中国国民の動向について情報を収集することは当然必要になってきます。

大規模災害に際する外国人保護の観点からも日本国内に在住する外国人の動向を把握すべく情報を集めるのは当然のことではないでしょうか。その際、アメリカのように国内にいる外国人に対する行政通信傍受を実施し、その情報を収集・蓄積するアメリカのＦＢＩやイギリスのセキュリティ・サービスのような治安機関が存在すれば、事前にテロや暴動などを計画する動きなども察知できるようになります。

議員B　総理が強い関心を持たなければ情報を上げなくなるのは問題ではないか。個別に関心があるかないかで、情報が上がらなくなるのは、日本にとっては不幸。総理の国家安全保障に関する姿勢はどうあるべきか。

江崎　安倍晋三総理は外務省、防衛省からの定期ブリーフを週二回行うようにしました。一回二時間から三時間も議論したと聞いています。

総理の時間は限られていますから各省庁が重要だと思う情報を全部上げるわけにいきません。大臣ブリーフでも全部は上げないですよね。個人ではなく政府の仕組みとして安全保障の情報を収集、対応するために国家安全保障局（ＮＳＳ）を作ったのです。それによって総理、官邸主導で国家安全保障戦略を遂行する仕組みが構築されました。ある意味、総理が取り組むべき最優先事項は、国家安全保障になったわけです。言い換えれば、その分だけ内政に割く時間は減っていく。よって安倍総理は内政に関しては菅義偉官房長官に任せていたのです。対外活動は総理が、内政は官房長官が統括していくという仕組みに変わりつつあると言えましょう。岸田文雄総理も対外活動、外交を主導していますが、これは本来のあるべき姿だと思います。しかし、では内政は誰が取り仕切るのか、果たして官房長官が内政を取り仕切っているのかと言えば必ずしもそうはなっていないように見えます。場合によっては、アメリカのように中央政府は国家安全保障などを担当し、内政は思い切って地方政府に任せる「地方分権」のような仕組みに変えることも検討する必要があると思います。

ただし、内政についても危機管理、有事対応に関しては中央政府の任務であり、具体的には、警察、国境管理、出入国管理、セキュリティ・サービス、消防を所管するアメリカの国土安全保障省のような担当省庁が必要です。

議員C　仕組みを作っても、そのときの属人的な起用に寄ることが大きいのではないか。また、防衛と外務はほとんどの情報をいまシェアできているが、警察はそうではないと聞いています。最後は気のきく人間が正義感をもった集団を作って事に当たるしかないのかという気がしますが。

江崎　もちろん、そういう属人的な側面はあります。ですから国家安全保障戦略があり、なおかつ総理は週二回、外務、防衛からブリーフを聞いて議論をする。そうやって安全保障について総理官邸が恒常的に議論をしていく仕組みをつくってきたわけです。安倍総理がつくったわけですが、これを引き継いでいるかというと、引き継がれていないように見えるのが残念な気もします。組織と人と両方が必要なのです。

問題は、警察がなぜ情報共有ができないかです。それは、警察の持っている情報の多くがいわゆる「捜査活動」によって得られた情報であり、捜査情報の秘匿が絶対視され、情報漏洩を極端に恐れるからだと聞いています。言い換えれば、情報保全体制がしっかりとしていけば、自ずと情報共有も進んでいくのではないでしょうか。

議員D　お話の最後にＣＩＡとＤＣＳＡ（米国防防諜・安全保障局）が出てきました。この二つはどういう上下関係とか協力関係になっているのですか。

江崎　連携はしていますが、ＣＩＡは情報の収集、分析、統率、ＤＣＳＡの任務は情報要員に対する国家としての統一的なクリアランスを授与することです。

そして防諜対策、スパイ対策を中心的に担当するのはＦＢＩです。最近数年間に公表された公務員のスパイ事件の検挙事例を見ると、何れもＦＢＩが捜査を担当しており、現職の軍人のスパイ事件ではＦＢＩと当該軍の捜査機関との共同捜査となっている事例がほとんどです。

高市　今後、日本もＤＣＳＡを設置する必要があります。ただし、人員、予算をどうするのか。私は内閣より、国家安全保障局が担当することを考えていたのですが、まだ調整できていません。なかなかの人員が必要です。お話の中で「第二次安倍政権の下で内調を通さずに各省の情報機関が直接官邸に情報を報告するルートも併設されました」とありました。だけど、いま私が理解している限りでは、公調の情報は伝わっていないのではないですか。

江崎　それは公調のあり方の問題だと思います。内調経由で上げることはできますし、総理側が公調の情報も聞きたいと言えばいいかと思います。あるいはプロパーの人を公調のトップにするなどの人事改革も必要かもしれません。

また人員の件で強く主張したいのですが、いまだに張り込みで捜査、情報収集を行っているのは我が国くらいです。他の先進国は行政通信傍受で、携帯電話も傍受して、関係者の情報を事前に収集・集積しています。それであたりをつけます。先進国で日本だけが行政通信傍受をさせないから、捜査のために膨大な人員を割かないといけない。膨大な予算が必要ですが、行政通信傍受を解禁するだけでいまの人数でも相当な情報収集ができるようになります。国内のスパイ摘発もかなりスムーズにできるようになるでしょう。よって国内に潜伏するテロリストやスパイ活動から、国民の人権、安全を守るためにも行政通信傍受を解禁すべきです。

議員E　他国はヒューミント（人的諜報）も行っており、日本にもそういう部隊が必要なのかなと思います。江崎先生はヒューミントを評価せよと仰っていますが、デジタルの世界とはちょっと方向が違うとは思います。これについて教えてください。

江崎　ヒューミントも必要だし、デジタルのほうはもっと必要だと思っています。基本的にはシギント、つまり行政通信傍受が世界の先進国の情報収集の主流なのです。ファイブ・アイズに入るということは、シギント情報網、世界の通信傍受網に日本が入るということです。ファイブ・アイズに入るためには、国家シギント機関を創設、強化することが必要になります。

ただしシギント情報だけでは、たとえば台湾で紛争が起こったとき、それが本当に台湾侵攻なのか、それとも人民解放軍の一部の人間の動きなのかがわかりません。ですから中南海のヒューミント情報が必要になってきます。そのヒューミント情報において台湾側は圧倒的な力を持っています。仰る通り両方必要です。ただしメインはシギント情報です。

（二〇二三年一二月六日、その後、大幅に加筆修正した）

4　スパイ防止法や通信傍受等の法整備が必要

小谷賢（日本大学危機管理学部教授）

小谷賢（こたに・けん）

一九七三年京都市生まれ。立命館大学卒業後、ロンドン大学キングス・カレッジ大学院修士課程、京都大学大学院博士課程修了（学術博士）。英国王立統合軍防衛安保問題研究所（ＲＵＳＩ）客員研究員。防衛省防衛研究所戦史研究センター主任研究官、防衛大学校兼任講師などを経て、二〇一六年より日本大学危機管理学部教授、二〇二四年ロンドン・スクール・オブ・エコノミクス（ＬＳＥ）客員研究員。著書に『日本軍のインテリジェンス』（講談社選書メチエ、第一六回山本七平賞奨励賞）、『インテリジェンス』（ちくま学芸文庫）、『インテリジェンスの世界史』（岩波現代全書）、『日本インテリジェンス史　旧日本軍から公安、内調、ＮＳＣまで』（中公新書）など多数。

サイバー空間はグレーゾーンが広い

「日本のインテリジェンス」について、これからどうするべきかに焦点を当ててお話をさせていただきます。

「日本のインテリジェンス・コミュニティ」の現状を図1でご覧ください。最近かなり手を加えられ、国際テロ情報収集ユニットなどがつくられて、整備されつつあります。ただし、組織は整っていても、まだまだ機能的には足りません。

今後の課題について述べます。二〇二二年一二月に発表された「国家安全保障戦略」でも様々な情報収集能力の強化が謳われています。たとえば政策と情報の連携、分析能力の強化、AI技術の活用、政府や法人のセキュリティ・クリアランスの問題、さらには偽情報対策があります。私が個人的に必要だと思う今後の課題が四点あります。

一点目はオシント（公開情報）をどう分析するのか。偽情報対策もそれに付随します。

二点目は、サイバー分野をどう構築するか。

三点目、経済安全保障対策。

四点目がスパイ防止法と通信傍受です。

四点目は政治家の先生方が避けようとされる領域ですが、やはり私はやっていただきたいと思います。

次に「グレーゾーンとしてのサイバー空間」という図2をご覧ください。これはサイバーの領域がいかに滅茶苦茶な状態かを端的に示した図です。サイバーの分野で法律がかかっている

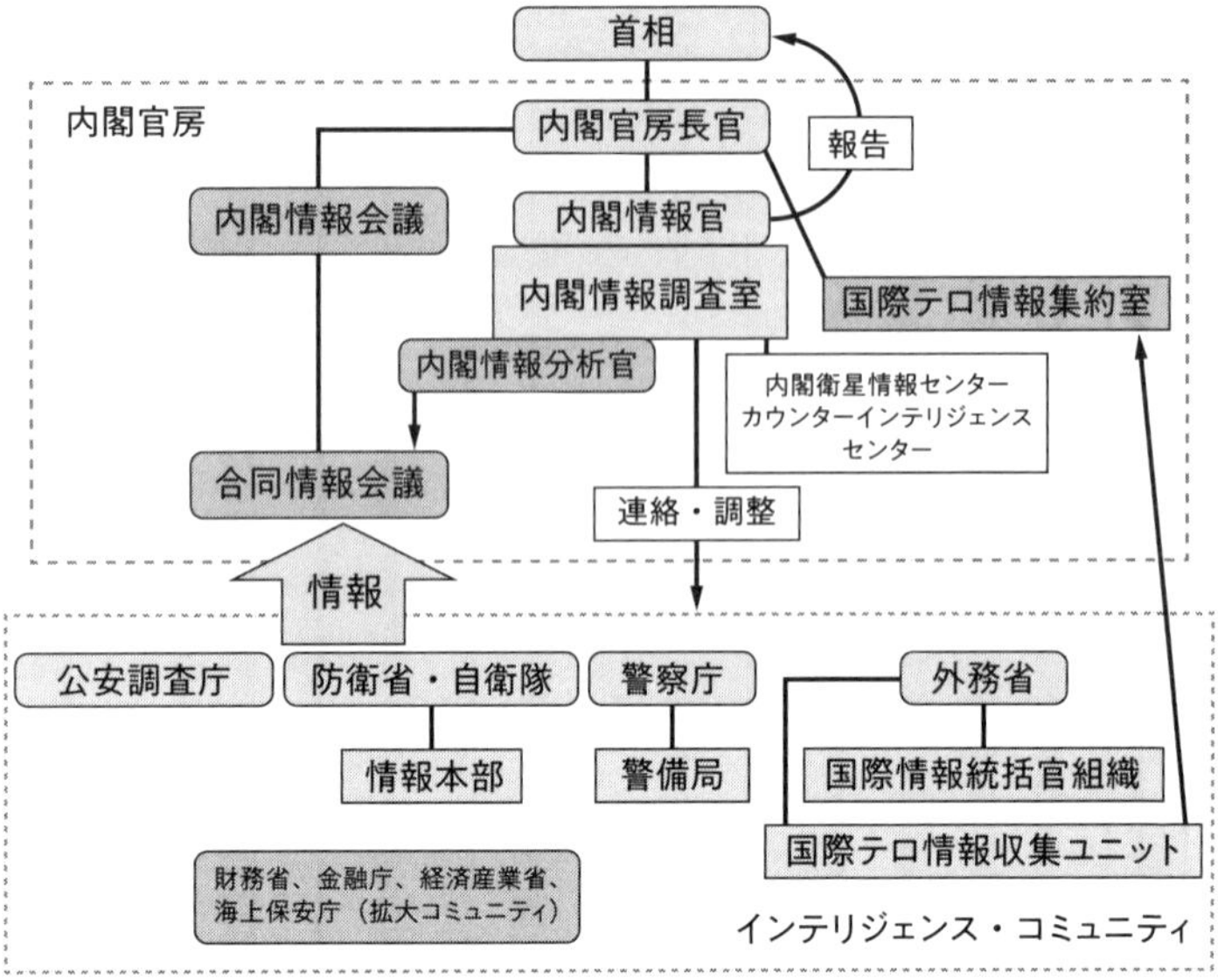

図１　日本のインテリジェンス・コミュニティ

のは「治安・警察」の一番左、「サイバー犯罪、平時のサイバー攻撃」の部分だけです。サイバー犯罪や平時のサイバー攻撃は国内法で規定をされているため、たとえば不正アクセス防止法等にかかることを行えば、逮捕されます。

右側の「軍事・戦争」の一番右の部分は「レーダーのハッキング、GPS衛星のジャミング、重要インフラや軍事施設に対するサイバー攻撃」の部分には、いわゆる国際条約ではない国際的なルール「タリン・マニュアル」があります。このルールには、これ以上のことをすれば戦争行為になるというサイバー上の行為等が書いてあります。たとえば相手の軍隊のデータをハッキングする、

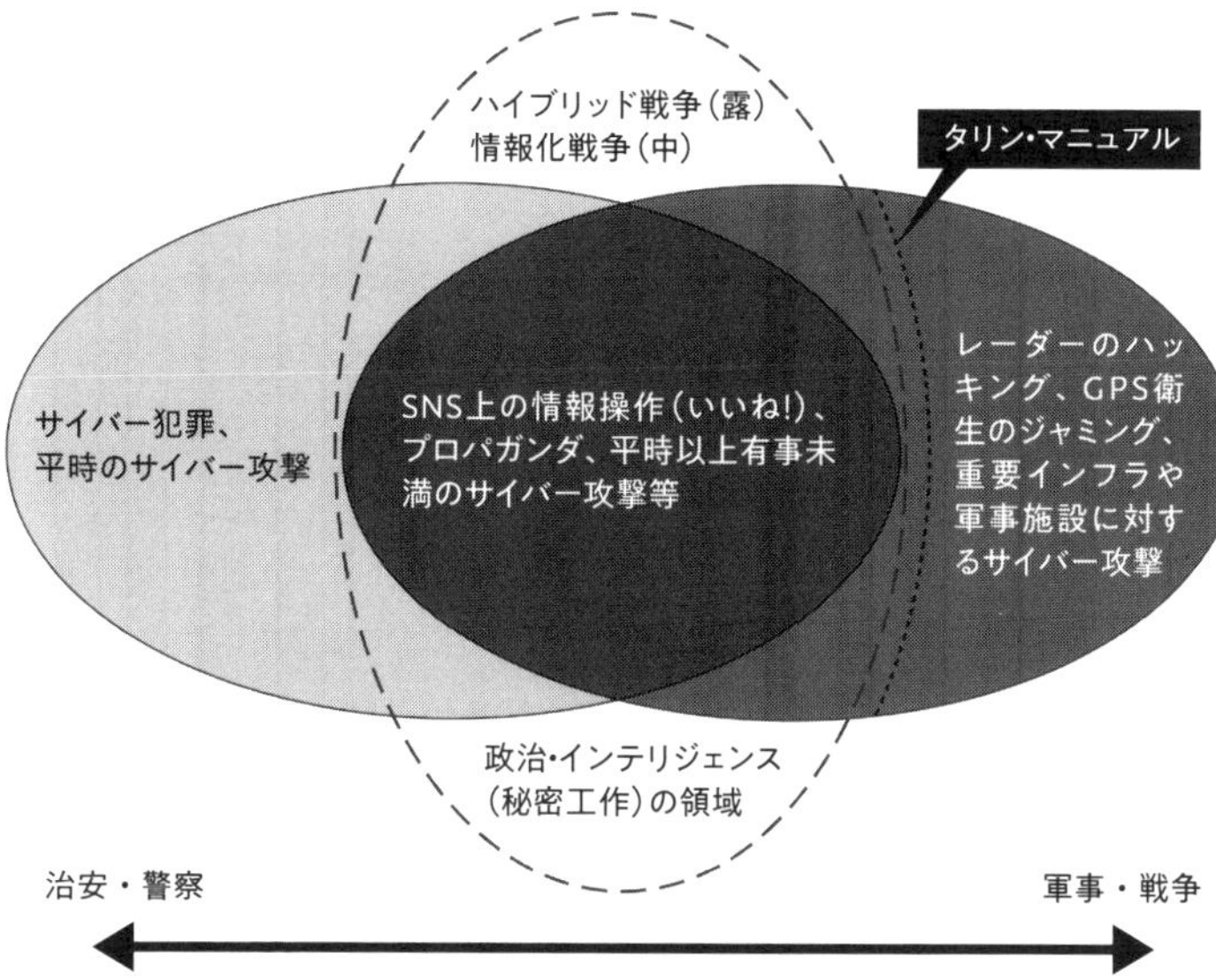

図２　グレーゾーンとしてのサイバー空間

あるいはＧＰＳ衛星をジャミングしようとした場合、これは武力攻撃であると見做される領域です。

真ん中のあたりの点線で囲っている部分が何のルールもない領域です。サイバー空間においては、ここが非常に広い。ですから外国の情報機関がこの領域で偽情報をばらまいたり、サイバーで嫌がらせを行ってきた場合、現行の国内法、国際法に照らし合わせても犯罪を問えない状態です。中国やロシアはここに目を付けて、いかに不法的なエリアで相手にダメージを与えるかと日々考えているわけです。ロシアではそれをハイブリッド戦争と呼んでおり、中国では情報化戦争という名前で呼んでいます。具体的にはＳＮＳ上での情報操作やプロパガンダ、平時以上有事未満のサイバー攻撃、さらには偽情報の流布もここに含まれます。これをわれわれは「政治・インテリジェンスの領域」と呼んでいます。

なぜインテリジェンス機関がサイバーや偽情報活動を行うのか。それは相手のインテリジェンス機関がグレーゾーンで動いていて、サイバーや偽情報の戦いもグレーゾーンで行われるため、お互いに相性がいいからです。諸外国では情報機関がこのグレーゾーンでの偽情報の流布を行ったり、逆に取り締まったりしています。

ロシアのディープ・フェイク

まずは「オシント・偽情報対策」についてお話しします。オシント（公開情報）はオープンソース・インテリジェンスの略で、公開情報を基本にしています。公開情報はいま、世界中の行政機関がサイバー空間で情報を分析して、それを何らかの政策につなげています。われわれがよく見ているもので言えばグーグルマップがあります。グーグルマップで上から見た地図や地形図は、ニュースなどでいまそこで何が起きているのかという解説に使われますが、それも公開情報の活用です。

それと裏腹にあるのが偽情報です。オシントはサイバー空間から正しい情報、使える公開情報を引っ張ってきますが、その過程で使えない情報、偽情報がたくさんあります。その偽情報を見抜くためには日頃、公開情報から正しい情報を抜き取る作業を行っておく必要があるのです。ですからこれも情報機関に向いている仕事です。

ここで「ディープ・フェイク」の実態についてお話ししておきます。かつてウクライナのゼレンスキー大統領の偽動画が出現しましたが、これは非常に偽だとわかりやすいもので、岸田文雄総理のＡＩ偽造動画も比較的見分けやすいものでした。

しかしながら「ディープ・フェイク」というわかりにくい偽情報がいまや本当にたくさん出回っています。たとえば北朝鮮の金正恩朝鮮労働党総書記がロシアのラブロフ外務大臣と握手をしているものがありました。これにはもともとラブロフ大臣が平壌を訪問したときに、金正恩氏と握手をしているオリジナル写真があります。ラブロフ外務大臣は笑っていますが、注目すべきは金正恩氏の表情で、オリジナルの写真を拡大するとちょっとむっつりした硬い表情です。しかし、ロシア国営放送が夜になって、外務大臣の北朝鮮訪問を報じた写真は、よく見るとオリジナルと表情が違う。ちょっと金正恩さんの顔がにっこりしているのです。これは実は改竄されています。むっつりした顔のままだとロシアと北朝鮮の間にやや距離があるように見えてしまうので、「お互い親しいんだよ」とラブロフ外相に合わせてにっこりさせているのです。こういうわかりにくいことをロシアはいまやっています。これを「ディープ・フェイク」と言います。現在のＡＩ技術をもってすれば、画像であっても、動画であっても改変したことはわかるようにはなっています。

ウ戦争での米英の偽情報対策

では、サイバーや偽情報には、どの組織がどう対応するのか。それは国家機関が対応する必要があります。アジアで進んでいるのは台湾、韓国、インドネシアで、とくに台湾は中国の偽情報への対抗策が進んでいます。中国から度重なる嫌がらせを受けて、総統選挙のたびに中国から偽情報を流布されているからです。

台湾では、国やシンクタンク、民間の調査機関が対策に取り組み、役割分担をしています。台湾のデジタル発展省は日本のデジタル庁を参考にして二〇二二年に作られた省庁ですが、あっと言う間に日本は抜かれてしまいました。現在、台湾のデジタル発展省はサイバー対策と偽情報対策を兼ねています。逆にいま日本のデジタル庁が参考にすべきは台湾のデジタル発展省なのではないかとも言われています。いま日本では、政府として偽情報対策をそんなに行っていません。

偽情報が流れたときにはそれを否定する情報発信が必要ですが、もっと重要なのは誰がその偽情報を流しているのかという主体の特定です。誰がサイバー攻撃を仕掛けてきているのか、誰が偽情報を流しているのかの特定は、国家レベルでなければできません。

日本でも現在は法律を改正してアクティブ・サイバー・ディフェンスという形で、せめて攻撃の兆候や攻撃者の情報をつかみたいと議論を進めていますが、サイバー攻撃だけではなく偽情報の分野も同じです。誰が偽情報を流したのかがわからなければ対策が立てられません。

イギリスやアメリカなど欧米諸国は、ロシアの偽情報への対策が非常に進んでいます。イギリスやアメリカがウクライナ戦争で悟ったことは、偽情報を流されてから、それをいちいち訂正し、修正していては遅いということです。偽情報のチェックには時間がかかりますし、時間が経ってから「これは実は間違いだ」と言ったところで、もう次の偽情報がどんどん流れていきます。キリがない。そこでやり方を変えたわけです。どう変えたかというと、常にこちらから情報を流すことにしたのです。

たとえば、ちょうどウクライナ戦争が始まる直前、ロシア軍の報道官は「われわれはウクライナ国境からもう手を引いている。だからウクライナに侵攻するつもりはない」と言い続けました。それに対してアメリカはどうしたか。自分たちの持っている衛星情報をそのままワシントン・ポスト紙に渡したのです。ロシア軍がウクライナとロシアの国境に集結していることを捉えた衛星写真を、二〇二一年一二月三日にワシントン・ポスト紙が報じました。ワシントン・ポスト紙は独自に衛星を持っていないので、これは明らかにアメリカ政府が衛星画像情報を新聞（民間企業）に流させた形です。

イギリスも同じ頃にツイッター（現X）で、国防省の公式アカウントが情報を流しています。ロシアが撤退している証拠は何もない、おそらくロシアはウクライナに侵攻してくるだろうと「二〇二二年二月一八日」、ロシアが侵攻する四日前にイギリス国防省は流しています。このようにして各国はロシアの偽情報に対抗しているのです。

日本初の偽情報戦

実は日本も最近、本格的な偽情報戦に巻き込まれました。二〇二三年八月、東京電力福島第一原発処理水の海洋放出に関する中国の偽情報です。海洋放出が始まると、中国では本当に様々な動画や偽画像が流れました。たとえば海に汚水が流れている動画がありましたが、これはメキシコでの事故のものだと言われています。中国はその動画にわざわざキャプションまで付けて、それがあたかもいま福島で起きているような印象を与えました。

日本にとっては初めての偽情報戦でしたが、外務省の国際原子力協力室は頑張りました。外務省はXで公式に反論し続けました。偽情報には偽情報だと指摘し続けた結果、約一カ月ほどでサイバー空間における福島に関わる偽情報はほぼ鎮火したということです。

ただし、これがうまくいった理由の一つに、処理水は科学の世界なので、反論しやすかったということがあります。科学分野のことは、何が正しくて何が間違っているかを、言いやすかったのです。これが政治に関わる分野になるとかなり難しい。いま、ガザで起きていることでは、イスラエルとハマス双方がそれぞれ自分たちが正しいと主張しています。どちらを信じていいかわからない。とくに台湾侵攻などがあれば、政治分野の訂正は難しくなります。どう対応するのか考えておかなければなりません。

うまくいった理由の二つ目は、たまたま外務省の国際原子力協力室に中国語ができる職員がいらっしゃったので、属人的に対応が可能だったということです。ですから今回はうまくいったけれども、今後もうまくいくかはわかりません。

次に今後、日本に必要なサイバー領域での対策についてです。前提として、日本ではサイバーは技術領域だと捉えられがちなのですが、先ほど申し上げたようにグレーゾーンの中なのでインテリジェンスとの親和性があります。少なくとも欧米、さらにロシア、中国等においては軍、もしくは情報機関がサイバーを担当しています。日本ではまだそういう認知がありません。さらに所管官庁は総務省や経産省で、そこで内閣サイバーセキュリティセンター（ＮＩＳＣ）を運用しています。これは日本政府自体がサイバー領域を、インテリジェンスや安全保障ではなく、技術領域だと見なしている証左のようなもので、現在、ＮＩＳＣの改変の検討をしているところです。

また、現在の日本政府のサイバー対策は、真っ暗闇の中で盾を持って突っ立っているだけの状態です。たまに後ろから棒で殴られて、あわてて後ろを振り向く。それを繰り返しています。でもサイバーの領域では、アクティブ・サイバー・ディフェンスを行って、調べないといけないのです。アクティブ・サイバー・ディフェンスとは少なくとも懐中電灯を持って、自分の周りを照らすことです。もし人影が見えた場合はそこに懐中電灯の光を向けて、威嚇したり、こっちを攻撃しないように抑止をするという考え方が基本です。

ですから日本はアクティブ・サイバー・ディフェンスの議論を進め、行政傍受を行う必要があります。行政傍受とは国が情報収集のために行う通信傍受のことです。

現在、日本では警察が犯罪捜査のために行う司法傍受は認められています。犯罪が起こったときに相手の通信を取る。たとえば刑事ドラマなどで「お宅の娘さんを誘拐したぞ」というような電話がかかってくると、それを警察が盗聴し、どの電話からかけているかを調べます。これが司法傍受で、裁判所の許可が必要になります。

一方、行政傍受は事件が起こっていない平時からの活動になります。基本的に通信、メール、

ＳＮＳや電話、そういったものの情報を取る活動です。この行政傍受については、日本の一般国民の通信を取ると勘違いされがちですが、そうではなくて、基本的には外国人の通信を取るものです。外国人も適当に選ぶのではなく、日本に悪意がある人や敵性国家の政府関係者などで、そういう人々の通信、ＳＮＳ、メールを傍受するということです。これは世論やマスコミ関係者から反発を食らう領域ですが避けては通れないと思います。

そして個人的には政府クラウドが必要だと思っています。現在日本は、セキュアな政府クラウド、つまり情報を置いておくネット上の安全な場所を持っていません。アメリカのグーグルのものなどを使っていますが、政府そのもののクラウドはありません。理想は政府クラウドを作り、そこに政府の情報やとくにサイバー領域に関する民間の共有情報を入れていく。それを強力なセキュリティで囲い、簡単には中を見られないようにします。「セキュリティ・クリアランス（適格性評価）」を持っている人でなければアクセスできないようにして、情報が共有できたり守れるイメージです。

これを行うにはやはり司令塔が必要です。将来的には自衛隊に運用や管理は任せ、トップはＮＩＳＣが管理するという形が好ましいと私は考えています。

経済安全保障のための情報

次に経済安全保障にはどのような情報が必要なのかをお話しします。

一点目が同盟国・友好国との情報共有です。経済安保に関する法規制、最新技術に関する情報、敵性国家による手法等を他国と共有します。日本はアメリカやヨーロッパ諸国とまず情報を共有していく必要があります。とくにアメリカが経済上でどういう取り締まりをしているのか、その情報をアップデートしていかなければ、知らない内に日本製品が制裁の網にかかっていくことになります。

二点目が国内民間企業が有する機微技術の実態把握です。

三点目が敵性国家による対日有害情報活動の特定です。現在、中国やロシアといった国は、ヒト・モノ・カネ・サイバーという手段で情報を取りに来ています。イギリスの情報機関はレノボ、オーストラリアの情報機関はファーウェイ製品に内蔵されているバックドアを発見しました。既存の省庁の人員増と能力向上、内閣官房との連携強化、国の調査機関と民間企業の密接な協力関係の構築が不可欠です。

具体的には、たとえばヒトであれば国内の中国人留学生です。これについては文部科学省の協力も必要でしょう。また、日本の研究者が中国に行き、機微情報をシェアしてしまう事案も頻発しています。中国における日本人研究者には報告義務を課すなど、まず人の流れをきちっと管理しないといけない。警察や公安調査庁（公調）、海外では外務省、国際テロ情報収集ユニット（CTU－J）に経済安保の任務付与も検討すべきでしょう。

モノは、たとえばよく問題になっている監視カメラです。中国製の監視カメラは自動的にサイバー空間につながり、中国本土に情報を送るような仕様になっています。さらには顔認証ソフトも付いていて、たとえばウイグル人かどうかを勝手に判定するような機能もあります。そういったものを日本国内にたくさん置いておくのはいかがなものかということです。経産省や税関等の輸出入規制の管理、とくに中国製品については経産省、警察、公調による調査が必要です。

カネは主に株式です。機微技術を持っている企業の株が過半数以上買収されれば、その企業の技術情報が吸い上げられることになりますから、中国企業によるM＆Aや中国マネーの監視を強化する必要があります。土地売買については各自治体や国土交通省等の協力が必要です。FRONTEOのようなAIを活用したデータ解析や安全保障貿易情報センター（CISTEC）の活用も検討すべきです。

最後がサイバーです。防衛省、警察、公調が対応すべきで、先ほども述べたように、これは技術領域だけの話ではありません。官民問わず、サイバー攻撃を受ければことごとく情報を吸い上げられます。サイバー領域における情報をどう守るかが今後の課題です。

スパイ防止法が必要

では具体的に今後の課題と対策についてお話しします。

もちろん第一に「セキュリティ・クリアランス」は必要不可欠ですが、さらにデータをどう管理するかが重要です。そのためには政府クラウドを含めて、全体像を描く必要があります。個々の話は進んでいます。セキュリティ・クリアランスやデータ管理など現場の話はこまごまとはされていますが、大きな像を描かなければならないと思います。その戦略のために必要な手段を上から打ち出さなければ、いつまで経っても場当たり的な対応に終わってしまうため、それを危惧しています。

また、スパイ防止法も必要です。スパイ防止法とは外国政府勢力によるスパイ活動を規定し、監視し、必要があれば逮捕することができる法律です。警察はスパイ防止法がないため、日本国内の外国勢力を取り締まれないという話を現場からよく聞きます。スパイ防止法はどの国も持っているわけですから、日本だけが持っていないのは、どう考えてもアンフェアです。米国のスパイ防止法は「合衆国は侵害し、または外国を利することになるように使用されるのを認識しながら、国防に関する情報を収集または外国に通報・引き渡した者を死刑、無期または有期禁錮刑に処す」というものです。日本では一九八五年に「国家秘密に係るスパイ行為等の防止に関する法律案」が提出されたものの、野党やマスコミ、法曹界からの反対によって審議未了廃案になりました。

スパイ防止法というとすぐに日本国内の世論やマスコミから反対の声が上がりますが、日本以外の国は整備していて、日本だけが持っていないというのは健全とは言い難いです。たとえば中国で米国人がスパイ容疑で逮捕されると、米国も米国内の中国人をスパイ容疑で逮捕します。こうしてお互いに外国人を捕えることで、スパイ交換の契機が生まれ、取り返すことも可能となります。日本の場合はスパイ防止法がないので、外国で邦人が逮捕されれば、あとはひたすら相手に釈放をお願いすることしかできません。ですのでスパイ防止法の必要性を世論に周知し、立法化を進めていただきたいと考えています。

もう一つ重要なのは、先に述べた行政傍受の仕組みを整えることです。行政傍受とは、情報収集を目的とした通信傍受活動ですが、この対象はあくまでも最初は外国政府勢力に限定されます。アメリカでも、国内での自国民に対する行政傍受は禁止されています。日本でも自国民は監視しないのが基本でしょう。

行政傍受は先ほど述べたようにサイバーや偽情報対策、経済安全保障でも必要です。さらにヒューミント、スパイ活動にも最近はよく使われます。相手スパイの情報を通信傍受で取ってから人がアクセスし、何らかの情報を取るという形が一般的になってきています。

このように通信傍受や行政傍受はあらゆる情報活動の土台になるものなのですが、これも日本ではなぜか行われていない。なぜなら日本では日本国憲法第二一条に通信の秘密という規定があり、これが強固で、個人の通信のプライバシーが固く守られているからです。ただし日本国憲法は基本的に日本人を対象にした法律ですから、日本に不利益を及ぼそうとする外国の政府関係者の通信の秘密まで憲法で保障されているのかといえば、そこは明確に規定されていないかと考えます。さらに憲法一二条の公共の福祉も重要で、国益に関わることであれば、ある程度の不自由も受け入れざるを得ないのかと思います。ですから、スパイ防止法と行政傍受は必要だと考えています。

行政傍受ができなければ、いわゆるファイブ・アイズと呼ばれるアメリカやイギリスを中心とした情報同盟に入っていけないという問題もあります。二〇二〇年以降、アメリカやイギリスの政治家は「日本もファイブ・アイズにどうですか」と公に言及しています。ただし、ファイブ・アイズは行政傍受を中心としたインテリジェンス同盟なので、これができなければそこに入っていけないという最大の問題があります。

なぜファイブ・アイズに入れないかという理由の一つには、セキュリティ・クリアランスの問題もあります。ファイブ・アイズ諸国ではセキュリティ・クリアランスも統一されているからです。今後日本が導入するセキュリティ・クリアランス制度は、果たしてファイブ・アイズと等しい仕組みなのか。もしくはファイブ・アイズから許可された仕組みになるのか。セキュリティ・クリアランスもファイブ・アイズへの加盟と並行して検討していく必要があるのではないかと考えています。

質疑応答

議員A　私は日本の問題はメディアだと思います。日本の世論操作をしようと思えば、ネットで偽情報を流すよりテレビや週刊誌で偽情報を流すのではないか。中国側はサイバー空間よりまずマスメディアを狙ってくるのではないか。その場合、マスメディアにおいての対策はどうすればいいのか。

小谷　マスコミが間違った情報を流し続ければ、それだけ国民のマスコミに対する信頼度は下がっていきます。そうなるとマスコミが何を書いていても、また嘘を言っているとしか国民は捉えられなくなるのではないでしょうか。また、マスコミもいまやネットが情報源になっています。ですからネットに偽の情報を流されると、マスコミもうっかりそれを引っ張ってくる可能性があると思います。

議員B　海外ではどういうロジックで行政傍受をクリアしているのか、もう少し教えてください。

小谷　先ほど申し上げた行政傍受のロジックは、基本的には自国民は監視しないということで、外国政府関係者に対して行政傍受を行う建て付けです。裁判所のチェック、議会のチェックは必ず入るので、そこで安全性が担保されます。行政傍受はいろんな分野があり、たとえば軍事分野であれば作戦上の都合で情報を取ります。

議員C　インテリジェンス組織は日本にはむしろ数が多く、しかも抜けている領域が生まれています。いまの状況でどういう組織体系が一番合うか。また行政傍受が必要な対象には外国人だけではなく日本人の協力者も出てくると思います。他国では自国の人には行政傍受を行わないのですか。

小谷　最後の質問から答えると、もし自国民がなんらかのスパイ活動に関与しているのであれば裁判所の許可を取って、情報漏洩、スパイの疑いがあるので通信傍受を願い出ます。要は他国にはスパイ防止法という法律があり、その法を破っている犯罪者だから傍受対象になるということです。ですからスパイ防止法はやはり有用です。経済安保やサイバー、偽情報は新しい領域なので、どの省庁の所掌事務かが現状では明確ではありません。縦割で行政事務を行っているのでどこまでいっても穴が空きます。偽情報ひとつ取っても、たとえば外交に関わる偽情報は外務省、安全保障に関わる偽情報は防衛省・自衛隊、治安に関わる偽情報は警察と、偽情報を縦割にしてしまうわけです。すると抜け穴が多々出てくることになります。どの省庁も管轄してない偽情報が流れたらどうするのか。いまそれを検討しているところです。

議員D　防衛省の情報が外に漏れたりするため、セキュリティ・クリアランスは政治家にこそかけたいと思います。公務員には特定秘密保護法がありますが、彼らと同じものを見たり、同じ資料をもらったりする政治家がノークリアランスで一番のリスクだと思います。セキュリティ・クリアランス的なものを国会議員にかけている国はあるのですか。

小谷　それはありません。基本的に政治家は選挙という洗礼を受けた公人であるから、クリアランスは必要ないということです。

議員E　政府機関がサイバー攻撃されるときは、たとえばある大学のサーバーに対するハッキングを踏み台にされたりしています。ですからそこを押さえなければ攻撃を止められないけれども、主権外だと押さえにいけない。それをやる枠組みが有志国でできればいいですが、攻撃主体は共産国や独裁国家でカウンターが打てない。そのあたりの法律の整理がなかなかつかず難航しているようですが、他国ではどうやって攻撃主体を特定し、摘発しているのか。

小谷　それこそがインテリジェンスの必要性です。建前上は確かにおっしゃる通りですが、結局裏では相手の主権を侵害して情報を取りにいっています。アメリカであれば、攻撃も辞さない方針で、実際に攻撃をしています。イスラム国などが攻撃を仕掛けてきた場合は、たまに攻撃できるところを見せて相手の攻撃を抑止する方針をとっています。

議員F　日本政府はその裏表の使い分けができない。

小谷　そうなのです。日本はそこは潔癖でグレーゾーンで動くのが苦手です。

議員F　電気通信事業法と不正アクセス禁止法と刑法を変えなければできませんね。

小谷　日本は法律の建て付けがやっていいことしか書かないポジティブリストになっていますからこれがまたこの状況では足を引っ張ることになります。日本はヒトとカネをかけなさすぎです。大事だと口では言ってもそこに予算を投入しない。自衛隊のサイバー防衛隊は八〇〇人ほどで、アメリカのサイバー軍が六二〇〇人、中国のサイバー部隊は三万人です。三万人と八〇〇人ではどうやっても勝てない。北朝鮮ですら現在六八〇〇人の規模です。日本はサイバー戦では北朝鮮にすら敵いません。

議員F　一応、日本は二〇二七年度までに四〇〇〇人を目指す。足りているのですか。

小谷　一応四〇〇〇人あればなんとかなりそうですが、それも急がないといけない。令和五年度末までに約二〇〇〇人に急増させるプランが進んでいます。

議員F　サイバーの広い領域をどう監視していくか。アメリカではＴｉｋＴｏｋ利用禁止法案が成立し、日本ではＬＩＮＥ問題がありました。私は使っていませんが、国会議員も官邸に入っている議員もＬＩＮＥを使っています。これはどうなのか。

小谷　それは一度痛い目に遭っていただかないと、いくら周りがダメだと言ってもご本人の判断になってしまいます。

議員G　国民民主党はＬＩＮＥはまだですがＴｉｋＴｏｋを禁止しました。自民党こそ、それをやらなければいけない。ＬＩＮＥはどのくらい危険ですか。

小谷　ＬＩＮＥはサーバーが韓国にあるため、韓国が敵になれば韓国に情報を取られる可能性があります。また、中国が韓国に圧力をかけて中国に取られる可能性もあります。だからこそ政府クラウドが必要だと言っているわけです。日本で完結しないと、ＬＩＮＥのように大事なサーバーを他国に置くような危険な状況になります。他の国に握られてるシステムは脆弱です。外国に何かを握られることになります。

高市　閣僚は一応、公用スマホと衛星電話を持たされますね。政府クラウドは経済安全保障推進法のプログラムでなんとしても仕上げることになっています。アメリカの力も借りなければいけないけれども国内で完結するように頑張ります。

小谷　連絡用のアプリでもせめてシグナルなどのもう少し安全なものを使ってもらえればと思います。ＬＩＮＥのようなメッセンジャー機能を持つ同じようなものがあるわけですからね。

（二〇二三年一一月一五日）

5

非対称兵器と平和ボケ

山口芳裕（杏林大学医学部教授）

山口芳裕（やまぐち・よしひろ）

一九六〇年生まれ。八六年、香川医科大学卒。ハーバード大学研究員などを経て杏林大学医学部教授。二〇〇八年、北海道洞爺湖サミットで医療対応。一一年三月に東京消防庁・総務省消防庁の特殊災害医療アドバイザーとして福島第一原発事故対応。現在は杏林大医学部高度救命救急センター長、日本救急医学会理事、東京都災害医療コーディネーターなどを務める。専門は外科侵襲学、外傷学、中毒学、安全保障医療。監修書に『NBC災害に備える！』（羊土社）、編集代表書に『大規模イベント医療・救護ガイドブック』（へるす出版）、『新型コロナウイルス感染症時代の避難所マニュアル』（へるす出版）。

非対称兵器とは何か

私は救命センターに勤務している救急医です。専門は外傷で留学時代は熱傷や銃創、爆創を主に専門にしており、サミットやＡＰＥＣ、即位礼正殿の儀などの際には裏方として、万が一の場合の医療体制を担ってまいりました。今回は、日本に圧倒的に欠損している安全保障の中の医療や医学の視点についてお話しします。

世界の安全保障の専門家はいま何に注目しているか。それは脅威を作り出しているのが人為的なものなのか、自然のものなのかをいかに見極めるかということです。

たとえば、二〇二四年四月の米国下院特別委員会では、全米で麻薬中毒を引き起こしているフェンタニルの出どころが、中国の国策によるものであることが明らかにされました。いま、米国ではフェンタニル中毒は非常に大きな問題で、一日に二〇〇人以上が死亡しています。一八歳から四五歳の死因の一位がこのフェンタニル中毒で、これが米国全体の平均寿命を大きく下げる結果となっています。先日ロサンゼルスへ行ったところ、現地では「ゾンビ」と呼んでいましたが、繁華街の中心地の信号機ごとに足もともおぼつかず地面を這いまわる中毒者があふれていました。そのような状況が、ある国の国策によって意図的にもたらされているとしたら、これを脅威と言わずして何と言いましょう。

また、同じ米国ではＦＢＩ長官が、先の新型コロナウイルスの出どころが中国の研究所であることを公表しました。ＷＨＯ（世界保健機関）は直ちにこれを否定しましたが、安全保障分野の研究者にしてみれば、このような見解はまったく驚くに値しません。中国の武漢研究所は、新型コロナウイルス感染症のアウトブレイクの数年前から、コウモリ由来のコロナウイルスを対象に遺伝子操作を研究していることが広く知られていました。この研究には米国の研究費も投入されており、中国の研究者が公に多くの論文も出しています。旧ソ連の生物兵器の責任者で、九二年にアメリカに亡命したウイルス学者にケン・アリベックという人がいますが、私が九八年に面談したとき、すでに中国のコウモリ由来のコロナウイルスの危険性に警鐘を鳴らしていました。

つまり今日の安全保障上の脅威というのは、単純に敵国が正面から攻撃してくるようなミサイルや爆薬ではなく、人為的なものなのか自然に発生したものか、どの国の誰が仕掛けているのかさえわからないような兵器こそが重要な意味を持っているということです。こうした兵器を「非対称兵器」と言います。通常の武力の多くが目に見える脅威「オバート」であるのに対して、目に見えない潜伏している脅威「コバート」を特徴とするものです。この脅威こそが、今日の特に先進国の安全保障の専門家たちの最も中心的な興味なのです。

では、この非対称兵器とは具体的にどんなものでしょうか。現在、非対称兵器の究極の対象はＣＢＲＮＥ（シーバーン）と言われています。ただし、あくまでもこれは現時点の話であり、もしかすると近い将来、電磁パルス（ＥＭＰ）に置き換わるかもしれません。今年になってたびたび、太陽の黒点（太陽フレア）による電磁波の乱れが通信障害やＧＰＳの誤作動を発生させることが問題になっていますが、近い将来こうした現象を太陽がしでかしているのか、どこかの国がしでかしているのかわからない時代が来ます。つまり、非対称兵器の主役が電磁パル

164

スに置き換わる可能性は十分にあります。しかし現時点では、ＣＢＲＮＥあるいはＮＢＣ（核＝nuclear、生物＝biological、化学物質＝chemical）が主たる脅威の対象であると言えます。

ＣＢＲＮＥとは、Ｃは化学兵器（chemical）、Ｂは生物兵器（biological）、ＲＮは核・放射線兵器（Radiological、Nuclear）、そしてＥは爆発物（Explosive）のことです。これらが究極の非対称兵器と言われるのはなぜか。なぜテロリストたちがＣＢＲＮＥを好むのか。その最大の理由は、「コストパフォーマンスが良い」ことにあると説明されています。米国の安全保障のテキストによると、一キロメートル四方の住民を殺傷するためのコストは爆薬など一般兵器の場合は二〇〇〇ドルであるのに対し、核兵器では八〇〇ドル、化学兵器では六〇〇ドル、そして生物兵器ではわずか一ドルと言われています。

実際、死亡したオサマ・ビンラディンは、炭疽菌を一キログラム二〇ドルで売るとインターネット上に売買広告を公開していました。これは世界各国でかなり閲覧されており、日本でも一瞬ですがアクセスが可能でした。実際、本当に売るつもりがあったのか、単なるアルカイダのプロパガンダなのかはわかりませんが、このような安価で効果的な攻撃が可能であることから、ＣＢＲＮＥは「貧者の核兵器」とも言われるのです。資金が潤沢でない国やテロ組織にとっては、ＣＢＲＮＥは非常に魅力的な攻撃手段なのです。

テロリストにとって理想的な兵器

では、テロリストの立場から見た時、具体的にどの兵器が最も理想的なのでしょうか。それは、二つの条件によって規定されます。すなわち、テロを起こすのが容易で、かつ、テロが起こった時のインパクトが大きいもの、ということです。そして、CBRNEの中でその両方の条件を満たす最も理想的な兵器はB、生物兵器です。

生物兵器のなかで、現在上位の警戒対象とされているのは、米国CDC（疾病対策センター）によれば、①天然痘、②炭疽、③ペスト、④ボツリヌス、⑤野兎病、⑥ウイルス性出血熱です。そして最も警戒されるのが、天然痘の自爆テロです。天然痘は全身に特徴的な発疹が現れるため、そんな人が街を歩いていたらすぐわかってしまうため自爆テロは無理じゃないかとお思いになるかもしれませんが、そうではありません。皮膚症状が出る数日前からすでに十分な感染力があるからです。また、イスラム圏を特に取り上げて発言するのは不適切かもしれませんが、当該地域の自爆テロの場合には、女性は民族衣装により顔を覆われていて皮膚の露出が非常に少ないため発疹が目立たず、自爆テロを起こしやすいと警戒されています。

Cの化学兵器は、生物兵器の次にテロを起こしやすくて、インパクトが大きい特殊兵器です。日本では、世界でも類を見ない大規模化学テロの地下鉄サリン事件を経験しているので、生物兵器よりはイメージしやすいかも知れません。

RNは三つの類型に分かれます。①最もテロを起こしやすいけれども社会に与えるインパクトは限定的というのは、放射性物質そのものを飲ませたり、食べさせたりするものです。②テロを起こすのはもう少し難しいけれども社会へのインパクトは少し大きいのは放射性物質を爆発物に混ぜて爆発させるもの、いわゆるダーティーボムという形態です。③最もテロを起こす

166

のは難しいけれども、起こったときのインパクトは非常に大きいのは核爆弾ということになります。

二〇一〇年、オバマ大統領は各国に呼び掛けて核安全保障サミットを開催しました。なぜ核（N）だったかと言えば、当時CBRNEを使ってテロを起こすとすれば、最も蓋然性が高いのは核であるという判断に基づいています。これは安全保障に係るインテリジェンスの判断で、テロリストたちの闇市場で最も流通量が多い特殊兵器がNに関係するものだったことが根拠になっています。

CBRNEに関する最近の動向

CBRNEあるいはNBCの最近の注目される事例を挙げてみましょう。

一つ目はロシアの元情報将校であったリトビネンコ氏の暗殺に使われたポロニウム210です。これは放射性物質で核・放射線兵器（N・R）の一つで、理想的な暗殺ツールとも言われています。その特徴は足がつかないことです。実は暗殺者がN・R兵器を使用する際の最大の課題は、現場に持ち込むのが困難であることです。たとえばサミット会場は世界中のどこでも空間線量率をモニターしていて、放射線（ガンマ［γ］線）を出している物質を会場内に持ち込もうとすればたちまち見つかってしまいます。ロンドンオリンピックの際には主要な地下鉄の駅に空間線量計を配備していることが知られています。放射性物質はα核種であってもβ核種であっても、必ずγ線を一緒に出しています。α線自体は飛程距離がわずか一センチ、β線は数十センチですから、α線やβ線は検知されにくいですが、同時に放出されるγ線は何キロメートルも飛程があるので必ず検知されてしまいます。この警戒をすり抜けて放射性物質で要人暗殺やテロを起こすのは非常に難しいわけです。

ところが、このポロニウム210は非常に特異的な放射性物質で、ファイブ9と言われる、九九・九九九％、α線しか出さない純粋なα核種なのです。つまり飛程のあるγ線を放出しない。ですから、空間線量計のモニターをすり抜けることが可能で、持ち込んでも探知される心配がありません。しかもポロニウム210の致死量はナノグラム単位、食卓塩の一粒よりも小さいのです。ただし、価格は塩より小さい一粒で五〇億円ぐらいします。ですから、それに見合う命の価値をもつ要人暗殺にしか使われません。

二つ目の例は、北朝鮮の金正日の長男、金正男《キム・ジョンナム》氏に使われたVXという兵器です。これは化学兵器（C）です。VXはサリンの仲間の神経剤ですが、サリンよりも強力で性質も大きく異なっています。しかも特筆すべきは、クアラルンプール国際空港で使用されたのが〝バイナリー兵器（binary chemical weapon）〟だった点です。バイナリーとは、Aという人が持ち込んだものも、Bという人が持ち込んだものも無害ですが、これらが混ぜ合わさると危険なガスを発生させたり、爆発したりする兵器のことです。たとえば国会議員の皆さんはよく有権者の方々と握手をされますが、一人目の方がA剤を手に付着させて握手したのち（この時には何も起こりません）に、何人か後でB剤を手に塗った方と握手すると、国会議員の皆さんの手の表面でA剤とB剤が混合されてたちまち毒物が合成され数秒で命を失うことになるという具合です。こうしたバイナリーの手法は現在の化学兵器において最も汎用される方法論なのです。

三つ目はノビチョク、英国でロシアの元情報員の暗殺に使われたものです。これも化学兵器（C）です。ただし、ノビチョクはVXやサリンよりも新しい第四世代の神経剤で、もっと危険です。VXとの比較では八倍強力で、わずか一滴をドアノブに塗っておいただけで、そのドアノブを握って店に入った約五〇〇人が倒れるくらい恐ろしいものです。事件の舞台が日本だったなら絶対にわからなかったでしょうが、化学兵器の世界的な権威であるイギリス国防科学技術研究所（ポートンダウン）の近くで起きたため検知できたのだと思います。同研究所は厳重警備のイギリスでもトップシークレットの施設ですが、私は東京オリンピック準備のために外務省を通じた便宜供与により特別に許されて研修を受けました。

四つ目は、二〇〇二年のモスクワ劇場占拠の際にロシア特殊部隊が使用したコーラカル・アギーン（KOLOKOL－1）です。これは化学剤ですが、実は兵器としての役割をもつ有害化学剤ではなく、公安や警察が暴動鎮圧などに使う無傷害化学剤に分類されるものです。つまり、どちらかというと犯人側ではなく、取り締まり側が使う剤です。ところが実際に特殊部隊が使ったら、人質になっていた九二二人のうち一二九人も死んでしまいました。実は現在の化学兵器開発の最先端はこういう性質のものなのです。暴露後一～三秒以内に卒倒させそのまま数十分～数時間意識不明にすることができる一方で、モルヒネの一万倍以上の超高力価ゆえ兵器転用も容易である。つまり、使う側の匙加減で、平和にも殺戮にも使える。キーワードは調節性です。そうした剤が最新化学兵器（C）の主流です。

中国冷凍餃子事件はテロ

最近注目されているCBRNE兵器についてお話ししましたが、これらについて日本ではまったく認識されていません。したがって、万一使われれば検知もできなければ、治療薬もありません。公安当局や防衛省は「当然知っている」と言うかもしれませんが、彼らが知っているだけでは国民の命は救えません。なぜなら攻撃を受けてから拮抗薬を投与しなければならないデッドラインまで数分しか猶予がないからです。ですから本当にCBRNEの知識や情報を国民のために生かそうと思うなら、少なくとも第一線の救急医療者とは共有し、拮抗薬をすぐに使用できるような形で備蓄しておかなければなりません。そうでなければ、「知っている」ことにならないのです。

こうしたインテリジェンスを国政のトップに伝えることを怠っていたために、世界から日本は大丈夫かと失笑を買った事案があります。安倍晋三総理の時です。二〇一七年に、参院外交防衛委員会で安倍総理は北朝鮮の弾道ミサイル技術に関してこうご発言をされています。

「サリンを弾頭につけて着弾させる能力については、すでに北朝鮮は保有している可能性がある」

このご発言自体は非常にすばらしいと、我われは聞いていました。こういうことを公的にきちんと表明されるトップは、それまでにはいらっしゃらなかったからです。このご発言を受けて菅義偉官房長官は、治療薬もちゃんと準備しているので大丈夫だとフォローのコメントをされました。ここまではよかった。

　問題は、実際にこのときに北朝鮮がミサイルに積み込もうとしていたのはサリンではなく、ソマンだったことです。ソマンとサリンはいずれも神経剤に分類される化学剤ですので、どっちでも大差ないと思われるかもしれませんが、暴露された被害者の命を救おうとする我われの観点からは両者は全く違います。なぜなら、サリンはエイジングの時間が長いため暴露されてから三時間以内に拮抗薬を投与すれば効果が期待できますが、ソマンの場合にはエイジング時間が極端に短いため三分から五分以内に投与しなければなりません。菅官房長官が表明したように、拮抗薬ＰＡＭ（プラリドキシムヨウ化メチル）を東京のある場所に七〇〇〇アンプル備蓄していることは私も承知していました。しかし、ソマンが使用された場合には三分から五分以内に投与する必要がありますから、備蓄はほとんど役に立ちません。サリンの三時間だったら間に合うかも知れませんが。つまり、ソマンとサリンでは対処方法が根本的に違うわけです。ですから安倍総理の発言を聞いたアメリカの専門家の友人が、「日本はインテリジェンスが機能していないようだが大丈夫か」と心配して尋ねてくれたのでした。

　さらに、政府に対してこうした情報をきちんと伝える専門家がいないことが決定的に露呈されてしまったのが中国冷凍餃子事件です。これは二〇〇七年から二〇〇八年にかけて中国の食品会社が製造した冷凍餃子に混入された〝農薬〟によって重症者を含む十人の中毒が発生した事件です。その数年後にマルハニチロという日本の食品会社でも〝農薬〟の混入事件が起こりました。どちらも〝農薬〟の混入事件ですが、両者はまったく似て非なるものです。すなわち、マルハニチロの事案は確かに農薬の混入事件と言ってよいものですが、中国冷凍餃子事件の方はテロ事件、少なくともテロとして初期対応をしなければならないものです。

その根拠は毒性の圧倒的な違いです。マルハニチロに混ぜ込まれた農薬は有機リン系の農薬でマラチオンですが、これで人を殺そうとすれば体重一キログラムあたり一三九〇ミリグラムを摂取させる必要（ＬＤ50［半数致死量］換算）があります。対して中国の冷凍餃子事件のメタミドホスはマラチオンの一〇〇分の一以下の一三ミリグラム（同）、つまり毒性が一〇〇倍以上強いのです。このＬＤ50（半数致死量）の量が体重一キログラムあたり五〇ミリグラム以下のものは高毒性化学兵器として扱うことが定められています。

ですから中国冷凍餃子事件が発生した時、私はすぐに、①化学テロとして扱うべきこと、②すべてのメディアを通じて一斉に、中国の冷凍餃子の購買、摂取を止めるように広報することを申し入れました。しかし、政府がそういう対応をとることはなく、それどころか中国人容疑者が中国の警察当局に逮捕された当時の総理であった鳩山由紀夫氏、外務大臣の岡田克也氏はなんと中国に感謝のメッセージを出したのでした。

この事件は、テロとしての初期対応を誤れば、もっともっと多くの人が死んでいてもおかしくない事案でした。こうした情報やその重大さをきちっと官邸にあげられる人がいなければ、今後も同じことが繰り返されることとでしょう。

ちなみに、化学兵器については化学兵器禁止条約（ＣＷＣ）という国際的な取り決めがあり、化学兵器禁止機関（ＯＰＣＷ）という監視機関もあります。しかし、これは実質的にはまったく機能していません。たとえば、先ほど例にあげたノビチョクは「リストにない」という理由で規制の対象になっていませんし、兵器転用可能な有害化学物質のデュアルユースにもまったく手を着けていません。つまり現状では、国際秩序に頼ることはまったくできないので、我が国が自分自身で体制を整えなければならないことをご認識いただきたい。

「白い粉」は化学兵器の芸術品

非対称兵器にまったく関心がないのは先進諸国の中では日本だけです。そうは言っても日本の医療は優れているから万一事件が発生しても病院に搬送しさえすればなんとかなるのではないかと思われているかもしれませんが、大きな誤りです。

理由は三つあります。まず、①悪意に対して無抵抗であるということです。つぎに、②教科書の知識しか知らないこと。そして、③救急医療体制が爆弾や銃撃に対応できる体制になっていないこと、です。

まず、①悪意に対して無抵抗である、ことについて説明します。私は東京DMATという災害のときに現場に駆けつける医療チームの運営協議会の会長を務めています。東京DMATはいま、年間四〇〇件以上出動しており、ほとんどの災害現場に一〇分以内に到着できています。ですから、万が一爆弾事件があってもおそらく一〇分以内に現場に駆けつけると思います。しかし、二〇〇二年のバリ島爆弾テロ事件以来、テロでは爆発は必ず二回起こっています。一回目の爆発で救援者が集まったところで二回目の爆発を起こして、被害をより大きくさせるのです。ボストンマラソンの爆弾テロでも同様でした。しかし、我が国の医療チームはそうした感覚を持ち合わせませんので、傷病者のことだけを念頭に無防備に駆けつければ二発目爆弾の格好の餌食になってしまうことでしょう。爆弾テロは必ず二発起こるということを徹底的に植え付け、これを前提にしたトレーニングを繰り返し行っておかなければ爆弾テロに対処することはできないのです。

また、要人の襲撃に対しては「Don't treat in the street.」（路上で処置をするな）が対応の原則で、現場対応者である我われが最初に徹底的に叩き込まれることです。安倍総理が銃撃されたときの現場映像にはスマホで撮影している多くのやじうまが映っていましたが、そのすべてのアングルから二発目が発射できていたことを認識しなければなりません。そういう感覚が我が国には圧倒的に欠損しているのです。

二つ目の、②教科書の知識しか知らない、とは、つまりカビの生えた常識しか知らないということです。九・一一の後に、炭疽菌事件いわゆる「白い粉事件」がありました。この炭疽菌の死亡率四五・五％という極めて高い値に、我われ安全保障医療の専門家は目を疑いました。そもそも炭疽菌はタヌキやキツネの毛の中に存在する細菌で、動物が死ぬといっしょに土にかえるのですが、芽胞という形態で三〇年以上土の中で生存し続けます。その菌がたまたま手に傷がある林業の従事者などに感染すると、皮膚が炭のような黒色に変化するためこの名前が付いたのです。一般的には皮膚の病気で、しかもペニシリンという抗菌薬がよく効くため死亡することはまれです。ところが「白い粉」では四五％も死亡している。しかも臨床経過を見ると、来院から数時間で致死的な不整脈から心停止になるという極めて劇的な死に方をしています。

その原因の一つは遺伝子操作、もう一つは上質なタルク（滑石）を使用して直径五マイクロメートルの均一な大きさに加工した高度の製法にあります。オサマ・ビンラディンはそんな粗悪な炭疽菌を一キログラム二〇ドルで販売すると呼びかけていましたが、こちらの「白い粉」はそんな粗悪品とは比べものにならない途方もなく高度の技術と資金が注ぎ込まれて作製された、化学兵器としては芸術品なのです。我われが対峙する相手はこうしたものであることを知らなければなりません。

三つ目は、③日本の救急医療体制は爆弾や銃撃に対応できる体制になっていない、です。もちろん我が国にも外傷（ケガ）に対する医療体制はありますが、その対象はほとんどが交通事故や転倒転落といった鈍的外傷と言われるものです。これらの外傷では、出血は身体の内部（内側に向かって）に起こります。したがって出血の速度は一般にゆっくりで、ゴールデンタイム（受傷から治療までの許容時間）の目安は三〇分から一時間です。この時間内に対処すれば助けることができます。ところが、銃創や爆創で傷を負った場合は、心臓が止まるまでの猶予は二―五分、長く見積もっても一〇分しかありません。日本の救急体制ではとてもこの速度に追いついていけないのです。

そもそも日本では、一一九番に通報してから救急車が現場に到着までに一〇・三分かかっていますから（令和四年全国平均）、現在の体制では爆創、銃創の被害者を救うことはできません。喫緊の課題です。

厚労省の平和ボケ

こういうことを動かすためには、政治の確固たる決断が絶対に必要です。

北朝鮮から飛んでくるミサイルを「飛翔体」と呼んでいた時期に、厚生労働省の発出した文書（事務連絡）に次のようなものがあります。北朝鮮からの「飛翔体」の液体燃料が飛散して身体にかかるとメトヘモグロビン血症を起こすから、これに対して医療者はメチレンブルーを使いなさいという内容です。これにはなんてバカなのかと驚きました。ジェット燃料は非常に可燃性が高いので、燃えずに液体のまま降り注ぐなどあり得ません。「飛翔体」が地上に落ちて爆発により多くの人がケガをする、それに備えろと通達すべきです。そのことには一切触れずに、わざわざ燃料が降り注ぐことへの注意事項を送って寄こす神経がわかりません。

さらに今日では、『SIPRI Yearbook 2024』（ストックホルム国際平和研究所）には、北朝鮮が五〇発の核弾頭を保有していると明確に書かれています。さらに韓国国防研究院は二〇三〇年には一六六発になると発表しているわけです。我が国は北朝鮮のミサイルに対して、これらの事実を前提に準備しなければならないのは明らかです。躊躇せずに「核攻撃への準備」の指示を出すためには、政治の決断が不可欠です。

お手本になる事例があります。二〇一二年にアメリカのコネチカット州にあるサンディフックという小学校で銃の乱射事件があり、二六人の犠牲者がでました。これに対するオバマ大統領の対処は非常に速く、ターニケット（止血のための緊縛バンド）があったら助かった命があった可能性があるという専門家の分析結果が出るや否や、「STOP THE BLEED」（出血を止めろ）キャンペーンを立ち上げ、すべての初動対応者（警察・消防など）に配備するとともに一般人に対しても運転免許の更新時に講習を義務づけるなどの措置をとりました。この効果はすぐに表れることとなり、二〇一三年に起こったボストンマラソン爆破テロ事件で使用されたターニケット二七件のうち三分の一が一般市民によって巻かれました。これが政治の決断に勇気づけられた市民の力であります。ぜひ日本でも見習っていただきたいと思います。

最後に総理になられた際の要人警護について述べさせていただきます。この一年間にテロで使われた手段は爆発物が三二％、銃が四七％です。その際の銃弾や爆発物の破片は身体のどこに当たっているのか調べました。戦争の場合には七、八割が四肢に当たっていますが、要人襲撃の場合は違います。要人を狙った場合は、四肢が五〇％、体幹部が四〇％、頭頚部が一〇％です。四肢はターニケットで命を救うことができるので、SPを教育するなどしてターニケットをすぐ巻ける人を傍らに置くことです。それで五〇％に対して有効。つぎの四〇％の体幹部は防弾ベストで対処します。最近は非常に軽くて高性能のものがあります。至近距離からの高速銃でなければ、防弾ベストを着用していれば致命傷にはなりません。これで九〇％有効。残りの一〇％の頭頚部はヘルメットやフェイスシールドで防ぎますが、政治家の方々がこれを着用するのはなかなか難しいでしょう。ですから一〇％のリスクは許容せざるをえないとして、九〇％はやれることをしっかりして命を守っていただきたいと思います。その折には、高市先生には最高級の防弾ベストをご用意したいと思います。

質疑応答

議員A　非対称兵器の判断にはインテリジェンスが必要というお話ですが、日本にはいわゆる専門のインテリジェンス組織はありません。どこが対応したらいいとお考えでしょうか。

山口　こうした対処は、情報収集・分析から計画立案、オペレーション、そして振り返りの上で体制の修正を図る、いわゆるPDCAサイクルを回すことが重要です。アメリカの実情からいうと、情報収集・分析すなわちインテリジェンスに全体の予算の九〇％が注ぎ込まれると教育されました。つまり、インテリジェンスこそが国家安全保障の命だ、という意味です。潤沢な資金を注ぎ込んで政府が直轄でやらなければまともな情報は上がってきません。それが真実だと思います。

　また、インテリジェンスの具体的な教育のほとんどは完全な秘匿の中で行われています。その一部は民間にも提供されていますが授業料はめちゃくちゃ高い。限りなく政府直轄の養成と言えるものです。

議員B　何かが起こって多数の人間が死傷した場合、その対応は医療者が行いますから管轄官庁は厚労省になります。でも、何かが起こる前の対応は厚労省ではありません。事が起こる前と起こった後で管轄官庁が違うわけです。また、内閣官房の危機管理を行う部署の所掌は初動対応だけです。ですから多数の死者が出たとき、それがテロなのか、CBRNEのどれなのか、あるいは病の流行なのかが判明してから初めて対応する官庁が決まるということになります。そこに先生がもどかしく感じる原因があるのではないか。

山口　おっしゃる通りです。たとえば感染の場合、自然のアウトブレイクなのか、人為的なバイオテロなのかを最初の段階で見分けることはできません。でも、わからないからといって手をこまねいているわけにはいかない、そこがまさに先生が仰るところだと思います。誰がそこに手を突っ込むかをあらかじめ決めておかないと現場は動けません。

議員C　たとえば米軍が使っている防弾チョッキは着用していることを隠せません。守っているところ以外の身体の部位が狙われるので、着ていることを隠せるようなものはあるのでしょうか。

山口　特に女性の場合は、体型を崩しますので着用には抵抗があると思います。また防弾ベストの上からジャケットを羽織ろうとすれば、どうしてもワンサイズ大きめのものになってしまいます。でも最近のものは従来のものに比べてだいぶ薄くなっているので、着用が目立たなくなっています。

議員D　先ほど北朝鮮のミサイルにソマンを搭載する話がありましたが、いまやドローンが普及してきました。民生用として農薬散布などで普通に使われています。するとミサイルどころか、ドローンを飛ばせば、大都市や極端なことを言えば総理官邸の周辺でもそれが可能になるのではないか。諸外国の事例ではこれをどう防いでいるのか教えて頂けますか。

山口　ドローンはいま、危機管理上一番の頭痛のタネになっていて、対策の決定打はありません。当該区域にドローンが飛べないように電波妨害する方法もありますが、ＡＩを搭載し自律飛行するドローンには効果が限定的です。敢えてミサイルを飛ばさなくてもという文脈は、まさにその通りです。

（二〇二四年五月一五日）

第三章

防衛力

6 自衛隊の実力と反撃能力

尾上定正（元空将）

尾上定正（おうえ・さだまさ）

一九五九年生まれ。元空将。防衛大学校（管理学専攻）を卒業後、八二年に航空自衛隊入隊。ハーバード大学ケネディ行政大学院修士。米国防総合大学・国家戦略修士。統合幕僚監部防衛計画部長、航空自衛隊幹部学校長、北部航空方面隊司令官、航空自衛隊補給本部長などを歴任し、二〇一七年に退官。一九年七月～二一年六月、ハーバード大学アジアセンター上席フェロー。現在、防衛大臣政策参与（非常勤）、ＡＰＩ（アジア・パシフィック・イニシアティブ）シニアフェロー。共著に『自衛隊最高幹部が語る令和の国防』（新潮新書）、『君たち、中国に勝てるのか』（産経新聞出版）など。

自衛隊の実力

実は軍隊の実力を測るのは非常に難しい。ロシア・ウクライナ戦争を見ても、始まる前はロシアが一〇倍くらいの戦車、戦闘機、その他を持っていたので、あっという間にウクライナを蹂躙するのではないかと思われていましたが、蓋を開けてみるとウクライナが二年も持ち堪えています。もちろん、その後ろにはＮＡＴＯ（北大西洋条約機構）やアメリカの支援がありますが、ウクライナが現場で戦う力を持っているのです。だからロシアに対してここまで抵抗することができるのだろうと思います。

では翻って自衛隊は同じような戦い方ができるのか。幸いにして自衛隊は一度も実戦を戦ったことがありませんので、有事の実力は未知数です。ですから実績ベースでその実力を判断し、足りないところは鍛えていくしかありません。

グローバル・ファイヤーパワー（Global Firepower、ＧＦＰ）というサイトが毎年、軍事力の格付けを発表しています。二〇二四年の順位は、アメリカが圧倒的な軍事力で一位。ロシア、中国、インド、韓国、イギリスと続いて、日本は七番目にランクインしています。その下にはトルコ、パキスタン、イタリア、フランスと馴染みの国が続きます。このＧＦＰのランキングは五二の評価要素に基づいています。たとえば人口、国土の大きさ、現役の兵員数、戦車や戦闘機の数、その他できるだけ具体的かつ総合的に評価をしてＮＥＴ（正味）でその軍事力を測るわけです。その中で日本は七位ですから、世界の中でも非常に実力は持っていると評価されています。

この中でアメリカ、ロシア、中国、イギリス、フランスはP5（国連安保理の常任理事国）です。彼らは核兵器を持っています。インドとパキスタンも核を持っています。したがって核を持たずにP5でもない国でベスト10に入るのは、韓国、日本、トルコ、イタリアくらいだということです。

軍事費についても、だいたいこのランキングと同じような並びになります。アメリカは一貫して軍事費を増やしていますが、それ以上に中国の軍事費の伸びが大きい。日本の防衛費はずっと横ばいでしたが、二〇二二年一二月に戦略三文書を決定し、二〇二七年までにGDP（国内総生産）比二%まで防衛費を引き上げるため、昨年、今年と非常に大きな伸びを見せています。

では、インド・太平洋地域の戦力バランスはどう変化しつつあるのか。二〇二一年にインド太平洋軍司令官のフィリップ・デービッドソン大将（当時）が軍事委員会で証言をしたときに使った資料に基づいて説明します。

ちょうど第三次台湾海峡危機が起きてすぐの頃は中国の軍事力はいわゆる第一列島線の内側ぐらいでしか活動せず、影響力はありませんでした。しかし二〇二五年には第一列島線、第二列島線を越えて、西太平洋全域にその影響力が及ぶという見積りになっています。アメリカはグローバルで見ると軍事力は圧倒的に強いわけですが、この地域に限定すると中国と比較してその優位性を失っていっているという状況かと思います。

中国と日本を比較した場合には、約五倍から一〇倍の戦力格差があります。中国に追い抜かれたのは二〇〇六年くらいのことです。その当時、私は航空幕僚監部の防衛班長で、このままだと第四世代戦闘機の数などの航空戦力があっという間に中国に抜かれて、その差がどんどん開いていくと予測していました。現実はそれ以上に、遥かに大きく差が開いてしまっていると思います。

いまの中国と日本を比べると、兵員が約一〇倍、戦車・戦闘機・潜水艦の数では五倍ぐらいの開きがあります。しかし軍事力の比較は単純に兵器の数だけではできません。数値化できない能力として、Ｃ４ＩＳＲ（指揮・統制・通信・コンピュータ・情報・監視・偵察）のネットワークをつなぐ力、サイバー戦、電子戦などでの作戦運用の力があります。また兵員の練度、士気もあります。こういったものは数値化できません。ウクライナの抵抗がここまで頑強に続いているのは、このような数値化できない能力をウクライナは持っているからだと思います。

軍事力はスピードが重要に

軍事力の比較をするときに、兵器や兵員の質、あるいはその量や規模にプラスして、最近はスピードが非常に重要になっています。時間をかけていては相手に先を越されてしまうので、相手よりも先に状況を掌握し、意思決定をし、行動に移す。ウーダループ（OODA Loop ＝観察・指向・決定・行動のループ）、あるいはキルチェーン（Kill-chain）と言われますが、これをどれくらい速く、相手よりも正確に回すかが作戦の帰趨《きすう》を決めます。

たとえば北朝鮮はミサイルを何度も撃っています。そのときには必ずフレキシブル・デタラント・オプション（ＦＤＯ、柔軟抑止選択肢）といって、抑止力を相手に見せるオペレーションを行っています。頻繁に行っているのでごく一部の例ですが、たとえば最近では二〇二三年一〇月にはアメリカのＢ-52戦略爆撃機と日韓の戦闘機などが、海上ではイージス艦など日米韓の艦艇がパワーを見せつけたわけです。それ以上やると本気を出して叩きに行くぞと相手を牽制するＦＤＯを即応的かつ恒常的にできるようなレベルに自衛隊は練度を高めているということです。

また、これはちょっと古い話ですが、二〇一二年、民主党政権の頃のことです。当時の野田佳彦総理が衆議院を解散し、選挙戦に突入したときに、北朝鮮が一二月一〇日から二二日の間にミサイルを撃つと予告しました。すると地元遊説中の藤村修官房長官（当時）が七日に、「さっさと月曜日（一〇日）に打ち上げてくれるといい」という話をされた。これが失言として批判を招いたことがありました。たまたまですけれども、この一二月七日には東北地方を震源とする震度５弱の強い地震が起きたので、ミサイル発射や地震などの事態は複合的に起きることを示している例でもあります。

このとき北朝鮮はある事情が生じて打ち上げ時期を慎重に検討している、トラブルがあったので打ち上げは延期するかもしれないと公表し、ミサイルに幌を被せて、外からは見えないようにしていました。韓国はそれを鵜呑みにして、エンジンにトラブルがあって当面打ち上げないだろうと安心していたのです。しかし、実際には北朝鮮は一二月一二日九時にミサイルを打ち上げました。当時、私は統合幕僚監部の防衛計画部長として指揮所におり、その朝、北朝鮮がミサイル発射を準備しているある兆候を探知しました。この兆候によって打ち上げは間もないと判断し、自衛隊と日本政府はきちんとした対応ができたというような事例があります。

つまり戦争には相手があり、騙し合い、化かし合い、裏をかき合いの世界なので、北朝鮮はこんなことを行うのだという実例です。北朝鮮からすると、先ほど述べたFDOをいつも見せつけられているので、自分たちがいつ攻撃を受けるかわからないと常に考えています。北朝鮮は実戦モードにあるため、彼らの偽情報への対応が非常に重要だとこのレッスンを通じて私は学びました。

日米の統合運用レベル

どれくらいレベルの高い訓練ができるかを見ることも、自衛隊の実力を測る方法の一つです。これは読売新聞の二〇二四年三月三日の記事〈自衛隊の多国間共同訓練、2006年比で18倍に増加…有事想定「戦術・戦闘訓練」が6割超〉が参考になります。

自衛隊の多国間の共同訓練が、二〇〇六年比で一八倍に増加している、と読売新聞は報じています。しかもそのうちの六割以上が有事を想定した「戦術・戦闘訓練」だということです。航空自衛隊は米空軍と一緒に「レッドフラッグ・アラスカ」（演習）という実戦に近い防空戦闘訓練を行い、海上自衛隊も「リムパック」という訓練に参加して、レベルの高い訓練を行ってきています。昨年（二三年）に日本が行った多国間訓練は五六回で、そのうちアメリカが五〇回参加している。同盟国アメリカと「ショルダー・トゥ・ショルダー」で本気の訓練を行っているということです。米軍は他国よりも圧倒的に自衛隊の能力を認めてくれていて、日米の相互運用性は一番高いレベルだと思います。

たとえば相互運用性の「レベル０」はとても一緒に戦うことはできません。お互い独自にやりましょうということになります。「レベル１」はデコンフリクトで、一緒にいても相撃ち、同士討ちはせず、それぞれの行動ができるレベルです。「レベル２」はコンパチブルで、一緒に何らかの作戦をすることができるレベル。「レベル３」は統合運用可能で、一体となって作戦ができるレベルです。日米はこの「レベル３」、あるいは「レベル４」まで行っているかもしれない高いレベルだと思います。

自衛隊の実力を測る最後の要素は、有事に備えるための作戦計画などの準備です。私も現役当時、防衛計画部長として日米共同作戦の計画策定に携わりました。当時はアメリカがまだ中国を本当の意味で戦略的な競争相手だと認識していなかったので、主として朝鮮半島、尖閣といったところの話にとどまっていたのですが、最近ではアメリカのほうがより積極的に中国を相手に考えなければいけないと主張しています。二〇二三年正月に毎日新聞が報じた記事（「台湾有事の日米作戦計画、最終段階に　政府、４年前から想定」二〇二三年一月二日）では、台湾有事の作戦計画がもう最終段階に来ていると報道されています。

今年（二〇二四年）二月、日米共同統合演習「キーン・エッジ」が行われました。これは「キーン・ソード」という実動演習と一年交代で行われる指揮所演習になります。その指揮所演習では武力攻撃予測事態が認定された状況から始まったと聞いています。私が現役の頃の日米統合演習は、準備段階から始まって、武力攻撃事態認定、防衛出動が下令される頃には状況終了となるため、本当の意味での戦闘を日米共同で演習することはあまりありませんでした。しかしいま少なくともこの「キーン・エッジ」に関しては、武力攻撃予測事態はすでに出されていて、そこから先の武力攻撃事態や日米共同作戦の本番を演習するところに来ています。日米が真剣に有事を考えているということです。

ちなみに軍事力を語るときに、最近ではグレーゾーンやハイブリッド戦が注目され、自衛隊のような軍事組織だけではなく、国全体の対処能力が必要だとよく聞きます。ロシアがウクライナに攻め込む前には、たとえばサイバー攻撃でインフラを攻撃したり偽情報を流したりしてウクライナの国民に対して間違った印象を植え付けるといったことを行っています。侵攻に至る前に三波ぐらいのサイバー攻撃があり、ウクライナは金融・通信システムの妨害、あるいは通信衛星のジャミングを受けました。ビアサット（Viasat）という衛星通信システムをウクライナをはじめヨーロッパは使っていますが、その通信が二割ぐらいしか使えなくなったというデータがあります。つまり軍事力による戦いの前の段階で、さまざまな非軍事的なオペレーションによって攻撃されるのが実態です。この例では国全体のサイバー対処能力が必要になります。

そういった国の体制を強化する根本は、国を防衛するという国民の意志です。ウクライナが強いのは海外にいるウクライナの男性が祖国に駆けつけて「戦う」と意思表明したからです。残念ながら日本は、これまでの調査によると、国を守るために「戦う」という人の割合が圧倒的に少ない。二〇二一年の世界価値観調査では一三・二％で断トツの最下位です。二〇二二年八月に『ＭＡＭＯＲ（マモル）』という自衛隊の広報誌がウクライナ戦争を受けて緊急に調査したところ、倍増したものの、それでも二八％ぐらいです。これをどうやって引き上げていくかは非常に重要なことだと思います。

自衛隊の三つの課題

自衛隊の課題は大きく三つあります。

一つは一昨年（二二年）一二月に、非常にドラスティックな「国家安全保障戦略」「国家防衛戦略」「防衛力整備計画」をつくっていただきました。ウォールストリート・ジャーナルが「『眠れる巨人』日本が目覚める」と社説で書いたぐらい、非常に大きな転換です。この戦略三文書をなんとしても実現していかなければいけません。その中には防衛力の抜本的強化として七本の柱が立てられていますが、それを物価高や為替変動、人件費の高騰等の予算の制約がある中でも、しっかりと実現していくことが必要だと思います。

その他に、防衛生産基盤、人的基盤などの強化も当然必要です。若年人口の減少によって自衛官の募集は非常に厳しい状況にあり、中途退職もなかなか減らすことができない状況です。自衛官の処遇改善が将来的な人的基盤を維持していく上では非常に重要です。

二つ目は、受動的な領域防衛から、より能動的な早期遠方阻止への転換が必要です。自衛隊はこれまで専守防衛という方針のもとで、国土をどう守るかに専念してきました。ところが、反撃能力を保有し、相手の領域で作戦を行い、相手を無力化するという戦略の大転換がありました。そうすると自衛隊の編成装備から日頃の錬成訓練、さらには運用ドクトリンまでを転換して、体制自体を作り替えなければいけません。その上で、新戦略を踏まえた日米同盟の現代化が必要です。反撃能力を持つということは場合によっては戦略的な含みが出てくるわけです。中国は核戦力と通常戦力を同じ基地で運用しているため、その基地に対して日本が反撃力を行使することは、場合によっては急激に核のエスカレーションに至るリスクが否定できません。従って、反撃能力の運用に関しては予めアメリカと作戦計画の中で、攻撃目標の優先順位や役割分担をしっかり詰めておかなければいけない。どういう状況であればそれを使うのかを考えておかなければいけないということです。

三つ目に、新たな戦い方への適応が求められます。戦略三文書の中にも書かれている宇宙・サイバー・電磁波です。ウクライナが強いのは宇宙・サイバー・電磁波を巧みに使っているからです。たとえばロシアの早期警戒管制機A‐50という極めて重要な空軍のアセットを二機もウクライナは撃墜しています。宇宙・サイバー・電磁波を巧みに使うと、こういう戦い方ができるわけですが、逆にそうしなければ負けてしまうということです。

この三つ、①戦略三文書の抜本的強化を実現する、②早期遠方阻止、つまり反撃能力を使いこなせる戦略体制への転換、③新しい戦い方に適応する、が大きな課題です。

反撃能力については、二〇二七年を目途に時間をかけずに体制をつくり上げなければいけません。具体的にどのような機能や能力が必要か。「防衛力の抜本的強化に関する有識者会議」

の第一回が先日行われ、そこに提出された資料には「反撃能力（イメージ図）」というものがあり、こう書かれています。

〈①我が国に対する武力攻撃が発生し、その手段として弾道ミサイル等による攻撃が行われた場合、ミサイル防衛網により、飛来するミサイルを防ぎつつ、

②「武力の行使」の三要件に基づき、そのような攻撃を防ぐのにやむを得ない必要最小限度の措置として、相手からの更なる武力攻撃を防ぐために我が国から有効な反撃を相手に加える

こうした有効な反撃を加える能力（反撃能力）を持つこと〉

そして、大きく「先制攻撃は行わない」と書かれています。

この説明では反撃能力について、具体的にイメージできないと思います。

反撃能力保有で必要なこと

実はこの図の中に書かれていないことのほうが重要なのです。

たとえば反撃作戦を遂行しようと考えたときに、相手は北朝鮮なのか中国なのかによって、戦い方は全然変わります。また、政治は何を目的として反撃能力を運用するのか。軍事はどういう任務を受けて、どの攻撃目標を攻撃すれば、その政治目的を達成するのに最も効果的か。そのときの効果はどのぐらいの確率で達成できるのか。場合によってはこちらが払わなければいけないコスト、あるいはエスカレーションするリスク、それをどう評価するのか。

このようなことを全部含めた上で、任務命令を出さなければ、せっかく能力向上した12ＳＳ

M（12式地対艦誘導弾）、射程一〇〇〇キロのスタンド・オフ・ミサイルもどこに飛んでいくかわからないという話になるわけです。

さらに、反撃能力を使いこなすためには目標情報を収集する衛星のコンステレーション、あるいは無人機によって相手の脅威圏内に入って情報を収集するような能力、そうやって集めた情報を分析し、攻撃の優先順位を決めて、必要とする部隊に共有するネットワークが必要です。

また、攻撃リスクの評価については、自分たちが受けるダメージだけではなく、軍事攻撃目標周辺にいる民間人を巻き込み、死傷者が出るダメージもあります。これをコラテラル・ダメージと言いますが、日本はこれをどこまで許容するのかについて、きちんとしたプリンシプルに基づいて判断できなければいけない。アメリカはこのコラテラル・ダメージの専門家を育成する教育課程を持っています。日本はコラテラル・ダメージの専門家をどうやって養成するのかについても当然考えなければいけないと思います。

ちなみに、中国は実践的な国なので、内陸部に航空自衛隊の早期警戒管制機を模した実物大の模型を作り、それに対する攻撃訓練をしています。日本がここまでできるかどうかは別にして、目標情報のデータベース化、目標と攻撃手段の最適な組み合わせ、実効性のある攻撃要領のリハーサルは当然やっておかないといけません。

スタンド・オフ防衛能力のためにいま、様々な種類のミサイルを開発したり、調達したりしています。いずれも地表で確認できる固定目標には効果的ですが、地下の目標をバンカーバスターのように潜り込んで破壊したり、移動する目標に対して短時間で攻撃したりするようなものはありません。そういった目標にはどう対処するのかということも考えておかなければなりません。未検討の課題として、保有すべき反撃力とその優先順位があるということです。場合によっては精密誘導できる破壊力の大きな弾道ミサイルも、すでに技術力としてはいつでも持てる状況なので、考えなければいけないと思います。

最後に、政治の意思決定を踏まえ、自衛隊に命令を出す枠組みと手続きの問題があります。先ほど述べたように、すでにスピードが作戦の帰趨を決する極めて重要なファクターになっています。仮に政治の意思決定に時間がかかる場合、あるいは攻撃実施部隊への命令に手間取る場合には、もうその段階で負けています。そうならないように、たとえば常設の事態対処専門委員会でシミュレーションとシナリオ検討を行い、政治決定から攻撃命令までの短縮を図っておく。実戦的な訓練や演習によって反撃能力の即応態勢を示す。それによって抑止をする。こういったことをぜひやっていただきたいと思います。

『アイ・イン・ザ・スカイ』という二〇一五年のイギリス映画があります。これにはいま述べてきたような、反撃能力を行使するにあたってどういう問題があって、それを指揮官はどう克服しなければいけないのかが極めて効果的に、鮮やかに描かれています。

政治的影響、外交的影響、軍事としての効果、法律の規定、あるいは倫理観。また時間的制約の中でわずかに開く「機会の窓」。こういった心理的負担に耐えられないと指揮官は意思決定ができないと思います。ぜひ参考にしてください。

二〇二七年までにいま述べたような能力を自衛隊がすべて揃えるのは、はっきり言って難しいと思います。欠落している機能、不十分なところはアメリカに補完してもらわなければいけない。トマホークの取得もその一つです。アメリカと踏み込んで、作戦構想、作戦計画を共有しつつ、欠落機能をお互いに補完する必要があります。

最後に、新たな戦い方についてですが、新領域は作戦遂行に不可欠です。地上で塹壕戦をしていても必要なデータは宇宙から来ますし、前線への指令はすべて電磁波を使って通信されます。それらは自衛隊が無力化するターゲットにもなり、わが方の守るべきものでもあります。

日々、技術は進歩していて、二年前にウクライナが最初に使った無人機はトルコのバイラクタルTB2でしたが、いまやもう古くなり、新しいものに置き換わりつつあります。ロシアは最初あまりUAV（無人航空機）を使っていなかったのですが、最近はオルラン10などで、ウクライナを凌駕するような戦い方をしています。電磁波攻撃によってウクライナの無人機を無力化しつつ、ロシア側の無人機で攻撃しているのです。日本はこういった革新的技術をできるだけ早く導入していく必要があります。民間の能力も必要ですし、自衛隊の中で革新的技術に対する感度を高めていくことも必要です。

質疑応答

議員A　ある方がロシアがウクライナのクリミア併合のときに行ったハイブリッド戦で台湾を取ることはできない、でも沖縄は取れると指摘されました。台湾がなぜ取れないかというと、まずは愛国心をしっかりと子供の頃から植え付けている。また偽情報や、中国が何を仕掛けてくるかを国民は知っていて備えているということでした。日本にはそれがない。ハイブリッド戦への備えは、国民全体で考える必要がありますが、それにはまさしく政治の決断がいるのかなと思います。政治に何が期待されるのか、国民にどのように動いてもらうべきなのか、お聞かせください。

尾上　ハイブリッド戦で台湾は取れないけれども、沖縄は取れるというご指摘。台湾は確かに日々、情報操作、サイバー攻撃を受けているので、それに対する耐性力はかなり高いと思います。台湾国防部直属の国防安全研究院の研究員とよくお話するのですが、彼は中国がミサイルを発射してもそのミサイルが本当に台湾に着弾すると判定されない限り、台湾はアラートを出さないと言います。なぜならアラートを出すと台湾の人たちもパニックになって、シェルターに逃げ込んで行く。その場面は必ず動画に撮られてすぐにＳＮＳでアップされる。そのダメージのほうが大きいと言うのです。だから敢えて出さない。それぐらい、相手が仕掛けてくることに対してどう対処するのが台湾にとって一番効果的なのかを、彼らは普段から考えています。その中には、常時ＳＮＳをファクトチェックし、偽情報が出たら直ちにそれを打ち消すような事実関係をアップしていくなどの対処もあります。その必要性については私も参加している日本戦略研究フォーラムで行ったシミュレーションの中でも指摘していますので、日本として何をすべきかを考えていただき、ぜひそのような体制を作ってもらいたいと思います。

中国やロシアは、こちらの弱みにつけ込んで、世論を分断したり、特異な事例をあたかもそれが当たり前かのように刷り込んだりしてきます。すでに「琉球」という言葉を使って、「琉球」の主権は本当に日本にあるのかというようなキャンペーンを張り始めていますから、そのような情報工作を芽のうちに摘んで刈っていくことが必要です。

議員B　先生がご指摘されたスピード、決断が大事というのがすべてと言っても過言ではないと思います。どれだけ自衛隊に実力があったとしても決断が遅れれば終わりです。高市先生が最高指揮官だったらいいのですが、そうじゃない人が最高指揮官になったときにどうするのか。事態対処専門委員会などでは何が必要か。どんな事態であってもどんなトップであっても、動くようにするためには何が必要かというのが一つ。もう一つは情報が防衛省から漏れるのをどうすればいいか。トップシークレットが新聞に載っていたこともある。官邸から漏れているのか、防衛省から漏れているのか。防衛省も政治家も危機感がなくて、マスコミに話したり、資料を渡す人がいるがその対策がとれていない。どうすればいいか。最後に、国内の中国人にテロを起こされたり、蜂起をされたときに、自衛隊が前線に集中できる環境をつくる連携がないように思います。どこがどう対応すればいいと思われますか。

尾上　決断のスピードを高めていくために何が必要か。総理にシミュレーションで、様々な実戦的修羅場を経験していただいた上で、腹を固める覚悟を持っていただく。総理の決断に必要なオプションを事態対処専門委員会で、関係省庁の検討を踏まえきちんと整理をして、その場で総理に提示できるようにしておくことが必要と思います。実際、事態が起きたときには既存の計画に基づいて、それを状況に応じて修正しながら作戦を行いますから、総理はじめ事態対策本部の関係者にその計画に習熟しておいていただくということが何よりも重要だと思います。

情報の漏れに関しては宿痾だと思います。防衛省に限らず、日本社会では「ここだけの話だけど」という人間関係のカルチャーが幅をきかせていると思います。より厳密な意味での「秘密」は何かを明確にすることがまず必要です。防衛省で「秘」に指定された情報は十分な理由があって「秘」に指定されているので、資格のあるもの以外への開示は厳禁ですし、罰則規定もあります。一方で、「秘」に指定されていない情報であっても部内限りや注意を要する「保護すべき情報」もありますので、絶対に漏洩してはダメな情報なのか、慎重な扱いを要する情報なのかを峻別できることが重要です。組織としても、個人としても情報に対する感度を上げていく地道な努力が必要です。少なくとも統合幕僚監部が行っている日米共同に関する計画や海上自衛隊の潜水艦部隊の運用に関する情報は秘密の度合いが極めて高いと思います。潜水艦に関しては情報が漏れたら自分の命に関わるだけでなく、乗組員全員が危険にさらされます。それぐらいの厳しい意識を持たないと、本当の意味での情報保全はできないと思います。

国内テロの件ですが、中国国籍の人がいま日本に八二万人くらい居住しています。これに関しては公安組織でしっかり対応していただく課題だと思います。セキュリティクリアランス制度がもうすぐできると思いますが、企業や地域社会においても「ひょっとしたらその中に第五列（スパイの意）が混じっているのではないか」「この人の行動は何か変わっているけど、大丈夫なのか」といった意識を忘れずに普段から接しておくことが必要だと思います。長野オリンピックのときに五星紅旗がずらっと並んだこともありましたし、リゾート物件を買って富士山が見えないからと隣家の木を勝手に切ったとんでもない人もいます。大半は善良な中国人で、日本に働きに来たり、勉強に来たりしてくれている人たちだと思います。しかし、中国の国内法は域外適用をするため、中国の情報活動や動員に関わることは、日本にいても協力しないと罰則がかかるわけです。そういう意味では逆にそのような中国人たちを守ってあげなければいけないとも言えます。日本にいる中国人を日本の敵ではなくて、日本の味方につけていくような、そういう発想も必要ではないかと思います。民間企業ではたくさん中国人が働いていて、逆に大陸では日本人もたくさん働いていますからね。

議員C　反撃能力の課題で、米軍とターゲットを共有するということは、いわばインテリジェンスの極みをお互い共有するのだと思います。果たして米軍との間で二〇二七年までにどれだけ共有できるのか。日本にファイブアイズに入るくらいの力があればできるのでしょうが、現段階ではできないかもしれない。そこに向けての課題を教えていただきたいと思います。また、中国はいまソロモンとナウルとマーシャルを完全に押さえにこようとしています。すると第一列島線、第二列島線といっても、南側もしくは背後から中国に攻撃されてしまう可能性があります。ほぼ西太平洋全域を押さえ込まれてしまう可能性があるのではないか。ですから太平洋島嶼国にも異次元の対応を行い、中国から取り返す、もしくは中国に絶対にここにミサイル配備などをさせないことが重要ではないでしょうか。

尾上　ターゲティングの米国との情報共有ですが、これは平時からやらなければいけない。先ほど述べた日米共同作戦計画「キーン・エッジ」の中で具体的に詰めていくと思います。ジョイント・プライオリティ・ターゲティング・リストというもので、日米共同の優先的な攻撃目標リストを作り、状況に合わせて更新をしていく。米軍はこれまで、ノーフォーリナーズ、即ち外国人には絶対に開示しないコムセック（通信保全）、オプセック（作戦保全）を持っていたのですが、米軍内部でいまそれはもう古いという議論が起きています。同盟国と一緒に戦わなければならない状況になっているのに、目標情報やコミュニケーションに関する暗号を共有せずにどうやって共同でオペレーションするのかという認識が高まってきています。日本側も情報保全に対する感度を上げて、米軍と同レベルあるいはそれ以上に秘密保全体制を強化し、目標情報などについても共有していくべきだと思います。

太平洋島嶼国は外交の戦場になっています。中国の違法漁業や海底ケーブルの敷設権などを巡って太平洋島嶼国が最前線になっています。日本は太平洋・島サミットや日・太平洋島嶼国国防大臣会合をやってきてこれらの国々の信頼も厚いので、中国のよからぬ影響力を排除していくために先導できるのではないかと思います。

議員D　一点目はターゲティングですが、衛星やネットだけではなく、ヒューミントをどうお考えになるか。自衛隊の中でヒューミントの力をどのように構築しているのか。二点目はインテリジェンスに関しては特殊作戦も含めて早期遠方阻止で相手国の内政の撹乱をどう行うのか。戦わずして勝つ、しかも攻めて勝つことが非常に重要だと思いますがどのように構築していったらいいのか。三点目は統合抑止について、核や同盟だけではなく、文化、友好関係、世論形成、そして先ほどの撹乱も含めてどうこれを広げていくのか。最後四点目ですが、中国の空母の実力、艦載機の実力について、張りぼてだというネット上の批判もありますが、先生はどのように実際に把握していらっしゃるか。

尾上　ヒューミントの重要性はいつの時代も変わらないと思います。他方で、いまはＡＩを使ってさまざまなデータを分析します。衛星の画像情報、インターネットのコミュニケーション、あるいは自衛隊が持っているレーダー、センサーなどで得たデータ、それらをクラウドに集めて融合させ、必要なターゲティング情報を抽出する。それがだんだん実用化されてきています。アメリカは「プロジェクト・メイブン（Project Maven）」を二〇一七年に始めています。グーグルの職員が自社でそういう軍事的なアルゴリズムを作るのは反対だという署名運動を行い、結局グーグルはそこから降りました。その代わりにパランティアがその契約を取って、さらによいデータ解析のアルゴリズムを作り、ＡＩプラットフォームのソフトを作り上げています。このような手段でかなり正確な相手の目標情報は把握できると思います。しかし、最終的にその目標を攻撃するかしないかは人間である指揮官の判断になるので、その決断、決心にヒューミントは極めて重要だと私は思っています。

特殊作戦を含めた件ですが、中国も北朝鮮も独裁国家なので、自国民にもメディアに対しても情報を操作します。それ自体が大きな弱点だと思います。こちら側から特殊作戦を仕掛けて体制転覆を図るよりも、事実をきちんと知らしめて中国の人たちにわかってもらう。そうすると中国の中でこの体制はまずいとなるのではないか。若干楽観的ですが、外の情報を拡散するスマホが最大の武器との指摘もあり、それが正攻法ではないかと思います。

空母についてですが、これははっきり言って実戦ではあまり役に立ちません。空母を攻撃する弾道ミサイル、極超音速ミサイルなどの兵器がもう実用化されているからです。ウクライナは無人の水上艇でロシアの艦艇を撃沈しています。空母のような巨大で動きが鈍い目標が海の上に浮かんでいるのは格好の餌食になります。実戦になったときにアメリカの空母は中国の対空母脅威の中に絶対に入りません。逆に中国には日米の反撃力のターゲットとしての空母を隠す場所がありません。そういう意味では、中国がもっとたくさん空母を造って資源を浪費してくれたほうがありがたいと言えるかもしれません。ただし、空母は平時に動き回ると大きなプレゼンス、威圧感を持つので、中国はそれを狙っていると思います。本当の意味で戦争に必要な装備と、平時、グレーゾーン、ハイブリッド戦の中で軍事的な威嚇をするための装備とは分けて考えたほうがよいと思います。

（二〇二四年三月六日）

7

台湾有事と日本の役割

兼原信克（元国家安全保障局次長）

兼原信克（かねはら・のぶかつ）

一九五九年生まれ。東京大学法学部を卒業後、八一年に外務省に入省。フランス国立行政学院（ＥＮＡ）で研修の後、ブリュッセル、ニューヨーク、ワシントン、ソウルなどで在外勤務。二〇一二年、外務省国際法局長から内閣官房副長官補（外政担当）に転じる。一四年から新設の国家安全保障局次長も兼務。一九年退官。同志社大学特別客員教授。笹川平和財団常務理事。著書に『歴史の教訓』（新潮新書）、『日本の対中大戦略』（ＰＨＰ新書）、『日本人のための安全保障入門』（日本経済新聞出版）、編著に『国家の総力』（新潮新書）、共著に『自衛隊最高幹部が語る台湾有事』（新潮新書）、『君たち、中国に勝てるのか』（産経新聞出版）など。

中国は弱いと思ったらやる

第二次安倍政権の初期、中国は日本と同じくらいのGDP（国内総生産）だったのです。そのとき「中国は大きくなったね」と言ったら、高見澤將林《のぶしげ》（元国家安全保障局次長、内閣官房副長官補）という同僚が「もっとでかくなるぞ」と言いました。それから八年経って安倍政権が終わるときには、中国は日本の三倍になったのです。しかし〝みにくいアヒルの子〟は、西側の一員という白鳥にはならず、そのままどんどん大きくなってしまいました。

たとえば中国の李克強氏（元中国首相、二三年死去）のようにきちんと勉強し、英語が話せる人はあまり愚かな冒険はしません。国力がついて言うことを聞かないことはありましたが賢明な人は愚かなリスクは取らないのです。しかし習近平国家主席は違います。習近平主席の父親は毛沢東の機嫌を損ねて、数千万人が餓死した「大躍進」運動と、その後、数百万人の命をうばった文化大革命の最中に共産党を放逐されたので、彼は子供の頃、家族ともバラバラにされて極貧の生活をしていました。やっと毛沢東が死んで父親は党の要職に返り咲いたけれども、習氏の父親は立派な人で鄧小平にまた逆らい、天安門事件で「子供を殺すな」と言って再度没落します。父親を潰した共産党幹部は憎かったと思いますが、習近平氏は徹底的に猫をかぶって生き延び、静かに力をつけていきました。

習近平氏の本質は、おそらく古いタイプの共産党員です。彼が李克強氏に何を思っていたかと言えば「北京でうまいもの食って、いい洋服を着ていたエリートに共産主義の何が分かる。自分は赤貧の中で土を耕し、月の光で共産党の教義を読んだ。共産主義が何かを俺は知っている」ということでしょう。子供のときに飢え、徹底的にいじめられ、父は殺されかかった。だからこそ「真の共産主義者とは自分のことだ」ということになる。共産主義青年団（共青団）のような都会育ちのエリートたちでは習近平氏に勝てません。

習近平氏は周りに優秀な人材を置けばいいのに置かない。彼は独りぼっちの独裁者になってしまい、危ない政権になっていると思います。ただロシア人と違って中国人はたとえ構えても強い者とはやりません。ロシア人は武門の人たちですから手が早い。田舎の気のいいやくざみたいなところがあって、「そっちがやる気なら、やったろうやないか」となりますが、中国人は賢いので強い者とは絶対に喧嘩をしない。その代わり弱い者は恫喝していじめます。孫子の言う通り、勝てる相手としかやらない。だから相手が弱いと思ったらやるのです。

私たちは中国に一国では太刀打ちできませんから、アメリカとしっかり組んで、できれば韓国、フィリピン、豪州、とくにイギリスを抱き込んで、構えて見せる必要があります。日本にとってはＡＵＫＵＳ（オーカス。アメリカ・イギリス・オーストラリアの軍事同盟）が大事です。インドのいるＱＵＡＤ（クアッド。日本、アメリカ、インド、オーストラリアの外交枠組）も大事です。

韓国はいま尹錫悦《ユン・ソンニョル》大統領なのでいいのですが、あの国の雰囲気は日本の七〇年代と同じで、いまだに左翼世代が仕切っています。日本の全共闘世代はいま七〇代ですが、韓国の左翼はまだ四〇代、五〇代です。尹錫悦氏は日本の自民党で言えば中曽根康弘総理や岸信介総理のようにポーンと飛び抜けて保守的、戦略的ですが、韓国ではこれが主流ではない。今の主流は未だ左派なのです。ですから簡単に文在寅《ムン・ジェイン》大統領時代のような時代に戻る可能性があります。曺国《チョ・グク》氏や李在明《イ・ジェミョン》氏が大統領になれば、また左へ振れて反米帝国主義・反日帝国主義になり、日本に対して歴史問題を持ち出します。韓国政治は余りに左右の振れが大きいので、中期的な戦略性が不透明で、経済的には十分な大きさなのですが、なかなかＧ７に入れません。

　豪州について言えば、あの国は人口が約二六〇〇万人で、軍隊は六万人弱しかいません。英語を話し、完全に米軍と合体しているので米国の戦争にはすべて参戦しています。凄く強い軍隊でベトナム以外には負けたことがありませんが、国が小さいのです。豪州は喩えれば米国の旗本です。ですから豪州が参戦したら勝てるという感じはない。頼みはやはりイギリスで、一番大事なのはやはり超大国のアメリカです。

　これから間もなく、アメリカは初めて、凄い勢いで核を増やす中国とロシアという二大核大国を同時に相手にすることになります。アメリカは核ではまだ両国に対抗できますが、通常兵力はそんなに簡単に増やせないため、ロシアか中国のどちらにしか力を振り向けることができません。いまアメリカはウクライナ戦争でロシアのほうに力を割いていますから、アジア側の日本が防衛費を二倍にして、通常兵力を増やすことが非常に大事なのです。

　この通常兵力の均衡がなければ、中国が台湾に侵攻し、一緒に日本も侵攻されたときにどうなるか。そのとき、中国の通常兵力に圧倒されたアメリカが「最後に戦略核を使うぞ」と言えば、中国は「使ってみろよ」と言うでしょう。実際は、米中ともに戦略核は使えない。米中全面核戦争はないのです。どちらも戦略核は使えないので、結局、台湾も日本も中国の通常兵力にやられ損になります。通常兵力の分野でも「やったらやり返すぞ」と、柔軟に対応できる防衛力を持っていないと、「勝てる」と勘違いした中国の侵攻が始まってしまう。日本としては、核兵器はアメリカに依存するにしても、通常兵力については、中国に台湾侵攻を始めさせないために、十分な防衛力を備えることが非常に重要です。

台湾の運命

中国が武力統一も辞さないとする台湾は、もともと誰のものでもありませんでした。台湾からルソン、ミンダナオ、カリマンタン、スラウェシとフィリピンやインドネシアと連続する列島線の中にあり一六世紀までは現地のマレー系の人がポツポツと住んでいました。一六世紀くらいから福建省の漢人や客家など中国人の移民が少し入ってきたものの、政府はなかったのです。この頃に明の支配が台湾に及んだことはありません。

その台湾を最初に取ったのはオランダです。インドネシアを征服してバタビア（ジャカルタ）を拠点としたオランダ人が、日本や中国との貿易の中継地点にしたのです。これをスペインが取ろうとしますがオランダに蹴り返されます。その後、明が滅びるときに満州族に追われた明の皇子が台湾に逃げ込み、オランダ勢を駆逐します。これを追いかけて満州族がやって来て、清朝の影響力が及ぶことになります。しかし北方騎馬民族の満州族が建てた清朝は台湾に関心がなくまともに統治していません。だからこそ、清は日清戦争で日本にすぐ台湾を割譲したのです。

台湾が日本に割譲された裏には明治憲法や教育勅語を起草した井上毅《こわし》という熊本の偉い人がいます。井上毅はこう言いました。イギリスは香港、インド、マレー、ミャンマー、フランスはベトナム、オランダはインドネシアを取った。アメリカはフィリピンに入ってきた、清は解体されつつある、台湾は、海軍にとっても、通商にとっても、重要な拠点である、欧米の誰かが取りに来る前に日本は台湾を取るべきだと主張したのです。井上毅がいなければいまごろ台湾は中国か或いは別の国の島になっていたでしょう。彼の戦略的な読みは天才です。ここから台湾の運命が大きく変わっていきます。

日本は統治の初めに勇猛な台湾人の征伐にてこずりますが、その後は完全に台湾を日本化しました。世界の中で植民地を完全に近代化したのは日本だけです。台湾での日本語の識字率は九二％で、台北帝国大学は大阪大学や名古屋大学よりも先に設立しています。台湾の人たちは一度、日本人になりましたが、日本が戦争に負けたため、今度は中華民国が台湾の支配権を行使するようになります。一九四九年には内戦で中国共産党に敗れた蒋介石の国民党が台湾に入ってきます。

台湾人からすれば国民党の人たちは日本人と同じ「よそ者」です。台湾の全人口の一五％弱です。しかも中国は明治が終わった年に清が滅び、その後は内乱が続いていたので、近代化が遅れていました。ガスも電気も知らない国民党の兵士たちが中国大陸から大勢台湾に入ってきたため、日本の統治を経験した台湾人は驚きます。国民党の兵士は蛇口を買ってきて壁に刺し「水が出ない！」と怒ったという有名な話があるくらいです。台湾の人は「犬（日本）が帰って豚（国民党）が来た」と嘆いたそうです。犬はまだ役に立ったという意味だそうです。国民党は、一九四七年、台湾人が暴動を起こした際に数万人を虐殺しています。蒋介石はまた、台湾で厳しい独裁を敷き、大陸反攻を目論み、台湾の発展には関心が薄かったのです。

その後、蒋介石の息子、蒋経国は台湾経済の発展に道筋をつけ、土着の台湾人（本省人と呼ばれます）である李登輝氏を引き上げます。李登輝氏はお飾りのナンバー2でしたが蒋経国が死に、憲法上、彼がトップに躍り出ます。李登輝氏が凄いのはそこから国民党内で権力闘争を行って、独裁を強いていた大陸渡来の人々（外省人と呼ばれます）を抑えて、本省人の力を伸ばしたことです。土着の台湾人を国民党に引き入れ、本省人の彼が国民党を乗っ取ったのです。そして李登輝は、自由選挙に打って出て、初代の民選の総統になりました。

その後、台湾では本省人を代表する政党である民主進歩党（民進党）の陳水扁氏が頭角を現します。民進党は、勝手に台湾にきて独裁を強いている国民党の人たちは中華民国国民かもしれないが、そもそも台湾人は一九四五年まで中華民国国民であったことはないし、一九四九年に出来た中華人民共和国なんて全く関係ないと思っています。日清戦争後、一三〇年間も異なる歴史を生きてきた台湾人は、今や自由の島となり、自分たちは自分たちだというアイデンティティを主張したくてたまらないのです。ところがこれを言われると中国は困る。ウイグルやチベット、内モンゴルがみんな独立したがっているからです。また台湾は人口二千数百万人の大国であり、経済はG20サイズで豪州と変わらないため、台湾の独立は、中国に取って実存的な危機なのです。

一九九六年には台湾で初めての総統直接選挙が実施されることになります。このとき中国は徹底的に台湾を叩くと決めてミサイルを撃ち込んで威嚇したものの、アメリカの空母が出てきたので引き下がりました。ここから中国は大軍拡を断行します。二度とアメリカの空母を近づけないために、いま台湾海峡に千発以上のミサイルを並べているわけです。

中国は、中華民国を標榜する国民党はかわいがって取り込むけれども、独立志向の民進党は潰すという方針です。だから頼清徳総統が就任すると大軍事演習を行い、「頼清徳が頑張りすぎると戦争になるぞ。わかってるのか」と台湾人を威嚇するわけです。民主主義国家では国民を怒らせたら選挙に負けますが、中国では共産党政権が国民を一喝すれば国民は引っ込むので、同じように台湾に対しても威嚇するわけです。しかし中国が台湾を威嚇すればするほど民主主義を掲げる台湾人の心は中国から離れていきます。いま、中国の大軍拡の傍らで、台湾人のアイデンティティが高まるという事態が起きているのです。

台湾有事と日本

日本は、中国に台湾で絶対に戦争を起こさせてはいけません。台湾が独立を主張したい気持ちはわかりますが、独立すればほぼ間違いなく中国が攻めてきて戦争になります。戦争になったら台湾独りでは勝てないので、アメリカが入ってきて、在日米軍基地のある日本はそのまま巻き込まれ、少なくとも日米台の三カ国で中国と戦うことになります。しかし、中国から見ると「三カ国じゃないだろう。もう一カ国、南に弱いのがいるだろう」ということになります。

それがフィリピンです。中国はこれを叩くことを考えるので、いま日本・フィリピン・アメリカの首脳会合が動いているのです。今後、台湾、日本、フィリピン、アメリカで連携していくことになります。韓国は大統領次第ですが、イギリスも来るかもしれない。これらの国々で組めば中国もおいそれとは冒険に出て来られない。そのためには域内最強同盟である日米同盟が重要です。日本が壊れたら全部がバラバラになります。

日米安全保障条約第五条は「共同防衛条項」ですが、第六条は「極東条項」と言い、日米同盟にしかないものです。第六条によって、旧大日本帝国領の韓国、台湾と、旧米領のフィリピンを米軍が日本の基地を使って守ることになっています。安保条約締結当時、自衛隊はあまり強くなかったのでロシアに専念してくれというのが第五条で、米軍による日本周辺の韓国、台湾、フィリピン防衛が第六条です。ですから日米と韓国、台湾、フィリピンの安全は、実は当初から一体なのです。アメリカが韓国、台湾、フィリピン防衛に行くと決めた瞬間に在日米軍基地を使って出ていくため、自動的に戦争に巻き込まれていくことになります。もちろん、中国が日本本土を直接叩いて、日米同盟を完全に敵に回すかどうかは、やってみないと分かりませんが。

安倍晋三総理が平和安全法制で集団的自衛権の一部行使容認を整備されました。台湾有事の際には後方支援ではなく、初めから「日本も参戦し得る」と言って抑止力を上げるのが集団的自衛権の一部行使容認の意味です。その整備をした後で総理が自衛隊幹部に向かって「君たち、勝てるよな」と言われたとき、みんなしーんとしました。「勝てるわけないじゃないですか」

「予算をもらっていません」とは言えない。予算がなく十分な兵站準備が出来ていなかったのです。

だから岸田文雄総理は新安保三文書を出して、防衛予算倍増を決意されました。十分な弾を買うのには、数兆円かかります。基地もボロボロなので少なくとも戦闘機ぐらいセメントのハンガーで囲うことが必要です。今、日本の戦闘機は野ざらしです。恥ずかしいことに、雪が降ったら格納庫の屋根が抜け、F－2が潰れたこともあります。これをなんとかしようと、岸田総理の大英断で防衛費に五年間で四三兆円を積むことになりました。これは平時のロシアとインドの軍事費を抜く金額です。アメリカは年間約一二七兆円、中国がおそらく約三五兆円くらいで、日本は最終的に一一兆円強です。イギリスやドイツやフランスを遥かに抜き去る額です。これで日本は世界第三位の防衛費になりますから、今度こそ、本当に勝てるようにしなければなりません。もう自衛隊も言い訳はできません。

中国はいま国力のピークアウトが始まっています。日本の出生率は一・二〇ですが、中国は一・〇九、韓国は〇・七二です。中国はやっと人口縮小が始まったところで、日本の平均年齢が四八歳とすれば、中国はまだ三八歳です。いまの日本の状態になるまでに一〇年あります。

もし李克強氏がトップなら、おそらく中国は一度アメリカを抜き、その後に落ちていくことになったでしょう。しかし習近平国家主席は高度に発展した経済運営が上手くないので、アメリカを抜くことはないと思います。中国の国力が本格的に落ちていくまでには二〇年間くらいあるため、この間、中国に台湾で戦争を起こさせないというのが今世紀の日本外交の課題です。

二〇二七年で習近平主席の三期目が終わりますが、そこまでに台湾戦争の準備は終わらせると習近平氏は言っています。そこからの五年間が特に危ない。二〇三二年には習近平主席の四期目が終わり、そのとき彼は七九歳になります。そこまで日本は彼に戦争をさせないことです。日本が腰砕けになったり、日米関係が毀損されると、習近平氏が台湾を侵攻してみようかなと思う恐れが出てきます。

誰も考えていないことがある

では、もし台湾有事が始まったら何が起きるか。私たちは与那国島が取られるなど軍事面から考えがちですが、始まるときは経済戦から入っていくでしょう。まず、台湾は封鎖されます。太平洋側の海底ケーブルを切られて海上封鎖されます。台湾にはエネルギーの備蓄が余りないのでエネルギーが干上がっていきます。アメリカはそこを破りに入って、中国を逆封鎖するでしょう。そうなると南シナ海、東シナ海は船が通れません。そもそも船舶保険がつかないので船は一隻も通らなくなります。日本政府は一応、金があるので、保険は日本政府がつけることができます。数千億円の保険をつけ、船が沈めば金を払うから航行を止めないでほしいと言えば船は出ます。それでも一、二隻が中国の潜水艦に沈められたりするかもしれない。そうすると次に何が起きるのか。

マラッカ海峡、バシー海峡は使えないため、ロンボク海峡辺りから小笠原諸島近辺を大回りする迂回路が必要になります。太平洋を東側に大きく迂回する航路を取ることになる。場合によっては豪州大陸の南極側を通ることになる。韓国に向かう船は津軽海峡を通って日本海に入ってくるでしょう。そうしなければ中国に攻撃されてしまうということです。すると航路は三倍の長さになり、一方、船は三倍の数がないため、輸入量が減ることになります。エネルギーと食料の値段が跳ね上がり、プーチンのウクライナ戦争の五倍、一〇倍の被害が出ます。円は暴落します。この規模の円の暴落になると、財務省に支える力はありません。従って協調介入をすることになります。

また、対中貿易は止まりますから、中国で生産している部品等のサプライチェーンは壊れます。中国の部品がなければ使えない機械が日本にはたくさんあり、それを使う中小企業は潰れます。また、中国に依存している希少鉱物なども入ってこなくなる。

一方、中国も同じように被害を受けます。経済力が世界第一位のアメリカ、二位の中国、四位の日本、G7サイズの韓国、G20サイズの台湾が戦争をすれば、世界経済は滅茶苦茶になります。中国は短時日の台湾併合を夢見て、これがわかっていないのではないか。中国はおそらく台湾への侵攻はすぐ終わると考えていますが、すぐ終われません。だから「やるな！」と言わなければいけない。

戦争が始まればミサイルがたくさん飛んできます。日本政府のエネルギー安全保障は、一貫して中東有事、つまり石油危機しか頭にないのです。石油備蓄のタンクはたくさんあり、中東の油が切れても六カ月はもつと経産省は言いますが、そのタンクはみんな青空タンクです。それがミサイルで爆破されたらどうするのか。残念ながら日本政府は牢固たる縦割り政府ですから、「それは経産省の役割ではありません」となるわけです。では誰が考えるのか。実は誰も考えていないのです。船は通らない。タンクは爆破された。すぐに戦えなくなる。これがいまの日本の姿です。

シーレーンについても誰も考えてない。実は商船三井や日本郵船、川崎汽船の船員たちは先の戦争で、本当にたくさん死んでいます。陸軍、海軍が徴用をかけたにもかかわらずまったく真面目に守らなかったからです。先の戦争でアメリカは島国の日本に対して商船隊全滅を企てて飢餓作戦を行いました。パールハーバーの次の日から日本商船隊壊滅を目論んで、結果、日本の商船は壊滅しました。死亡率で言えば、日本海軍二割、商船隊四割で、海軍はかなり生き残りました。この辛い経験があるから、商船の人たちは次に戦争になったとき、今度は絶対に日本政府には徴用されないと心に決めています。この人たちとどう協力するかも誰も考えていません。

また食糧問題もあります。日本の食料自給率はカロリーベースで三八％です。さすがに農水省は、小麦などはカナダ、アメリカ、豪州から輸入し、旧共産圏からはあまり輸入しないようにしています。それでもいろんな船が止まり始めると日本は飢えます。農水省の人はカロリーベースでは畑や水田のすべてで芋を作れば何とか生きられるというのですが、そんなことは起きないだろうと思います。この問題も誰も考えていないのです。

エネルギー安保、シーレーン防衛、食糧安全保障は誰も考えていないので、すぐに検討を始めなければいけません。

質疑応答

議員A　中国の一番のチョークポイントは食料ではないか。アメリカは本格的に紛争になったらそれを止めにかかるのではないか。先生のご見解をお聞かせください。

兼原　習近平国家主席は「強国」思想の持ち主で、最後は力だと思っている人なので「戦争になったら勝てるようにしておけ」と本気でそう思っています。そのためいま中国では実際に食料自給率を上げていますもの。大豆はまだ弱いようですが、米は自給率を上げています。中国は陸路で他国とつながっているので、陸上輸送を使った食糧の輸入も可能です。私たちは島なので海を取られたらおしまいです。アメリカとの戦争ではそれで大失敗しました。しかし、中国の場合は海を取られても、ロシアやカザフスタン経由で中国に物資を入れられます。つまり中国には私たちが海を取られるような痛みはないのです。もちろん食糧が少ないと騒ぎにはなるでしょうが、日本のように飢えるところまではいかないのではないか。持久力として戦争を二、三年は継続できる準備をしていると思います。

議員A　中国の一番のアキレス腱は何でしょうか。

兼原　経済的にアメリカが本気でやるとしたら、ドル決済圏からの排除です。いまロシアに対して行っているものです。ロシアは経済が小さく、韓国ぐらいの規模しかありませんが、中国は日本の約四倍の経済規模なので、世界経済とべったりつながっています。だからドル決済を切られると、日本をはじめとする西側も痛いけれども、中国も痛い。日本の貿易の中の中国が占める割合は二割で、中国の貿易の中での日本が占める割合は五%ですから、サシの経済制裁合戦でぶつかれば向こうの方が強い。しかし、西側全体で考えれば経済の大きさは中国の二倍あるので、西側が団結できれば「やれるものならやってみろ」と言えるようになります。西側全体と中国経済を結ぶドル決済を全部切るのは究極のオプションなので、アメリカはなかなか踏み切らないと思います。しかし、主要な企業から切っていくと思います。これは中国もけっこう痛いでしょう。

台湾に関して言えば、先ほども述べたようにエネルギーが入らないと干上がります。中国が台湾を海上封鎖し、アメリカがそれを実力で破る。中国海軍は船舶数が多いのでアメリカも苦労するでしょうが、制海権をアメリカが取り返せば、逆に向こうの油の輸入を止めることができます。中国への油は主にロシアからですが、海からも入ってきますので半分は切れるわけです。しかし、これは制海権を取るのが前提です。制海権を取れば先ほど仰った食料も止まっていく。サプライチェーンも全部切れるので、西側も中国も両者とも痛い。これが戦争前に起きます。中国はガスや油や小麦を高い値段で買うので、ロシアが全面支援するでしょうから、中国経済が死ぬことはないのですが、やはり痛いのは痛いと思います。ただ、中国は大陸国家ですから、アメリカに制海権を全部取られて干上がったときの島国の日本のような痛みはないということです。中国はそれをよく考えています。

議員B　ドル決済から中国を排除したときに、かえって元決済を加速させてしまう恐れはないのかというのが一点です。もう一点はインドで、どうなだめすかしてうまい位置に行かせることができるのか。どうするのがベストなのでしょうか。

兼原　まず、もし中国がドル決済からバンと排除されると、結局、ロシアとべったりくっつきます。ロシアとの油と食料の決済はすべてルーブルと元になります。その分、ドルの使用量は減ります。今は国際決済においては、ドルが六割くらいでユーロが二割強、円が五％くらいです。元は円より少なかったのですが、現在、四・七％にまで上がってきています。それはドル自身が追い出した部分で、すなわち、ウクライナ戦争後のロ中決済の増分を反映しているのです。中国がロシアから買う油は人民元で取り引きされるようになっていきます。ただし、実は多くの国は、人民元は使いません。なぜなら決済通貨は常に換金できなければいけないわけですが、そういう意味で元はまだ使いにくい。アメリカは腐ってもアメリカで、ドルは世界のどこでも通用する、流動性が高いのです。ドルから人民元に切り替えるかどうかは結局、利便性で決まってくるので、ドルの優位は替わらないと思います。

次にインドですが、インドはまだ人間に喩えれば二八歳くらいなのです。一四億人の平均年齢が二八歳くらいで、青年のようなものです。彼らは自分のことしか考えていません。

彼らから世界はどう見えているか。インドは非同盟主義を提唱していましたが、友好関係にあった中国が侵攻してきて六二年に紛争になりました。当時、ネルーはかんかんになって怒ったわけです。インドはこの毛沢東の裏切りを全然許しておらず、中国に対して警戒感があります。七〇年代にその中国を日本とアメリカが抱き取ったので、彼らは反動でロシアにくっついたのです。しかしいま米中が対立し始め、中ロが接近してきているので、インドはこちらに寄ってきています。ロシアは西側がインドを引きはがそうとしていると考えて怒っている。しかし、それはインドの国益なのです。インドがいま日米側にすり寄ってくる最大の目的は投資です。技術と資本です。自由・民主主義・法の支配よりもまずは経済発展ということです。

またインドは大きな国で、喩えればEUのようなもので地方はバラバラです。あの国をまとめるのは大変です。いま、モディ首相はヒンドゥー教を政治に使い始めていて、少し危ない傾向です。国が宗教を政治に使うと何もいいことはないので心配して見ていますが、毛沢東やスターリンのような全体主義にはならないと思っています。

私たちはアメリカとヨーロッパと日本でユーラシア大陸を囲んで押さえていました。が、この三者の力が落ちて、最近はロシアと中国とインドが勝手なことをしています。そのうち少なくとも一カ国は戦略的に必ず西側の味方にしないといけない。冷戦後期は対ソ牽制のためのパートナーが中国でしたが、最近中国は西側と対決姿勢に入っていて、ウクライナに攻め込んだロシアが中国にすり寄っていくので、対中牽制のためにロシアに近づいたインドはロシアから離れて、西側に近づいています。ただし、インドは非同盟主義ですから、西側の同盟国にはなりません。私たちからすれば、インドは好意的な中立でよくて、こちら側と敵対させないことが大事です。インドは私たちと付き合っている方が国益に資する。投資が入ってくる。中国ともちろん貿易は行いますが、お金と技術をインドに持ってくるのは私たち西側諸国です。自由貿易は残酷で、直接投資を通じて、日本産業を空洞化させます。技術と資本は、ＡＳＥＡＮ、そして中国へ、最近ではもうみんな中国から出始めて、バングラデシュへ、そしてインドへ向かっています。

そういうことでインドは西側に寄ってきますから、しっかりとこちら側に抱え込んでいくということです。インドが責任感をもって大国として振る舞うようになるまでにはもう少し時間がかかる。それまでは国益第一で、わがままいっぱいだと思います。私はアメリカ人には、インドは私たちみたいにはならないよと言っています。インドはアメリカのジュニアパートナーだなんてまったく思っていないから、と。スーパーサイズのフランスになるから、むちゃくちゃうるさいよ、と（笑）。

議員C　日本は国内のことで手一杯となっていく中で、お金もない、軍事力もないとなったときに、どのように日本は外交で生きていく形になるのか。

兼原　日本の国力はそんなに小さいものではありません。これから一一兆円の防衛予算になると世界第三位の防衛費になります。核はありませんけれども、約二三万人の自衛隊は、実はＧ７でアメリカの次に大きい軍隊です。イギリスでもフランスでも二〇万人です。自衛隊は実戦で軍事力を使えていないから小さく見えるだけで、動いたらすごく大きな軍隊です。韓国軍は約五〇万人、中国軍は二〇〇万人いますが、この辺りでは最強の軍隊の一つです。その上、アメリカと同盟を組んでいます。

最近、お金は確かにないのでODA（政府開発援助）のバラマキはもうできません。しかし、安倍総理のときにTPP（環太平洋経済連携協定）、RCEP（地域的な包括的経済連携）、日EU・EPA（日EU経済連携協定）という巨大な自由貿易圏を日本主導で作りました。いま、最近、力をつけてきた途上国は、もはや「金をくれ」とは言わず、「（直接投資で）工場を出してくれ。自分のところで製品を作らせてくれ。それを買ってくれ。マーケットを開けてくれ」と言うのです。それは結局、自由貿易を通じて発展したいということです。ですから日本は「私たちはあなたたちがまじめに働いて、日本等が進出した工場でものを作ったら、日本市場で買ってあげるよ」という自由貿易のメッセージを出すことが大事なのです。

ブロック経済にすると、結局は自分が損をします。いまアメリカが少し反転して、保護主義的傾向を見せているので、ヨーロッパは文句を言っています。日本は安倍政権のときに、はっきりと自由貿易の方を向きました。「経済面では、自由貿易でみんなと一緒に繁栄していきたい」というのは、グローバルサウスに対して、いいメッセージになるのです。軍事的にはある程度の力があり、自由貿易で、アメリカと一緒にこの地域の安定を守れるのは日本です。でも日本が、あるいは、日米同盟が崩れると、アジアの自由主義圏は総崩れになります。

グローバルサウスの国々を自由主義社会のリーダーに育てていくのは日本の責務です。

自由主義と民主主義の政治思想は、かつてはヨーロッパと北米だけのローカルなものでしたが、それはいまやアジアとアフリカ全体に広がっています。誰もが自由で平等で、話し合いで物事が決まり、努力すれば報われる社会です。もはや、植民地支配も人種差別も否定されているのですから、この自由主義の国際秩序を共に支えてほしいと言って、インドやブラジルなどのグローバルサウスの新興国を抱き込む必要があります。

ヨーロッパ人やアメリカ人がグローバルサウスの国々に民主主義を押し付けようとすると、彼らはどうしても植民地支配時代の宗主国を思い出すため、アジアで早期に近代化した日本こそが適任なのです。誰もが平等で、植民地も人種差別も否定されている現代の自由主義的国際秩序をグローバルにしたのはアジアやアフリカの人々です。自由と民主主義の価値観が人類にとって真に普遍的なものであると証明したのは、インドを独立に導いて非植民地化の津波を引き起こした聖人ガンジーであり、アメリカの制度的人種差別を公民権運動で引きずり倒したキング牧師であり、人種差別最後の砦であった南アフリカのアパルトヘイトを引き裂いたマンデラ大統領でしょう。グローバルサウスの国々に、中国とロシアのように自由主義の国際秩序に敵対するべきではない。こう言っていかなければならないのです。

日本がやるべきは、軍事的な責任を果たす、自由貿易で頑張る、自由と民主主義はアジア人、アフリカ人にとってもいいものだよと言う。この三つです。

議員D　ロシア、ウクライナを見ても最後は核の脅しです。中国大使が先日、中国の分裂に加担すれば「日本の民衆が火の中に連れ込まれることになる」と言いましたが、最後は核が脅す材料になっています。この問題にはどう対処すればいいのか。

兼原　いま核のまじめな議論がアメリカで行われています。これに日本もついていかなければいけない。まず現状を言えば、ロシアは五五八〇発、アメリカは五〇四四発の核弾頭を持ち、うち一七一〇発、一七七〇発を配備しています。何かあればこれを撃ち合う。これが相互核抑止です。中国はいまそれを約五〇〇発持っていますが、あと一〇年で一五〇〇発になると言われています。彼らもそこで止まらず、米ロ並みに核弾頭を六〇〇〇発持ち、一五〇〇発を配備するところに行くと思います。するとアメリカは中ロ二カ国と核対峙しなければならない。しかし、たとえ中ロ二カ国を相手にしても勝つ。これがアメリカです。そのアメリカではいま、オバマ政権で引き下げた核戦力を、再び上げる議論をしています。核弾頭を増やすとか、MIRV（マーブ）（複数の核弾頭を積める弾道ミサイル）に積む弾頭を増やすなどを一生懸命やっています。

中国や北朝鮮は中距離戦術核を多く持っていますが、これを日本に撃たれたときにはどうするのか。NATOにはドイツ、イタリア、ベルギー、オランダの空軍に有事になると米国の核兵器（自由落下型の戦術核）を引き渡し、NATO軍として独伊蘭白の空軍が爆撃に核を用いることとされています。しかし、これは大量の赤軍の戦車が攻めてくるような状況では有効ですが、島国の日本に中国やロシアの戦車が大量に攻めてくるわけではないので適当ではありません。いまアメリカで真剣に行われている議論は海上核ミサイルの再配備です。トランプ大統領が勝利すれば、核トマホークの新しいものがおそらく一〇年後に出てくるので、また米攻撃型原潜に搭載されるしょう。これの寄港許可について日本は覚悟が必要です。核を「持たず、作らず、（アメリカに）持ち込ませず」の非核三原則から、「持たず、作らず、（中国に）撃ち込ませず」のシン非核三原則に切り替えなくてはいけない。中国に日本を核攻撃させないために、米国潜水艦による海洋核の日本持ち込みを正面から認める必要があります。

たとえば、習近平氏が「自衛隊の離島の基地に核を撃つぞ」と言ったら、日本の内閣は対応できず吹っ飛ぶでしょう。このときにアメリカが「うちにはカリフォルニア沖の一万五〇〇〇キロ飛ぶトライデントミサイルを搭載している戦略原潜がいるぞ」と言い返したとします。中国は「撃ってみろよ。うちはニューヨークに撃ち返すぞ」とさらに言い返すでしょう。するとアメリカはもう核を撃てません。だから日本防衛用の戦術核を日本周辺に置いておかないといけない。中国が韓国や日本を戦術核で攻撃したら、海洋配備の戦術核で撃ち返すという構えを見せないといけないのです。いまの非核三原則のままでは、日本には戦術核搭載攻撃型原潜の寄港を認められないのです。

先に述べた通り、アメリカは攻撃型潜水艦に戦術核を積む議論をまじめに始めています。これが本当に動いたら、一〇年後には現実になります。この議論は五年後くらいにはリアルになるでしょう。そこから日本の議論が始まります。

これまでは外務省の「密約」がありました。この「密約」を簡単に言えば、日本側は「アメリカに核を持ち込んでいるかを聞けば持っていると言うだろう、だったら聞くのをやめよう」と思った。一方、アメリカ側は「核を持って入っていいか？　と日本に訊いたらダメと言われるから訊くのはやめよう」と考えた。結局、お互いが何も聞かなかった。これが密約です（笑）。実際は、アメリカはどこに核を持っているか、いないかは絶対に言いません。だから日本は検証ができません。それをいいことに日本政府は、「アメリカは核を持ち込んでいない」とずっと言ってきたのです。民主党政権のときに全部明らかにしたので、そういう逃げ方はもうできません。ですから民主党の岡田克也外務大臣が国会で述べたように、どこかのタイミングで核の持ち込みこそが日本のためだと腹をくくって国民に説明するしかありません。アメリカは核を積んでいるかもしれない、でも文句は言わない、それが日本のためだ、と。そうしなければ日本国民を守れません。

中国やロシアから核で恫喝されたときに政府はどう対応するか。戦後、一貫して日本は考えたことがありません。やっと木原稔防衛大臣が、拡大抑止協議を閣僚レベルで行うとしました。いままで二〇年くらい、拡大抑止協議は役人レベルで行っていたのですが、これを閣僚レベルに上げないといけない。核はアメリカ大統領の専権で、大統領だけがボタンを押せる。他は誰も核のボタンを押せません。だからどの国もアメリカと必死で核抑止の話をしますが、日本は非核三原則があるので、誰もこれをやってこなかったのです。

国民に核抑止戦略の中身をインフォームしないのは、民主主義国家として、とても無責任だと思います。私は、これは国民に対する裏切りだと思います。一番大事な核の話をなぜ政治家は八〇年間にわたってしてこなかったのか。実は、未だまとまった答えがないのです。役人は米国と核協議をしてきましたが、核は役人のレベルの話ではありません。日本の総理がアメリカの大統領に対して、あなたは本当に日本のために核を撃つのですね、とギリギリと尋ねなければいけなかったのです。

核抑止力の議論は、もっともっと具体的に行う必要がある。たとえばニクソン大統領の末期、彼は毎晩泥酔してへべれけになっていたので、ペンタゴンはいま核を撃たれたら撃ち返せないと言っていたというのです。だからＮＡＴＯはアメリカの大統領に、本当に撃ちますね、どれを撃ってくれるのか、とガンガン確認しているのです。日本もその議論をしていく時代に入ったと思います。

（二〇二四年五月二九日）

第四章

経済力

8

国力の基礎となる経済力

本田悦朗（元内閣官房参与）

本田悦朗（ほんだ・えつろう）
一九五五年和歌山県生まれ。一九七八年、東京大学法学部を卒業後、（旧）大蔵省に入省。財務省・外務省や国際機関での勤務を経て二〇一二年退職。一二年から静岡県立大学教授、内閣官房参与（マクロ経済政策担当）、などを歴任、一六年六月からスイス駐箚特命全権大使、一九年退職。現在、ＴＭＩ総合法律事務所顧問、（公財）国家基本問題研究所理事・企画委員。京都大学大学院客員教授。著書に『アベノミクスの真実』（幻冬舎）。

富国強兵の経済

経済面から国力を考えてみます。国力とは「国家の目的を遂行する能力と意志」ですが、それを支えるのが経済力です。ひと言で言えば、「富国強兵」をいかにして実現するかということです。

いま、日本は、長年苦しめられてきたデフレ脱却のチャンスです。デフレとは物価が継続的に下がり続けることですが、なぜデフレになるかと言えば、政策の無策により、潜在的な供給力に比べて現実の需要が少ない慢性的需要不足状態を長く続けたからです。金融緩和や財政出動が不十分だった、という意味で政策の失敗だったのです。日本はその状態を二〇年、三〇年と続けてしまったために、供給サイド、需要サイド双方の行動パターンが変わってしまいました。

デフレは構造問題だという人がいますが、元来は需要が足りないという意味で循環的な問題だったはずです。それを長期間放置してしまった結果、国民の将来展望の悪化が定着し、消費を減らして、ひたすら貯蓄に励むなど、行動パターンが変化してしまったのです。これを「デフレマインド」と言います。デフレから脱却するためには「デフレマインド」を「緩やかなインフレマインド」に転換しなければなりません。これがデフレ脱却の基本です。この問題に果敢に取り組んだのが「アベノミクス」です。しかし、マインドを変えるということは、これまでの経験でいかに難しいかということが身にしみて分かりました。

デフレから脱却するために世界標準に従って、物価安定目標を二％に設定しました。これが安定して達成されれば、やや需要が供給力を上回る状態で完全雇用が達成されているはずです。需要が供給力を少し上回る程度の経済を目指すと言いましたが、これを「高圧経済」と言います。高圧経済を続けると、行動パターンはデフレ時と逆の方向に変化し、より積極的な対応をとるようになります。

いまの日本の大きな弱点はリーマンショック以来の円高で、産業が空洞化してしまっていることです。最近、ＧＤＰ（国内総生産）でドイツに抜かれたと話題になりましたが、ドイツと日本の差はここにも表れています。ドイツは経常収支の黒字を輸出で稼いでいます。一方、日本は所得収支（日本企業の海外所得の国内への流入超）で稼いでいますが、所得収支はＧＤＰにカウントされません。もちろん円安でドル換算すると日本のＧＤＰは小さく出ることは確かですが、円安はデフレからの脱却過程で避けられないので、悲観的になる必要はありません。問題は、デフレを完全に脱却して、経済が正常化できるかどうかです。

では、どうやって「富国強兵」の経済を実現するのか。「国際金融のトリレンマ」という原則があります。これは①国内経済の安定（即ち、物価の安定と雇用の最大化）、②資本移動の自由、③為替相場の安定、この三つは同時には成立しないということです。日本は変動相場制を採用していますので、「③為替相場の安定」を政策目的にすることはありません。

これらについて具体的に言えば、「①国内経済の安定」のために日本はアベノミクスを進めましたが、それは「②資本移動の自由」を前提としています。つまり日本は①、②を採って③は放棄したということです。これが変動相場制の意味です。いま円安が行き過ぎているから円高にするために金利を引き上げるべきであるという意見がありますが、そんなことをしたら、「①国内経済の安定」を実現できません。即ち、アベノミクスは失敗するということです。現在、経済取引が徐々に活性化し、インフレ予想もゆっくり上がってきていますので、金利も緩やかな上昇基調にあります。これは望ましい動きと言えます。

この「国際金融のトリレンマ」の「①国内経済の安定」には、積極財政が寄与します。金融と財政が一体となってマクロ政策で国内経済を支えるということです。為替相場がどうなるかはその結果です。ただし、為替変動のスピードが速すぎる場合には、介入が許されます。

ＧＤＰの成長率を各国で比較すると、ずっと地を這うようなグラフを描くのが残念ながら日本です。一九九〇年にバブル経済が崩壊した後、日本は成長しなくなりました。一方、ＧＤＰの規模で見ても、日本は低迷していて、中国には二〇一〇年に抜かれ、とうとう二〇二三年には先述のようにドイツに抜かれました。すぐ後ろにはインドが控えていて、二〇二六年頃には恐らくインドに抜かれると思います。ですから日本はこのままいけば世界第五位になる可能性があります。ＧＤＰは、国内で生産された価値の合計ですから、それが低迷するということは国力の低下に繋がります。

デフレは国力を毀損する

なぜ日本はこのように成長しなくなったのか。景気低迷とデフレはもちろん違います。景気循環はどの国でもあって、景気が良くなったり悪くなったり、ＧＤＰギャップ（総需要と総供給の差）が上下します。一方、デフレは需要不足が慢性化してしまい、将来に対する見通し（マインド）、行動様式が変わってしまうものです。これを履歴効果と言います。需要が足りない状態が長く続いてしまうと物価は安くなりますが、これは通貨の価値が上がることを意味するため、貯蓄過剰や投資不足、労働力の固定化などの行動に現れます。

デフレ下では人々は非常に後ろ向き、防御的な行動に出ます。新しいリスクにチャレンジしない。企業は従業員を囲おうとする。そうするとより生産性の高いところに人が動かなくなる。そういった非常にネガティブな動きが常態化する。それがデフレ経済の恐ろしいところです。

安倍晋三政権になり、この蟻地獄のような「デフレからの脱却」のためにアベノミクスを行ってきました。アベノミクスでは、大胆な金融政策とタイムリーな積極財政で二％のインフレ目標を安定的に達成することを目指しました。

まず、金融政策では、二つの時点、即ち、一つは短期政策金利（最も期間が短い「翌日物」の銀行間貸借の金利）をマイナス〇・一に誘導する「マイナス金利政策」。もう一つは長期金利（十年物国債の利回り）を〇％程度にするというものです。これをＹＣＣ（イールド・カーブ・コントロール、即ち、翌日物と十年物を基軸として利回りを抑制する）政策と呼びます。ただし、このＹＣＣ政策は、二〇二四年三月に廃止されました。

ＹＣＣ政策の枠組みや翌日物の政策金利のマイナス金利政策を廃止したのは、地政学的要因など海外に起因する物価上昇（コストプッシュ・インフレ）と消費拡大による物価上昇（ディマンドプル・インフレ）が混在しているものの、二％程度のインフレが定着しつつあり、また、インフレ予想も二％に近づきつつあるなかで、無理に金利を抑圧した場合には却って不必要な投機を招きかねないと日銀が判断したからでしょう。この判断には賛否両論があるでしょうが、現在でも、十年物の国債金利が一％程度で安定し、上昇スピードが緩やかであることから、YCC政策の撤廃は現実的であったと思われます。本来の物価安定目標政策は国内の消費需要で二％の物価安定目標を達成するディマンドプルです。従って、今後の動向を注視する必要がありますが、ポイントは今後賃金が十分上昇してくるかどうかにあります。企業収益の動向が注目ですが、円安傾向が企業収益拡大に大きく寄与していることを忘れてはいけません。

労働分配率（企業の売上げ総利益に占める従業員の給与など人件費の割合）を見てみると、中小企業では八割程度あります。それだけ中小企業に賃上げの余裕がないとも言えます。今年のベースアップは大いに期待され、実際、予想以上の賃上げが実現しましたが、大企業はまだ相当に余裕がある一方、中小企業については今後、安定的に賃上げを継続できるかどうかがポイントです。安定的に賃上げを実現するためには、労働生産性を向上させる必要があり、そのためには積極的な投資や公正な競争を喚起する規制緩和による成長政策が重要なポイントとなります。

あまり考えたくないことですが場合によっては、十分な賃上げができず、人手不足倒産や、あるいは生産性向上のための合併、企業再編などが起こってくると思います。ただし一般論として言えば、日本企業の生産性は先進国と比べて高いとは言えず、また、この三〇年間、日本は相当に金融財政で緩和的に経済を運営してきたので、経済が正常化した後、どこかでその清算をしないといけない時期が来るでしょう。デフレから脱却し、経済が正常化すれば、収益環境は大きく改善します。マクロの収益環境を改善するのは政府・日銀の責任ですが、経済が安定した中で、生産性を改善するのは企業の責任です。日本企業の腕の見せどころと言えます。

円安と国力は関係ない

国力を議論するときには必ず為替レートが話題に上ります。いま、円安になっており「チープ・ジャパン」、日本はなんでも大安売りで、円安は日本の国力を損なっているという人が少なくありません。しかし、国力は構造的なものであり、為替レートはマーケットで日々動きます。これらを関連付けることがおかしいのです。国力が日々のマーケットで動くわけがないのです。国力の低下を示すのは「円安」ではなくその根本原因である「デフレの継続」です。デフレが継続する限り、実質金利（名目の金利からインフレ予想をさし引いた金利）が高くなり、円高が続き、国内産業が空洞化し、国力は低下します。

では為替レートはマーケットで、どのような要因によって動くのか。一つは実質金利予想です。投資家の皆さんが将来の金利と物価をどう見ているかということです。足元の金利差の問題ではありません。たとえばいまアメリカは金利が高い、日本は金利が安い。それだけを見ると円安が続きそうに見えます。しかし為替レートは一瞬の間にマーケットで調整がなされますから、今の金利差はすでに現在の為替レートに反映されているのです。ですから為替は、将来アメリカの金利がどうなるか、日本の金利がどうなるか、そのギャップがどうなるかという

「予想」で動きます。

もう一つは地政学的要因です。アメリカは友好国に囲まれた安全な国と見られ、ドルは安全資産とされますが、日本は難しい国が近隣にあるため、円安になりやすい傾向があります。ですから国力を表しているというよりも、その国の地政学的な状況が為替レートに反映されるということです。

いま円安が進んでいますが、これは海外、特に米国のコロナ対応のための積極財政や金融緩和による物価高に対応するため、金利を引き上げていることによって生じているところが大きい。しかし、コロナ・パンデミックまでは日本に何かショックがあると必ず円高になる傾向がありました。たとえばバブル経済では為替レートは比較的安定していましたが、バブルが弾けたあとは一ドル一〇〇円を超える円高になりました。二〇〇八年のリーマンショックや二〇一一年の東日本大震災後も円高に振れました。アベノミクスが始まる直前は凄まじい円高で、一ドル七〇円台半ばまで行きました。これはデフレ傾向の中で、様々なショックが一層のデフレの深刻化を連想させ、予想インフレ率が下がると同時に予想実質金利が上がったからだと考えられます。

円高は日本経済を殺します。円高の下で生き残るのは大変なことで、円高で輸出が困難になるため、多くの地域の工場、企業は海外にオペレーションを出してしまいました。そのツケが今、出てきているのだと思います。円高は地域経済を疲弊させるのです。

アベノミクスが始まる前は日本とスイスが、激しい通貨高に見舞われました。スイスは私が二〇一六年から三年間、大使をしていた国ですが、確かにスイスフランはすごく高い。でもスイスは生産性も賃金も高いのです。日本のマイナス金利政策はマイナス〇・一でしたが、スイスはマイナス〇・七五まで下げ、スイスフラン高に対処していました。世界最高の企業、人材、技術がスイスに集まってきています。スイスの産業空洞化は聞いたことがありません。これは少し法人税が安いこともありますが、それに比べると日本は何かショックがあるとすぐ外国に出ていってしまう傾向があります。

円安は輸入物価が上がるから、直ちに円高にしろというのは、木を見て森を見ずの議論です。マクロ経済の需要項目は、消費・投資・輸出ですが、デフレの下では消費と投資が伸び悩む反面、輸出は海外の経済状況に左右されるものの、日本のデフレとは関係がありません。従って、デフレの下では相対的に輸出のウェイトが高まり、円安の重要性が高まります。また、輸出企業は相対的に投資も活発に行っているので、円安の日本経済に対する貢献は大きくなります。日本経済全体を考えた場合には円安は助かるのです。ただし原材料、エネルギーをたくさん輸入している企業は円安ではコストが上がってきます。それが転嫁されてくると、物価全体に影響が拡がります。最終的には消費者にその負担が帰着するので、賃上げの重要性が極めて大きいのです。

これを救うための政策として、円安を緩和するために金利を上げてはいけません。先述の「国際金融のトリレンマ」で述べたように、日本は変動相場制を選んでいるので為替操作をしてはいけません。

ではどうするのかということですが、それは財政政策で行うしかありません。私は個人的には食料品にかかる消費税は非課税にしたほうがいいと提案しています。以前、ロンドンに住んでいましたが、ロンドンは食料品及び日常品は非課税です。イギリスは全体としては付加価値税率（標準税率）が二〇％と高いのですが、日常の必需品は非課税です。たとえば私の娘が学校で使うノートや書籍などは、非課税でした。一方で日本の標準税率は、一〇％でイギリスより低いといっても、ほとんどのものに一〇％が適用されています。

先ほども述べたように今の日本にとっては為替は安いほうが有利なので、その為替で損失を被る経済主体には必需品や食料品の消費税を非課税にするなどの措置が有益です。また、エネルギーに対する補助金の延長も有益でしょう。

財政は世界潮流が変わった

財政についての考え方については、最近、大きく世界の潮流が変わりつつあります。全米経済学会のアンケート調査では「大きな財政赤字は経済に悪影響を及ぼす」に「賛成」か「反対」かを聞いています。「賛成」と答えた人は緊縮派と言えますが、ソ連崩壊の前年である一九九〇年には緊縮派が三九・五％いたのに、今では一九・七％まで減っています。最近では財政赤字を積極的に活用して経済を活性化させる、GDPをできるだけ大きくするためには財政赤字をうまく使うべきだという流れになっています。

財政は持続可能性を維持することは必要ですが、それが維持されている限り、財政均衡を優先させるのではなく、需要拡大によって経済成長を最大化することが最優先だということです。政府は財政赤字そのものではなく、歳入・歳出から国債の要因を取り除いた「プライマリー・バランス」黒字化を二〇二五年までに達成することを目標としていますが、これは論理が倒錯しています。目標は二％の物価安定目標を安定的に達成した上で、経済成長率を最大化することです。経済成長すれば、即ち、国民が豊かになれば、当然、税収が上がってくるわけで、その結果としてプライマリー・バランスの改善を目標とすべきです。その黒字化する目標年を二五年度のようにカレンダーベースで事前に決めるのは間違っています。経済成長を目標としていれば、プライマリー・バランスが黒字化する時期は自ずと決まってくるもので、黒字化目標はあくまで経済実績を見ながら考えていけば良いのです。これをアウトカムベースの考え方と呼びます。「経済成長と財政健全化を両立させる」という考え方は正確ではなく、「経済成長の結果財政健全化を実現する」というのが正しい考え方です。

よく勘違いされるのですが、企業の赤字・黒字の議論と財政の赤字・黒字の議論は違います。企業の赤字はその活動からプラスの付加価値を生み出せなかったということですが、財政の赤字は単に歳入よりも歳出の方が大きい、つまり、国債を発行して税収以上の投資を行ったということです。ですから、持続可能性が維持されていれば、歳出が大きい状態が毎年続いても、インフレ率に注意していれば、一般的には何も問題がありません。赤字でも構わない、むしろ赤字をうまく使おうというのが最近の傾向です。

全米経済学会のアンケート調査の質問をもう一つ取り上げると、「景気循環のマネジメントはＦＲＢ（連邦準備制度理事会）に任せるべきであり、積極的な財政政策は避けるべきだ」というものがあります。つまり景気対策は金融に任せろという意見です。これも「賛成」は緊縮派です。その「賛成」の緊縮派は二〇〇〇年には三六％いたのが、今は一二％です。積極的に財政も使いなさいというのが今や六六・六％まで上がってきているのです。

このように均衡財政を金科玉条に守るのは、インフレ経済でない限り、古い考え方といっても良いでしょう。ドイツのように財政均衡を重視する国ももちろんありますが、財政の機能をもっと弾力的に活用しようというのが最近の考え方です。特に、デフレからの完全な脱却を目指している我が国では、財政は強力な武器なのです。

「健全な財政」とは何か

ではいくらでも財政を出してもいいのかというと、それは財政の持続可能性の問題になります。

財務省設置法第三条は「健全な財政の確保」を財務省に義務づけています。「健全な財政」とは何でしょうか。財務省設置法には定義がどこにも書いていません。また、財政法第四条は、「均衡財政主義」を掲げつつ、建設国債の発行のみ認めています。ただし、実際上は特例法を制定して、赤字補塡のための国債の発行も許容されています。ここからすると、財務省が目指している「健全な財政」とは「均衡財政」ではないかという見方も出てきます。

他方、財政赤字をうまく使い、経済成長を最大化して国民の生活を豊かにする、財政はそのための手段だという柔軟な考え方が最近有力になってきたことは前に述べたとおりです。そのように理解すると、「健全な財政」とは「持続可能な財政」を意味すると理解できます。

私は、「持続可能な財政」とは、「政府の純債務を名目GDPで割った値」(これを「純債務比率」と呼びます)の動きが、将来、「発散」に向かうか「収束」に向かうかで判断するのが適当だと考えます。

持続可能な財政を維持するための条件は、時間の経過とともに債務比率が上方に発散しないことです。債務比率が上方に発散すれば、経済規模(名目GDP)に対する債務残高(国債発行残高)が拡大し続け、どこかの段階で国債の引き受け手がいなくなる。その際には金利が暴騰し、ハイパーインフレが起こります。このような経済は持続可能でないことは自明でしょう。

一般に、債務比率が発散するのは、国債の名目金利の方が経済の名目成長率よりも大きい場合です。逆に、債務比率が収束する場合とは、国債の名目金利より経済の名目成長率の方が大きい場合です。この条件は、「ドーマーの条件」と呼ばれています。まずは、可能な限り名目成長率を大きくして、「ドーマーの収束条件」を満たしておくことが重要です。ただし、正確に言うと、仮に収束条件が満たされていても、プライマリー・バランスの赤字が大きい場合は、債務比率が上昇する場合があり(それでも収束条件が満たされている限り、無限に上昇することはない)、その過程で物価が、二%の物価安定目標を超えてくる場合があります。その場合は、財政も引き締めに転ずる必要があるでしょう。将来、ディマンドプルで二%の物価安定目標を安定的に達成し、経済が正常化した暁には、プライマリー・バランスを若干の黒字で安定させた方が安全です。なぜならば、常に、ドーマーの収束条件が満たされているとは限らないからです。これが、前に述べたプライマリー・バランスの黒字化目標は、カレンダー基準ではなく、アウトカム基準で考えるべきだという意味です。

また、国債を発行すると将来世代にその返済負担を負わせることになるので、国債発行は極力避けるべきだという意見もあります。

しかし、我が国の国内経済は、投資を上回る貯蓄をもっており、貯蓄超過になっています。国内に十分な貯蓄がある場合に国債を発行し、その貯蓄で国債を引き受けた場合は、誰にも負担は及びません。将来世代にも現在の世代にも負担は起こりません。民間投資を超える貯蓄が経済に存在し、その貯蓄超過分で、国債を発行してその貯蓄を吸収して政府投資を行っても金利は上がりません。この場合は国債を発行しても金利があがらないので、民間投資を阻害しないのです。もし、国債を発行した場合に金利が上昇してくる場合には、政府投資が民間投資を押しのけているので、本来、民間投資によって、生産性向上に回るべき資金が政府投資に使われるわけですから、経済の生産力が低下し、将来世代の負担に転嫁される恐れがあります。これをクラウディング・アウトといいます。

いまはまだ需要が足りず、縮小しつつあるとはいえ、デフレギャップ（需要不足）が存在しています。その場合は、国債を新規に発行しても金利が上がってこないので、民間の投資を阻害せず、将来の世代の豊かさ、即ち、消費可能分は減少せず、むしろ民間投資による生産性向上が有効であれば生産を増やし、それによって消費を増やすことができます。また、現在、貯蓄超過なので現在世代の負担はないし、金利が上昇しないので、将来世代の負担もありません。ただし、今後、経済が正常化し、民間投資が活性化してきて金利が上昇する局面になれば、国債の発行は、金利の上昇による生産性の阻害から消費可能額の減少というかたちで将来負担が発生してくる可能性があります。

国債発行による将来世代の負担の議論が混乱しているのは、「負担とは何か」をはっきり定義しておかないところにあります。「将来世代の負担」とは、将来世代の「消費可能性」のことであり、それを決定するのは生産性の向上が起こるかどうかです。将来の生産性を決めるのは、現在の金利であり、将来の金利予想です。

では、賃金は本当に上がってくるのでしょうか。いま企業は円安要因もあり、景況感が上がってきていますが、家計は物価上昇により非常に厳しい状況にあります。企業は比較的いいので、企業が家計を慮って収益上昇を賃金上昇に反映してくれることを切に希望します。実際、人手不足がかなり厳しくなっており、賃金を上げないと優秀な人材を採用できない状態まで来ています。賃金の上昇のためには、企業の収益が上がって来ないといけないのですが、当分、円安を十分に活用していただきたい。円高時代に海外にオペレーションを移した企業には、国内回帰を切に期待したい。そして、国内に回帰する場合に選ぶ立地は大都市ではなく「地方経済」です。

終わりに

物価が下がり始めた一九九八年から二六年あまりが経ちました。そして今、ようやくデフレマインドが払拭されつつあります。長期金利は一％を超えるようになり、国内要因のディマンドプル・インフレも二％目標に接近し、完全雇用も実現しつつあります。我が国の企業家精神を発揮できるマクロ経済環境は改善してきました。ここで手を緩めることなく、「強い日本を取り戻す」「世界経済の中でリーダーシップを発揮する」。この日本のミッションを携えて前進していく覚悟を再確認する時です。

質疑応答

議員A　マスコミでは政府債務の累積によって「将来負担」が高まっているという論調が目立っていますが「将来負担」の定義が曖昧で誤解を招くのでこの言葉は使うべきではないと考えますがどうでしょうか？

本田　たとえばマスコミが使う「将来負担」などという言葉は非常に誤解を生む言葉で定義をしっかりしないと議論ができません。負担とは何かをまず議論しないといけない。負担とは日本国民の豊かさ、基本的には消費が阻害される状態を言います。よく財務省は、日本の国債発行残高を人口で割って、一人あたり九〇〇万円ほどの借金を負っているので、これが負担だといいますが、それが負担のはずがありません。もし財務省の言い方に従えば、その「一人あたりの負債」の債権者は誰なのか。国民です。だから必ず債権・債務が見合っていて、それを「負担」と呼ぶのはおかしいですね。もし、将来世代は国債の将来の償還財源として増税を受け入れざるを得ないのだ、それが「負担」なのだというのなら、その償還を受ける世代も同じ将来世代ですね。このような議論の混乱は、「将来の負担」という概念の定義をしておかないから発生するのです。標準的な考え方は、「将来負担とは、国債の発行によって、将来世代の豊かさが毀損される可能性があること」を意味します。「豊かさ」は消費で測られ、「消費可能性が毀損されるのは生産性が伸びないから」です。「生産性が伸びないのは、本来有効な民間投資に充てられるべき資金が、金利が高いために、民間投資に回らなくなるため」です。しかし、現状でこのようなことは起こっていないので、将来負担を心配する必要はありません。将来、政府投資を計画するに当たっては、金利予測と経済成長率の最大化に留意すべきです。当分、金利は心配いりませんが。

議員A　それをどうしたら財務省の人たちはうんと言うのか。なぜそれをこだわっているのか、理解できないんです。

本田　財務省の人にはもう少しマクロ経済学を勉強してほしいですね（笑）。まず、財政と金融は一体のものとして運用していく必要があります。特に、デフレ下ではそうです。デフレの需要不足のもとで、日銀は金利をどんどん下げてきました。しかし、金利をゼロ近傍まで下げてくると金融緩和による投資促進効果は薄れてきます。これを「流動性の罠」と言います。そうなれば、投資促進・需要拡大政策の主役は財政に移ります。金科玉条のごとく「財政再建」「財政緊縮」では逆効果なのです。だから、安倍元総理と黒田東《はる》彦《ひこ》前日銀総裁は定期的に非公式ランチを共にとって、意見交換をしていたのです。財務省は、予算査定のマネジメントも重要ですが、常にマクロ的な需要・供給バランスを意識してもらいたいのです。もし、財務省が予算査定のマネジメントに徹したいというのなら、米国のCEA（大統領経済諮問委員会）のような独立したマクロ分析を行う専門機関を首相直属でつくるべきです。

個々の経済主体の行動を合計しても、必ずしもマクロ経済の利益と一致しません。たとえば、個々の従業員の雇用を守ることは経営者としては立派なことですが、マクロ経済全体では必ずしも最適とは言えないのです。労働市場を流動化して転職を容易にし、より生産性の高い企業や産業に労働者が移っていくことによって経済は成長するのです。それには、「市場に十分な需要があること」という条件がつきます。つまり、デフレから脱却し、需要が拡大してくれれば、市場は自律的に調整を始めます。デフレのもとではそういうわけにはいきません。一刻も早くデフレから完全に脱却し、ミクロの行動の集積とマクロの利益が矛盾しない経済社会をつくること、これは十分な需要がある高圧経済でないと不可能なのです。

戦後、先進国でデフレに陥ったのは、今回の日本の経験が初めてです。戦前はデフレに陥った際には、戦争によってデフレから脱却したことがありました。これに対し、我が国は平和裡に経済政策によってデフレから完全に脱却しようとしています。まさに、世界に誇れる「アベノミクス・モデル」の誕生です。

（二〇二四年二月二一日）

9

日本の経済戦略——高圧経済と統合運用で政策先進国を目指せ

若田部昌澄（早稲田大学政治経済学術院教授）

若田部昌澄（わかたべ・まさずみ）

一九六五年神奈川県生まれ。八七年早稲田大学政治経済学部経済学科卒業後、早稲田大学大学院経済学研究科、トロント大学経済学大学院。早稲田大学助手、助教授を経て二〇〇五年から早稲田大学政治経済学術院教授。ケンブリッジ大学、ジョージ・メイソン大学、コロンビア大学日本経済経営センターで訪問研究員、全米経済学史学会副会長（一六年から一七年）、日本銀行副総裁（一八年三月二〇日から二三年三月一九日）を歴任。著書に『経済学者たちの闘い』（東洋経済新報社）、『昭和恐慌の研究』（共著、東洋経済新報社）、『危機の経済政策』（日本評論社、石橋湛山賞受賞）など。

高圧経済と統合運用

「日本の経済戦略」についてお話しします。キーワードとしては「高圧経済」と「統合運用」で政策先進国を目指せということです。

いまは二つの日本がせめぎ合っているような状況です。一つはこれまでの古いデフレの日本、成長しない日本です。これは安定していて、その意味では心地いいけれども、いずれ停滞して、衰退していく。もう一つは成長できる日本、マイルドなインフレが起きる日本です。これは新しいことが起きるのでワクワクする日本です。言ってみれば「できない日本」と「できる日本」という二つがいま端境で、せめぎ合っている状況です。どちらが強くなるのかはまだわかりません。この転換がうまくいくかどうかもわからない。その意味では非常に重要な時期にあると思います。

私は日銀が少し引き締めをして、なおかつ今度は政府、財務省がさらに緊縮的な方向を強めていくことに危機感を抱いています。三月一九日の日銀の金融政策決定会合については後で評価をしますが、すでにいろんな形でステルス増税的なことは始まっているわけです。エネルギーの補助金がなくなったり、再生可能エネルギー（再エネ）の賦課金が上がったりしています。これが日本の転換を阻害してしまうのではないかという危機感があります。

では何をすべきか。せっかくいいところまで来ているので、経済をもっと温め続けるということです。この考え方を「高圧経済」と言います。そのための政策に必要なものはある種の「統合運用」です。軍隊で陸海空を統合運用するのと同様に、マクロの財政と金融を統合的に運用するということです。さらに成長政策と再分配、この三つの政策をうまく運用していく必要があります。

残念ながらこれまで日本は政策という意味では後進国でした。それがたとえばインフレ目標が導入されることによって多少、政策先進国に追いつきつつあります。けれども、まだまだ政策先進国への距離は遠い。海外では多く行われていて、それなりに長い期間成功しているのに、まだ日本で導入されていない政策はたくさんあります。逆に言うとそういう政策を導入するだけで、日本というポテンシャルを活かせると思います。政策先進国を目指すだけで、もっと明るい日本を築くことができるのではないか。

安倍晋三元総理の遺志とは何か

よく安倍晋三元総理の遺志を継がなければならない、という言い方をします。その遺志とは何でしょうか。私の見るところ、安倍総理は日本の現状と将来について、非常に強い危機感と使命感をお持ちだったと思います。長いデフレで停滞が続いてしまい、円高も問題になっていました。今でこそ円安ですけれども、当時は円高を是正しなければなりませんでした。なおかつ周りは敵ばかり、国家と民族の存亡の危機にあった、と。

安倍晋三元総理が優れていたのは、稀に見るマクロビジョンを持っていたことです。統合運用という意味で言うと、単純に経済だけではなく、政治と経済、国内と国外と四つの次元をマクロビジョンとして持ち、統合運用していたということです。

たとえばＦＯＩＰ（Free and Open Indo-Pacific ＝自由で開かれたインド太平洋）、あるいはＱＵＡＤ（クアッド＝日米豪印戦略対話）、ＣＰＴＰＰ（環太平洋パートナーシップに関する包括的及び先進的な協定）も言ってみればそういう枠組みで考えられていた人だったわけです。そして原則としてはルール重視、自由・開放・協調の価値観を前面に打ち出しつつ、マクロビジョンの下で政治と経済を国内、国外の両面で見ていた。これがまさに安倍晋三氏が行ったことで、政治家の方々には是非それを引き継いでいただきたいと思います。

アベノミクスはよくできたプログラムだと思います。完璧ではないし、改善可能で、その必要もあるけれども、これを完全に否定するのは難しいと考えています。なぜならそれは、日本の現状に合わせて金融と財政と成長政策をまさに統合運用するという視点があるからです。

日銀の政策転換は時期尚早

日銀は三月一九日の金融政策決定会合で政策枠組みを変更し、二〇一三年以来の大規模金融緩和は終焉を迎えました。今後は短期金利操作中心になるということです。日銀は引き締め的ではあるけれども緩和的であると言っています。今回金利は多少上げています。しかし、まだ物価のほうが高いので、名目の金利（いつも見ている金利）から物価の変動分を差し引いた実質的な金利はまだ低いということです。引き締めだけれども緩和的だというのは、そういう意味です。

ではどうすべきだったのか。私は今回の日銀の決定は時期尚早だと思っていて、いろんなところでそう言っています。なぜいまこの時期にやるのかがよくわからない。

いま、物価は多少落ち着いてきて、少し下がっているところです。日本の物価は基本的にはエネルギー価格や食料価格が大きく上がっているのであって、賃金が上がって、需要や消費が増え、経済が温まっているという部分はまだわずかです。経済が温まるかどうかという重要なところで、まだ先が見えないうちに転換してしまったのはやや謎です。

もう一つ、非常に重要なのは情報管理の問題です。金融政策決定会合の二日目の朝の段階で、すでにメディアに内容が出ていました。さらに二日目の途中で、昼にＮＨＫが速報を打つということを行っています。情報が漏れているということです。

この問題は非常に重要で、普通はこういうことは起きてはいけないことなのです。たとえば黒田日銀の場合、二〇一六年一月の会合の途中でマイナス金利政策について議案が出たときに漏れています。なぜこういうことが起きるのか。議案が大きく変更される場合には、そこに通常は出席しているたとえば副大臣が本省にお伺いを立てるというようなことが起きます。ですから政治家、役人も含めて情報管理が実は必要になってきます。非常に大きな問題です。

ではこれからどうなるか。この日銀の政策変更をもって何か大きくデフレに逆戻りするようなことはないと思います。これまでの緩和の効果が効いているからです。ただし目標未達はあり得ると思います。物価安定の目標は二％ですが、そこから少し下がっていくことはまだあり得ると思っています。そこで重要なのは目標の持続的・安定的達成に十分なほど緩和的かどうか。政策金利が言ってみればターゲットにする金利よりも低いところにあって、十分に経済を温めているかということが問題になるだろうということです。

もう一つ大事なのは、政府が三月二二日の月例経済報告で、正式にアベノミクスをやめたということです。二月のときには「三本の矢」が書いてありましたが、それがなくなりました。ですから静かに、あまり喧伝しない形で実はアベノミクスは終わった、というのが三月二二日だと思います。

対中国で日本の役割は大きい

日本の課題は大きく二つあると思います。

一つは周辺国が非常に軍事的に大きくなっているときにどうするのか。

アメリカの軍事費は少なくとも額で言えばいまでも世界一で、これまでの蓄積があるので、依然として軍事的能力は非常に強い。強いけれども、ウクライナで戦争が起きて、中東が怪しいというときにもう一つの戦争は戦えない。これはアメリカの戦略思想家の間でも非常に議論になっています。たとえばエルブリッジ・コルビーというトランプ政権のときに、二〇一八年の国家防衛戦略を作った人は『拒否戦略』（日本経済新聞出版）という本を書いています。これはどういう戦略なのかというと、要するにアメリカの主敵は中国であり、中国を抑止するのが最優先の課題だとするものです。戦わないようにするために抑止することに全力を傾注すべきで、ウクライナや中東はヨーロッパに任せるしかない、と。われわれはもうリソースがないのだと、非常に切迫した思いで書かれています。そういうときに日本はその最前線にいるということです。

中国がどう強いのかと言えば、まず製造業で他を圧倒しています。生産高と付加価値額の両面で、中国の製造業は非常に大きい。中国に対抗するためにアライアンスを組むとしても、アメリカから日本、ドイツ、イタリア、フランスまで全部足す必要があるぐらいです。

そのような中でも、日本の役割は大きい。なんといっても中国を除けば、まだ世界第三位の経済大国で製造業の国なのです。アメリカでいま指摘されているのは、まずアメリカに砲弾を作る能力がないということですが、それだけではなく造船能力がないのです。潜水艦を造ろうとしても、それを造る能力が弱っている。造船能力はトップから順に、中国、韓国、そして日本なのです。圧倒的にこの三つの国で船を造っています。ですから日本は極めて重要な位置で、中国に対するアライアンスの中で、製造業、造船能力でまだ力をつけることができるということです。ウクライナの戦争で明らかになったように、サイバーやドローンだけではなく、やはり地上戦を戦う可能性があり、それが長引く。継戦能力が重要になってくるということです。

とはいえ中国はいま経済が停滞し、なおかつ政治が先鋭化していて非常に危険なところにあります。中国には、日本の一九七〇年代前半と九〇年代前半の停滞が一気にやってきているのです。二〇二四年四月一六日に出た中国の一～三月の国内総生産（ＧＤＰ）は前年同期比五・三％のプラスであり、非常にいいと中国は言っています。しかしこれは実質で見た数字で、実は名目で見たら四・三％くらいです。これは何を意味しているかと言えば、デフレが起きているわけです。もっと言えば、実質ＧＤＰの数字を五・三％にするように数字を操作している可能性があります。五％の成長目標があるので、実質で五・三％にする。そうすると名目が低いからデフレという形になるけれども、そうしてまでも数字を大きくしているということです。「世界の不確実性の元である唯一の人」がいて、経済がある種ピークを打ち始めた国が、そこからあとに何をするか。集中豪雨的輸出と対外冒険主義です。この二つがどうも重なっているようです。中国がいまやろうとしていることは製造業の強化で、ＥＶ（電気自動車）を大量に海外に輸出しようとしています。国際通貨基金（ＩＭＦ）や世界銀行の総会、Ｇ20やＧ７の財務相・中央銀行総裁会議でまさにいま問題になっているのは、中国製造業の集中豪雨的輸出、第二のチャイナ・ショックに対してどう対応するかということです。

また、中国は食料自給率の向上を図ろうとしており、中国の中央銀行である中国人民銀行は金を大量に購入しています。対ウ戦争でロシアが対外的にドルを使えなくなったのを見て備えているというのが一つの見方です。これらの情報のパズルを合わせていくと、どうも中国は戦争の準備をしているのではないかという懸念もあるわけです。杞憂に終わればいいのですが、日本としては、これを杞憂に終わらせるために何をするのかが大事です。何しろ相手方がどう出るかは、こちら側がどう出るかにもよりますので。

統合運用で完全デフレ脱却を

日本の二つ目の課題は、二つの日本という経済の現実とナラティブのせめぎ合いからどうやって抜け出すのかということです。二つの日本とは、

①デフレと停滞と偽の安定の「できない日本」
②インフレと成長と変化の「できる日本」
です（図3）。

周りを脅威に囲まれている中で、デフレからの完全脱却が今回実現しなければいつできるのか。現在、変化の兆しとして、名目GDPや株価、税収が史上最高を記録しています。いろんな形でよいことが起きていますが、その根本には名目GDPの復活があります。これは中国で起きていることとまったく逆のことがいま、日本で起きつつあるということです。ただ実質値のほうはいま少し停滞気味です。課題としては、名目値の復活を持続させること、実質値を復活させることになります。

これまで日本経済は長期停滞で、海外では長期停滞を「ジャパニフィケーション（日本化）」とまで呼んでいました。なぜ日本は停滞しているのかと言えば、民間の需要が構造的に不足しているという問題があります。九〇年代の中頃から日本の企業は純貯蓄主体で、稼いでいる額よりも使う額のほうが少ない。企業は普通借金をして事業を行うものですが、それが逆転しているのです。逆転しているということは、根本的に需要が足りない。その需要をどう埋めるのかというのが問題です。

民間需要が足りないところには、政府が出ていかなければ総需要が足りず長期停滞へと逆戻りします。総需要が低迷すると企業の投資が減り将来の成長率が低下していく。すると総供給能力が減っていくという負のスパイラルに入っていきます。これが日本の失われた二〇年で起

日本の課題：二つのニッポン、二つの現実とナラティブのせめぎ合い

デフレ停滞と（偽の）安定：「できない」日本

- ・1　人口減少、構造的要因でデフレ
- ・2　停滞、縮小する経済
- ・3　マクロ経済政策への諦念：実際にはマクロ経済政策失敗の歴史
- ・4　既存の企業構造の維持
- ・5　コスト削減、ブラック企業、低賃金、人手過剰
- ・6　現金・貯金志向
- ・7　税収の低迷と政府債務（対 GDP 比）の増大
- ・8　デフレ・マインドと日本特殊論
- ・9　動くことがリスク

インフレと成長と変化：「できる」日本

- ・1　人口減少でもインフレ
- ・2　成長、変化する経済
- ・3　マクロ経済政策は有効
- ・4　新経営者、スタートアップ、新規参入、新陳代謝
- ・5　投資増大、エンゲージメント、賃金上昇、人手不足
- ・6　多様な資産運用、金融リテラシー
- ・7　税収の増大と政府債務（対 GDP 比）の安定
- ・8　インフレ・成長期待とあたりまえの国へ
- ・9　動かないことがリスク

図3　日本の課題：二つのニッポン

きてきたことです。これを変えようと二〇一三年以降、アベノミクスでやってきたわけですが、まだ完全に変わるところまでは至っていないのが現状です。

　ではどうすればいいのか。総需要の維持と引き上げを行うことです。また中立金利という経済全体でベンチマークになるような金利がありますが、その中立金利を上げていく。中立金利が下がると、市場の金利は下げることができません。だから日銀はマイナス金利政策まで採って市場の金利を下げたのですが、本来は市場の金利を下げていくことと、中立金利を上げていくことの二つが必要です。その二つを行うためには、金融だけではなく財政、成長、場合

によっては再分配を使った「統合運用」が必要になってきます。先ほど、アベノミクスがよく出来たプログラムであると言ったのは、統合運用を目指しているからです。

長期停滞で日本経済は傷んでいるので、それを立て直すには時間がかかります。ですから、ある程度長く需要超過の温める時代をつくろうというのが高圧経済です。それを財政と金融政策で持続的に行うと、結果として需要が供給を喚起してきます。雇用が拡大する、雇用の質が向上する、労働技能が向上する、労働市場の流動性が向上する、能力化や能力増強が起きる、研究開発投資が増大するようになるのです。

もう一つ重要なのは、それは制度改革や規制改革を推進する原動力になります。たとえばいま、人手が足りないのが喫緊の課題です。しかし、むしろそれをさらに続ける必要があります。そうすると賃金が上がり労働者が移動していく。待遇が良くなります。それとともに、そういったことをどう解決すべきかという規制改革の話になってきます。

統合運用のための統合政府

経済政策の「統合運用」のために何をすべきかを具体的に述べていきます。

まず政府と中央銀行は基本的には一つであるという観点に立つ必要があります。単純に言うとこういうことです。中央銀行や国家は貨幣を出しますが、日本国も通貨を出し、日本銀行も日本銀行券を出しています。その通貨と国が出す借金の証書である国債は基本的には同じものです。なぜ同じかと言えば、貨幣・通貨と国債は最終的には政府がそれを支払うという約束の下で発行されているからです。基本的にはそれらの価値を国家が保証しているということです。ですから政府と中央銀行は便宜的に別々に政策を行っているのであって、根本的には統合運用すべきだと思います。この視点があるかないかで話はだいぶ変わってきます。たとえば多くの人はよく日本銀行の独立性が大事だと言いますが、それは根本的には同じ統合政府の中でどう分業するかという意味での独立性であって、日本銀行が政府から超然的に存在するわけでは全然ありません。

中央銀行の独立性は、統合政府の中での分業のある種の契約関係を明確にするようなもので、中央銀行としての日本銀行は「目的の独立性」は持っていないと考えるべきです。日本銀行法には、日銀の目的は物価の安定、金融システムの安定に貢献することと書かれていますから、国会で決まったことを基に中央銀行としての役目を淡々とこなしていくことが重要です。私はインフレ目標自体も本来は政府と日本銀行が協議して決めるべきだと思います。いまは外見上は日本銀行がインフレ目標を決めた形になっていて、これは危険だと思います。むしろ政府の側がしっかりと日本銀行と目標の設定で連携する必要があります。

次に、マクロ経済政策を統合的に運用する必要もあります。たとえば財政出動をするときの効果を乗数効果と言い、これは金利が高いか低いかによって変わってきます。金利が低いうちは財政政策の効果が大きい。にもかかわらず、残念ながら日本はその間に財政出動をしていません。また、目的を共有することが大事です。これまでの日本の長期停滞は、財政が出たときには金融が引っ込んだり、あるいはその逆というような形で、いつもちぐはぐでした。デフレからの完全脱却という目的をきちんと共有し、きちんと政策を行う。そしていまある国家の危機に対してどう対決するかをきちんと考えることが重要です。

経済成長こそが最大の財源

積極的に財政を出す必要性はそれなりに浸透していますが、メディアを中心に国民の間ではよくその財源は何かという話になります。ですから財源を示すことと同時に、使うべきものは使うと説明することも大事です。そして何より「経済成長こそが最大の財源」だと説明することが重要です。経済成長以外に財源はありません。増税ができるのも経済が成長しているからです。

いま史上最高の名目GDPになりつつあるため、史上最高の税収になってきています。債務対GDP比率も急激に低下しつつあります。つまり現状は財政再建しているのです。しかし、それだけ税金を余計に取っているため、国民負担はむしろ増しています。逆に言うと財政は引き締め的であると考えてもいい。

財政を出すときには、名目のGDP成長率と長期金利の関係がカギになります。この二つの数字を比較したときにどちらが大きいか。経済が金利以上に成長していると基本的にはその分だけ余裕があり、財政赤字を出しても債務を安定的に推移させることができます。実際、債務の額自体はあらゆる国で増えています。アメリカもイギリスも、債務の額は増えています。大事なのは債務と自分たちの稼ぎであるGDPとの関係なのです。その関係が安定的に推移すればいい。債務が増えることを問題にするのではなく、その関係をいかに安定的に推移させればいいかを考える必要があります。そうして必要なものにお金を使っていく。

アベノミクス以降、名目のGDP成長率が長期金利以上に上がったため、いま財政には余裕ができています。一般政府の債務残高（GDP比）を見ると、総債務と純債務がきれいに下がっています。純債務のほうは面白いことに、財務省が持っている外為特会の評価益が出ています。いま円安に振れているので外為特会に置いてあるドル建て債券を円建てにすれば大きな評価益が出ます。また、金利が上がると政府が持っている資産の価値も上がります。

では、どれくらいの財政赤字が出せるのか。経済学者ブランシャール『21世紀の財政政策』（日本経済新聞出版）のやり方にそって多少試算してみますと、仮にいまのPB（プライマリーバランス＝基礎的財政収支）が四・五％赤字でも、債務残高の対GDP比は変わりません。いまの名目GDPは概ね六〇〇兆円ですが、その四・五％は二七兆円です。このぐらいは赤字を出しても債務対GDP比を増やさないということです。純債務にすると二・五％ぐらいになります。

ちなみに政府の試算はどうか。政府は中長期の経済財政に関する試算をしています。停滞がずっと続くようなケースがベースラインになっていて、それと成長が実現するケースとがあります。成長が実現するケースとは、経済の成長率が名目で三・一％ぐらいを推移するというようなもので金利は上がっていくという想定です。仮にその政府の試算であっても二〇三二年までは、財政を出す余地はあります。しかしこの試算は悲観的に過ぎるんじゃないかという気がします。

ちなみに増税のために実質消費が落ち込んでいることは明らかです。いま実質消費はコロナ前までに戻っていません。もっと言えばコロナの前の増税の前まで戻っていないのです。最近は少しインフレが進んでいるのでそれで実質消費が減っていると言いますが、私はそれだけではなく、先に述べたように名目値が上がって税収が増えて国民負担が増えていることや、やはりまだ増税の影響が残っているのではないかと思います。

積極財政派の方々のスローガンとして「責任ある積極財政」がありますが、それについては三つ必要なことがあります。

第一に、財政余地のあるうちに賢く使うことが重要です。名目GDP増加で税収は増加します。しかし支出もおそらくインフレである程度増加せざるを得ない。名目金利も上昇する。余地はいずれなくなりますが、余地があるうちにそれを活かして需要拡大、成長促進、貧困撲滅をやることです。

たとえば、経済学者の間では今回の少子化対策は非常に評判が悪い。「子ども・子育て支援金」を医療保険に上乗せして徴収するという方法の問題もありますが、最大の問題は少子化対策にならないことです。少子化対策とは子供を持っている人に支援することではありません。子供を持つような環境にすることが必要で、そのためには期待成長率を上げる、賃金を上げるなどのほうが大事です。ピンポイントでは、シングルマザーを支援する政策が望ましい。シングルマザーでキャリアのある人が子育てで失う逸失所得を保障したり、養育費をもらえず非正規で働かなければならない状況にまずお金を出す。本当に困っている人にピンポイントでお金を補助することだと思います。

第二に、成長政策との統合を強め、不確実性を減らす。将来の計画を進めるとき、防衛費もそうですが五年後の「その後」がない。長期的な計画を示してほしいと思います。一方で支出するだけでなく、減税も選択肢の一つです。日本では頑として減税しないという伝統がありますが、最近の経済学の研究では減税するほうが効果的だという研究があります。

また、「責任ある」積極財政と言うのなら、徴税機構はむしろ強化したほうがいい。内国歳入庁をつくり、きちんと社会保険料の徴収漏れを防ぐ。それだけで国費を投入している社会保障関連費は減るはずです。そこまで抱き合わせで言うべきだと思います。

そして第三に、正しい論理と事実を国民に伝えるべきです。

バランスが重要

最後に成長政策です。ところで、いま話題の大谷翔平選手、女子サッカーの宮澤ひなた選手、とんこつラーメン、カツカレー、鳥山明氏、アニメ『君たちはどう生きるか』、映画『ゴジラ－1.0』そして漫画の『鬼滅の刃』。共通点は何でしょうか。世界で活躍しているジャパンズ・ソフトパワーです。しかし野球もカツカレーも日本発祥ではありません。カツカレーは、日本人が作ったといいますが、カレーとカツを組み合わせています。これは日本の一つの特徴です。組み合わせの妙なのです。昔、シュンペーターという経済学者が述べたように、イノベーションとは基本的に新しい結合なのです。また、この世界で活躍している人たちは政府の援助を受けていません。ラーメン屋に政府が補助金を出したという話は聞いたことがない。日本の漫画もアニメもそうです。日本の活力はまさに民間の活力であり、それは海外から学ぶということであり、市場競争ということです。

結局、答えはアダム・スミスなのです。経済を成長させようとするならば、マクロの財政・金融政策の話は別として、アダム・スミスに帰るしかないのです。その基本に帰るような政策を採る、そして世界に学ぶのが良いことだと私は思います。「智識を世界に求め大に皇基を振起すべし」という、まさに五箇条の御誓文の精神そのものです。

具体的には、多くの国、とくにＯＥＣＤ諸国で一定期間実施され成功している政策・制度を比較して取り上げ、それを実施すればいい。それだけで相当いい結果がでると思います。

ここで難しいのは新しい課題があるということです。日本は周回遅れなので、先進国にキャッチアップする余地はたくさんありますが、新しい課題とのバランスも大事です。そのバランスとは、国防の問題であり、レジリエンスであり、経済安全保障であり、地政学的リスクです。これはアダム・スミスが『国富論』で「国防は富裕よりもはるかに重要だ」と述べたことにつながります。この二つをバランスさせるしかありません。

日本の経済戦略として行うべきことは、次のようになります。

- 高圧経済でデフレからの完全脱却を目指す
- 責任ある積極財政への転換

- 統合運用でマクロ政策と成長政策を結びつける
- 名目GDP成長率四%を目標にする
- 回復と改革のバランスをとる
- 自由と安全のバランスをとる

いまはデフレからの完全脱却を実現するための千載一遇のチャンスなので、必要なのは高圧経済です。政治家の方には責任をもってそれを決断してほしいと思います。政治家に求められるのはまず夢を語るということですけれども、その夢が夢物語ではいけない。夢を実現するための基礎づくりは学者や役人がやる。ある程度の財政出動に問題はありませんので、それを賢く使う決断をしてほしいと思います。

質疑応答

議員A　金利と為替と外国人労働者、輸出問題は密接に絡んでくる問題ですね。地元の製造業のためには円安が必要ですが、円安が進み過ぎると賃金がついてこない。ここのバランス感覚はどうとったらいいのか。

若田部　最近の円安を「悪い円安」というのは誇張が過ぎます。インフレが多少起き始めたので、円安と結びつけて悪者にしているのでしょうが、為替の変動と物価の変動との相関関係は極めて小さい。普通の経済モデルで考えたら、円安は実質GDPを引き上げる方向に働きます。もっとも、現状の為替はおそらく、理論値で計算すると円安に振れ過ぎているところはあると思います。ただ、いまの円安は八割くらいはドル高で起きているものです。ですから日本銀行が多少金利を動かしたくらいでは変わりません。昔は「有事の円買い」がありましたが、日本が普通の国になって、それはなくなりました。ですから「有事のドル買い」が起きているのが現状です。転換点はどこで来るか。普通に考えたらいまのアメリカの連邦準備制度理事会（ＦＲＢ）が利下げに転換するところです。それ以外のことでいまの為替を変えるのは極めて難しい。どうしても為替を変えるなら金利を一％か二％、ドンと上げることになりますが、途端に経済は冷え込みますからそれはやりたくない。金利の適正水準は、中立金利を見つつになります。金利のある世界を日本は長らく経験していないので、そこに行くまで日本経済の体力が持つかと言えばまだ怪しい。恐る恐るやって行くしかないと思います。

住宅ローンも大半が変動金利です。金利の負担が大きくなると、家計部門がそこで直撃される可能性があります。ＩＭＦからつい最近出たレポートでも日本は変動金利の割合が高く、金融政策の変更に対して非常に脆弱であるとあります。

外国人労働者問題は非常に重要です。私は外国人労働者を入れるのならルールを作って行うべきだと思います。この分野には計算するとこれくらいの人が必要で、日本人では足りない、だからその分の労働力を入れる。そしてその人たちは日本人と同じ待遇にするとすればいい。外国人を安い賃金で入れるのは、日本人の賃金も上がらないので両方にとって不公平です。外国人を裏口から入れるのではなく条件を決めて入れる。そうすると賃金が上がっていきます。

議員B　国防と少子化は喫緊の課題です。令和一〇年以降の防衛費はどうするのか。かといって税金を上げるのは国民は嫌がります。ここは国債を発行するしかないと思っています。そのバランスはどれぐらいがいいのか。また、いま円安で困るわけですが、こういった状況がある程度落ち着くまでの間、国民の需要を冷まさせないことが非常に大事です。そのためには給付か減税かが必要で、減税も所得税ではなく消費税減税がいい、という考えでいいかどうか。

若田部　二つ目についてはまったくその通りだと思います。

一つ目については政府は野党に追及されて値上げ対策という言い方をします。一方で、デフレ脱却だと言う。価格が上昇しているのは食料品などの個別価格なので、それには生活支援を行うべきだと思います。また、全体的に値上げがあるなら、税金、所得控除の基礎額を上げるなどの見直しも考えられます。昔はインフレ連動があったわけです。

議員B　機動力という点からは控除額を変えるのがいいか、税率を動かしたほうがいいか。どちらでしょうか。

若田部　それはおそらく、どちらも法律を変える必要がありますよね。そういう意味では同じですよね。それを前提として言えば、給付は一番機動力があります。しかし、給付金は一時的なので、一時的な効果はその分だけ減殺されてしまいます。

たとえば世界的な金融危機、あるいはコロナ危機みたいなものが起きると、他国は大概消費税も含めて減税します。でも日本だけやらない。消費税が岩盤みたいになってしまっている。一度減税してしまうと元に戻せないと思う人たちが根強くあると思います。

国防はあるところまでは国債で問題ないと思いますが、最終的には継続的な経費として税で負担してもらうのが筋だとは思います。しかし、いまこの転換点において増税の話をすると経済が悪くなる可能性が一つあります。もう一つは国民の理解をいかに得るかという問題です。国民はウクライナ問題があり国防意識は強まっているとはいえ、台湾をどこまで喫緊の課題と考えているか。防衛の抜本的な強化が必要だと過半数の国民が考えているにしても、そのために増税だと言えばおそらく半数以上が嫌だと言うと思います。強い経済ができあがれば増税も選択肢になってきますが、社会保険料の未徴収など取れるものは全部取った上で、最後の最後でお願いすることが必要です。

先に述べたような中国を拒否する戦略を取るとしても、アメリカですらいま手もと不如意なわけです。アメリカは財政赤字が非常に膨れ上がっているので、日本とは違ってこれ以上財政赤字を出すのはどうかという議論はあると思います。さらに言えば、我が国の防衛費はＧＤＰの二％では足りない、三％にすべきだという議論が内外で早晩起こりうるかと思います。

議員Ｃ　先生の話を聞かなければいけない国会議員が聞かないのが問題ではないか。なぜ聞かないか。税調（税制調査会）などでは「積極財政」と言う国会議員はバカだというような風潮がすごくあるのです。とにかくプライマリーバランス（ＰＢ）をゼロにするのが正しいという財務省の洗脳講義を聞いている国会議員のほうが多いのです。ここで先生の話を聞いている人たちは責任ある積極財政についてわかっていますが、そうじゃない人たちをどうしたらいいんでしょうか。

若田部　難しい話なんですけれども（笑）。私は呼ばれればどこへでも行きますが、積極財政を支持する人たちにしか呼ばれないのは残念です。ただ、世論は変わりつつあるとは思います。昔だったら財政支出なんてとんでもない、という風潮でしたが、国民も含めて変わりつつあります。しかし、そこからさらに進むのはなかなか難しい。たとえば財務省は政府を家計に例えていますが、そもそもそこからして変なのです。敢えて言えば、政府は企業です。場合によっては赤字を出してでも必要不可欠な事業を行う企業です。国債が将来世代の負担になるというのも必ずしもそうじゃない。金利が低いうちは実は投資したほうがいい。むしろ投資すべきものを投資しないことのほうが将来世代に対する負担になります。たとえば仮にいま襲来するミサイルを防げない、全面降伏するとすれば、将来世代に対する責任をわれわれはどうやって取ればいいんですか、ということです。

　私もいい案があるわけではありませんが、きちんと積極財政を理解した政治家がトップを取らなければダメだと思います。安倍さんがトップを取ったことが日本を大きく変えたのです。トップを取り、国民に対して夢と希望を言葉で発信することが大事です。

専門家が少子化対策について話をするとマスコミの人が必ず財源を聞くそうです。財源がなくてもできることはあると言ってもそう聞いてくる、と。おそらく緊縮のPRが一番行き届いているのは政治家だけではなく、メディアの人たちです。そのメディアの人の考え方をいかに変えるかは相当大きなチャレンジだと思います。

議員D　財政健全化派が必ず言うのは、ドーマー条件を満たすような状況は未来永劫ない、いつかは金利がスパイクするのだと言って脅しながら議論をつくる。それに対する反論はどうすればよいか。

若田部　「低金利下における財政運営」を財務省が丁寧に説明しています。「『金利＜成長率がいつまでも続く』との想定は過度に楽観的」と述べています。だからPBは黒字化が必要だと言っているのです。それに対しては「成長率が金利よりも大きい間は財政政策の余地がある」と言えばいいだけだと思います。たとえば政府の成長実現ケースでも三二年度までは大丈夫なのだから、彼らが悲観的なことを言ったら三二年度以降にそうすればいいのでそれまでは成長実現ケースを目指して赤字を出してもいいのではないかと言えばいいと思います。

逆にいまPB黒字化にこだわると、また財政再建は遠のくと思います。彼らの説明がおかしいのは、失敗した政策をずっと言い続けていることなのです。ですから「その政策をずっとやってきたじゃないですか。それで失敗しているのになぜまた同じことをやるのですか」ときちんと言うべきだと思います。

（二〇二四年四月一七日講演・七月一二日加筆）

参照文献

1　高圧経済、統合運営については以下が役立ちます。
飯田泰之（二〇二三）『財政・金融政策の転換点―日本経済の再生プラン』中公新書。

原田泰・飯田泰之編著（二〇二三）『高圧経済とは何か』金融財政事情研究会。

2　さらに理解を深めたい人は次の本を参照して下さい。
バリー・アイケングリーン、アスマー・エル＝ガナイニー、ルイ・エステベス、クリス・ジェイムズ・ミッチェナー（二〇二三）『国家の債務を擁護する―公的債務の世界史』日本経済新聞出版。

フィリップ・アギヨン、セリーヌ・アントニン、サイモン・ブネル（二〇二二）『創造的破壊の力―資本主義を改革する22世紀の国富論』東洋経済新報社。

ベン・S・バーナンキ（二〇二三）『21世紀の金融政策―大インフレからコロナ危機までの教訓』日本経済新聞出版。

オリヴィエ・ブランシャール（二〇二三）『21世紀の財政政策―低金利・高債務下の正しい経済戦略』日本経済新聞出版。

3　私自身の考えについて、詳しくは以下を参照して下さい。
若田部昌澄（二〇二三）、「デフレ脱却への総仕上げとリスク」『Voice』二〇二四年一月号、四八‐五五頁。

第五章

技術力

10

明治の「殖産興業」に学べ

加藤康子（産業遺産情報センター長）

加藤康子（かとう・こうこ）

東京都生まれ。慶応大学文学部卒業後、国際会議通訳や米ＣＢＳニュース調査員等を経て、米ハーバード大学ケネディスクール政治行政大学院修士課程修了（ＭＣＲＰ）。一般財団法人「産業遺産国民会議」専務理事、二〇一五年から一九年まで内閣官房参与を務め、「明治日本の産業革命遺産」の世界文化遺産登録に尽力。現在は産業遺産情報センター長。国家基本問題研究所理事・企画委員。著書に『ＥＶ（電気自動車）推進の罠 「脱炭素」政策の嘘』（ワニブックス）など。

「鉄は工業の母、護国の基礎」

私は産業遺産情報センター長で、特に産業史を専門に研究してきました。日本が大きく国力をつけた時代は幕末から明治にかけてと昭和の敗戦後の復興の時代です。いま産業遺産情報センターでは幕末から明治にかけてわずか半世紀で日本が工業立国の土台をつくった道程について紹介しています。

実はこの時代の努力がいまの日本の産業の発展にも密接に関わっています。元々日本には「たたら」という一〇〇〇年の歴史をもつ伝統的な製鉄技術がありましたが、砂鉄を原料とした「たたら銑」は鉄製大砲の鋳造には不向きでした。アヘン戦争で清が敗れた後、日本では長崎の出島からでた一冊の蘭書を片手に、全国に一一カ所の反射炉と一九カ所の高炉に試行錯誤で挑み、侍の科学への挑戦が始まります。その中でブレークスルーしたのが鉄鉱石が豊かな東北の釜石です。

明治政府になると一八八〇年その釜石にイギリスより最新の製鉄所を輸入し、官営釜石製鉄所を開きます。しかしこれは僅か三年で頓挫し、民間の田中長兵衛の手に渡ります。開所した釜石鉱山田中製鐵所の高炉操業も、四八回の失敗を繰り返し、お金が底を尽き、諦めようとしたとき、従業員が「給料は要らない、成功するのが見たい」と願い出て、一八八六年四九回目の挑戦で成功し、製鉄所を軌道にのせました。日本製鉄釜石の始まりです。その後、一八九四年日本はコークスを使った銑鉄の産出に成功し、出銑量を飛躍的に伸ばしました。ヨーロッパで二世紀半かかった木炭高炉法からコークスへの転換を、日本ではわずか三〇年余りで成し遂げたのです。

「それ鉄は工業の母、護国の基礎《まもり》なり。製鉄の業起らざれば万業振わず、軍備整わず」

これは冶金学者で東京帝国大学教授であった野呂景義の言葉です。当時の宰相、伊藤博文はこの言葉を実行にうつし衆議院に建議案を提出し、筑豊炭田のある八幡村で銑鋼一貫製鉄所の建設に尽力しました。伊藤は、どうしたら日本が国力をつけることができるのかを、よく理解していたのです。どんなに大きな工場を造っても、線路を敷いても、船ができても、スチールの大量生産ができなければ日本は近代国家にはならないと知っていました。船においても江戸幕府が出した大船建造の禁で、二四〇年間にわたり遠洋航海する船の建造ができなかった日本が、わずか四〇年で軍艦を造るまでになっています。

明治の日本は、お金はなかったけれども、工業を興すという国家目標がありました。そして、その実現のために世界から人を迎え入れ、器をつくり、人を育て、産業を興して、憲法を作り、わずか半世紀で工業立国の土台を作ったのです。幕末の人口はたった三四〇〇万人です。その人口で工業立国の土台をつくりました。世界史において特筆すべきできごとでした。

また、次の大きな躍進は戦後の復興期にあります。先の戦争の敗戦で焦土と化した日本が、一九五一年にサンフランシスコ講和条約を結んだ時、粗鋼生産量は四八四万トンでした。その後わずか二〇年で一億一九三二万トンまで生産量を上げています。この昭和の高度経済成長はアジアの奇跡だと言われています。粗鋼生産量は国力の指標の一つですが、今の日本の粗鋼生産量はだいたい一億トンを切るくらいで、減産傾向にあります。

サンフランシスコ講和条約を結んだときの日本の人口は、戦争で多くの男性が亡くなり、わずか約八五〇〇万人でした。その中で日本はこれだけのことを成し遂げたのです。きちんとした正しい政策を行えば、日本は底力を発揮できます。

自動車産業は基幹産業

戦後の日本は軽自動車と大衆車を作ることから始めました。そのためにまず日本が始めたのは将来の工業生産に十分な電源を作ることです。日本は被爆国でありながら、サンフランシスコ講和条約の四年後には原子力基本法を作り、原子力発電に向き合い、十分な予備電力を備えることを考えたのです。

自動車産業は日本の基幹産業であることは言うまでもありません。日本のＧＤＰの二割は製造業であり、中でも自動車産業がなければ日本はＧ７にすら入れません。売り上げを自動車会社大手七社で合計すると、約九五兆円、経常利益約七兆九〇〇〇億円（二〇二四年三月期決算）です。世界で毎年販売される新車は八六〇〇万台なのですが、そのうちのおよそ三分の一が日本のメーカーによって作られています（同前）。また、自動車産業は我が国の雇用の五五〇万人を抱え、輸出の一七・六％（二〇二二年）を占めています。製造業の設備投資の約二六％、研究開発の約三〇％が自動車産業です。

つまり自動車産業がなければ日本経済は回らないのです。二〇二四年三月期の決算で自動車会社大手七社の新車販売台数を見ると、トヨタが四四％とおよそ半分を占めています。トヨタグループで見るとさらに割合は多くなります。

日本の輸出品のトップ10を見ると、一位が自動車、二位が半導体等電子部品、三位が鉄鋼、四位が自動車の部分品（二〇二一年）です。つまり、自動車と鉄がなければ日本は経済大国として貿易黒字もないということなのです。

ちなみに、中国の習近平政権は二〇一五年に「中国製造2025」という政策を掲げましたが、その重点分野は自動車、新素材、半導体などで、中国は自動車強国を目指していると分かります。

高市早苗先生にはぜひ「日本製造2030」を作っていただきたいと考えています。なぜなら「中国製造2025」は、明治の殖産興業政策を模して作ったものだからです。

「中国製造2025」を公布するに際して、中国は冒頭にこう謳っています。

〈製造業は国民経済の基盤であり、国家存立の根本であり、国家振興の神器であり、強国になる基礎である。産業文明が18世紀半ばに始まって以来の、世界の強国の興亡、中華民族の奮闘の歴史は、「強い製造業なしには国家と民族の繁栄もない」ことを物語っている。国際競争力のある製造業を作り出すことは、中国の総合的な国力を高め、国の安全を保障し、世界における強国を打ち立てるために避けては通らない道である〉（科学技術振興機構研究開発戦略センター海外動向ユニット、「中国製造2025」の公布に関する国務院の通知の全訳）

まさしく「中国製造2025」は中国の国家戦略の一つなのです。そのために十分な予備電力、原発も一〇〇基体制を目指し、石炭火力も世界最大を目指す。産業活動に十分な予備電力を準備し、それを国家の中心に据えていく。中国は日本の明治の殖産興業政策をやろうとしているということです。

EV推進は日本の雇用に影響する

製造業は地方経済を支えています。宮城県に大和町というトヨタ「ヤリス」の工場がある町があります。自動車産業都市です。一方で観光都市としてインバウンドで賑わう静岡県熱海市があります。大和町は人口約二万八〇〇〇人の小さな町で、熱海市はそれよりも約五〇〇〇人も人口が多い。しかし大和町は熱海市の倍の総生産をあげているのです。また、たとえば群馬県太田市にはスバルの工場があります。太田市の人口は約二二万人です。しかし、人口がそれよりも一〇万人も多い沖縄県那覇市よりも総生産は多くなっています。つまり工場が一つあるだけで地域経済には大きな経済効果があるということです。周りには様々な部品メーカーの工場群ができ、自動車産業があれば地域全体が潤います。

さらに自動車産業のそばには製鉄所があります。製鉄は内需は落ちていますが、自動車鋼板によって間接輸出されています。また直接輸出でも、中国との貿易ではまだ輸出が勝っています。中国は粗鋼生産力は高いのですが、やはりハイクオリティーのものは日本の製鉄会社が作っているからです。しかし「脱炭素」の掛け声のもとで内燃機関の自動車が電気自動車（EV）に置き換わっていくと、この力関係も変わってくると言われています。

日本の国力を考えるとき、重要なのは自動車の国内生産比率です。たとえば国内生産比率が高い自動車メーカーは、私が決算書から手計算したところによれば、スバル、マツダ、三菱、トヨタです。スバルは生産台数のほとんどを北米に輸出し、マツダも日本での販売比率はそんなに高くない。つまりこれらのメーカーは日本で自動車を生産し、海外に輸出しています。トヨタ・ダイハツもそうで、ダイハツは五〇％以上が国内生産です。ホンダと日産は国内生産の比率を減らし、中国で生産したものを日本の市場に持ってきている状況ですが、最もEVシフトを謳っているのもホンダと日産です。

日本車が強いのは日本以外では北米、ASEAN、インドですが、そこへ日本メーカーが出ていく地産地消が増えており、国内生産の比率はどんどん低くなっている傾向にあります。EVへのシフトが大きくなると、さらに国内生産比率は下がると考えられます。

拙著『EV（電気自動車）推進の罠 「脱炭素」政策の嘘』（ワニブックス）を私が書いたのは、「脱炭素」によってガソリン車禁止やEV推進の流れがつくられていくことに危機感を抱いたからです。EVへのシフトによって日本の雇用が失われるという指摘に対して、それは一面的な見方に過ぎないという反論がよくありますが、そうではありません。実際、EV化したメーカーは生産基盤を現地に移し海外シフトをしています。

にもかかわらず、日本政府はグリーンを国家目標に据えて、再生可能エネルギー（再エネ）とEVを推進しています。補助金を投入し、ある面では官製市場を作って、そちらの方向に進めるよう日本を挙げて努力しています。さらにメディアは「ガソリン車はなくなる」、国際社会は「ガソリン車からEVへ」なのだと煽ってきました。

日本が今後、今以上にEV化を推進したらどうなるのか。帝国データバンクの調査「EV普及の影響／参入企業の実態調査（2023年）」（二〇二三年八月二四日）によると、ＥＶの普及による「自動車関連」業種への影響について、「マイナスの影響」とした企業の割合は四九・二％と約半数を占めています。ですから、実は内燃機関の自動車一台には約三万点の部品が使われています。ですから、実に多くの事業者、部品メーカーが「影響がある」と答えています。また、アメリカのコンサルティング会社であるアーサー・Ｄ・リトルは国内部品メーカーの約三〇〇万人の就業者のうち、約三〇万人の雇用が喪失されるとしており、トヨタはもっと厳しい予測をしています。

ＥＶ化は内燃機関が強い日本の雇用にとっては大きな負の影響があると見られているのです。

ＥＶシフトは泥船

「脱炭素」は地球温暖化問題に対応する二酸化炭素削減・カーボンニュートラルという流れの中で出てきました。日本政府は二〇三〇年度に一三年度比で温室効果ガスの四六％削減、二〇五〇年にカーボンニュートラルの実現を目指すとしています。

しかし、日本の二酸化炭素排出量は世界のわずか約三％で、中国は約三二％です。中国の石炭火力の問題が解決されたら、地球温暖化問題はほとんど解決すると言っても過言ではありません。世界における二酸化炭素排出量の割合は、一位が中国三二・一％、二位がアメリカ一三・六％、三位がインド六・六％、四位がロシア四・九％、五位が日本三・二％なのです（二〇二〇年）。日本はＧＤＰ四位の国で、三・二％しか二酸化炭素を排出していない。すでにこれだけの数字を達成しているにもかかわらず、日本政府はさらに削って二〇三〇年度に一三年度比で温室効果ガス四六％削減を目指すというのです。そのために各省庁に様々な割り当てをしており、弊害が出ています。

自動車のエンジンを製造、設計できるのは日本とアメリカ、ドイツ、イタリアで、その中でもこれまで日本がいかに二酸化炭素の削減に貢献をしてきたか。自動車の二酸化炭素排出量は二〇〇一年からの比較で言えば、日本はマイナス二三％、アメリカはプラス九％、ドイツはプラス三％です。ＥＶではなく、軽自動車とハイブリッドで最も貢献してきたのが日本なのです。二〇二一年四月、当時の豊田章男トヨタ社長（現会長）が四六％削減目標について自動車工業会の会長として何と述べたか。

「最初からガソリン車やディーゼル車を禁止するような政策は、その選択肢を自ら狭め、日本の強みを失うことにもなりかねません。政策決定におかれましては、この順番が逆にならないようお願い申し上げます」

さらに①国内の乗用車四〇〇万台を全てＥＶ化したら原発が一〇基必要、②充電インフラコストが一四兆から三七兆円必要、③ＥＶ化で雇用が一〇〇万人失われる、④世界一の自動車業界のビジネスモデルが全壊、というような話を様々な場面でされました。

しかしながらメディアの圧力、また、トヨタ自身の全方位戦略「マルチパスウェイ」の決意の中で、トヨタは一〇〇〇万台の生産のうち三五〇万台がＥＶになっても対応できるように体制を組むと二一年一二月に発表しました。

また、トヨタは全固体電池の生産ラインを二七年に稼働させ、ＥＶに搭載して商品化するとしています。ただしトヨタは水素、ハイブリッド、ＥＶ、ＦＣＶ（燃料電池自動車）とマルチソリューションでいくとしています。変換期にあるので、様子を見ながら臨機応変に戦っているというところがトヨタの強みです。

この「脱炭素」の流れは今、世界ではかなり修正されてきました。その一つの例が二〇二三年に行われた広島サミットです。メディアは報道しませんでしたが、このサミットでは自動車業界が非常に安堵するような成果がありました。議長国として岸田文雄総理のイニシアティブで、日本自動車工業会、国際自動車工業連合会が、カーボンニュートラルを目指すのであればＥＶに囚われないアプローチでやろうと結束したのです。そしてマルチパスウェイで「脱炭素」を目指そうという形になりました。

「主要各国のパワートレイン別の新車販売台数（２０２２年）」という国交省がマークラインズのデータから集計したものがあります。ＥＶ、ＦＣＶ（燃料電池自動車）、ＰＨＶ（プラグインハイブリッド自動車）、ＨＶ（ハイブリッド自動車）、内燃機関のデータですが、これを見るとＥＶ市場は小さい。今、日本の経産省はＥＶ推進に一所懸命でお金を投入していますが、実際、マーケットで言えば一〇％から一五％にすぎません。アメリカでは五・六四％がＥＶですが、その七割がテスラです。日本のＥＶは一・二九％、ドイツは一五・七八％、イギリスは一四・九三％です。一方、たとえばインドは九九・〇六％が内燃機関なのです。にもかかわらず、日本はＥＶ推進の圧力をかけ、メーカーがＥＶシフトしています。しかし、その先にあるのは泥舟です。補助金によって購入していた顧客がＥＶ離れをして、いまＥＶの需要が急速に減退しているからです。

ＥＶ車の真実

世界の政治は二〇二四年に大きく変わり、同時に政策が変わります。アメリカのバイデン大統領はインフレ抑制法などでＥＶを応援してきましたが、もしトランプ大統領が誕生したらどうなるか。政権のＥＶ一辺倒の流れは変わります。

トランプ氏がミシガン州の自動車部品会社で行った演説では何を述べていたか。自動車産業は国家安全保障上、重要な産業であり、ＥＶ化は多くの雇用を奪うと述べたのです。ＥＶは最初の一〇分だけは楽しいけれども一〇分経ったら充電施設はどこにあるのかが心配になる、これからはハイブリッドだ、ガソリン車もどんどん買えるようにする、とも述べています。

また、ＥＶの危険性が次々と明らかになり、アメリカの消費者のＥＶ離れが止まらない状態になっています。たとえば二〇二四年、北米は大寒波でテスラ製ＥＶの充電ができない騒ぎが勃発しました。そのため、レンタカー大手のハーツは二万台のＥＶを放出して、代わりにガソリン車を購入したのです。ＥＶでは借り手がいないからです。

二〇二一年五月、バイデン大統領がフォードのＥＶに試乗して「自動車産業の未来は電気だ」と言った写真が世界に拡散されましたが、そのフォードのＥＶですらいまは、生産量を半分にしています。フォードはＥＶ事業で六二七〇億円も赤字を出したのです。

なぜＥＶで赤字が出るかと言えば、ＥＶはコストの約四割を電池（バッテリー）が占めているからです。内燃機関では約三万点の部品が必要ですが、ＥＶはそれが電池とモーターになります。電池の原材料、精製過程の七割は中国が握っているため、ＥＶは儲からないわけです。つまり、ＥＶシフトすればするほど中国が勝つ仕組みになっています。

大手メーカーのＧＭは二〇二三年、エンジンに一三〇〇億円を追加投資するとしています。少し前までホンダと一緒にやると言っていた量販型ＥＶ計画も中止になりました。二〇三五年には全車をＥＶにするという目標も消えていっている状態です。

アップルも一兆円ぐらいかけて一〇年間にわたりＥＶを開発していましたが、それをやめてしまいました。新興ＥＶメーカーのローズタウンは破綻し、フィスカーは上場廃止になり、リヴィアン、ルシード、いずれも株価は大きく下げ人員解雇をしています。

ベンツも二〇三〇年全車ＥＶの計画からエンジン車継続に転換し、フォルクスワーゲンはドイツの四つのＥＶ生産工場のうち二つを一時生産停止にして人員を削減。中国のＢＹＤですら、ＥＶよりもＰＨＶやハイブリッドにシフトしています。

つまり、ＧＭもフォードもフォルクスワーゲンも、世界中がみんなＥＶの生産調整に入っているわけです。ドイツはＥＶの補助金を終了して、ＥＵ議会も二〇三五年に内燃機関禁止をするという目標を転換したという情勢です。二〇二一年にはＥＶ一色だったものが、二〇二三年には生産縮小に舵を切っているのです。顧客の強い抵抗があるからです。これが現実です。

ＫＰＭＧジャパンという国際コンサルティング会社が行った「日本におけるＢＥＶの浸透率

（日本の消費者の見解）」という調査の結果があります（二〇二四年三月一二日「第3回日本における消費者調査」）。その調査では「今後5年以内に車を購入するとしたら、どの自動車を選びますか?」という質問に「エンジン車」と答えた人は、二三年には六四％で、二二年の五二％、二一年の五四％より大きく増えているのです。メディアがＥＶと連呼し、政府が補助金を出しても、日本の消費者はエンジン車が欲しい。そしてそういう人が増えているのです。ハイブリッドは三六％、バッテリー電気自動車（ＢＥＶ）は一三％ですから、消費者が望んでいるのは圧倒的にエンジン車なのです。

「俺たちはエンジンを守りたい」

日本ではいま、メディアの煽動によって「トヨタはテスラに勝てるのか」などと言う人がいるのですが、何を考えているのかと思います。トヨタの新車販売台数は年間約一一二三万台、テスラは約一八〇万台です。トヨタは世界一の会社だということを忘れないでください。

また、恰好がいい車だけが車じゃないのです。私はダイハツの大阪・池田の工場も、滋賀の工場も行きましたが、ダイハツは「下町ロケット」の世界です。地域の市民や子供たちに愛されています。ダイハツが不正問題で叩かれているときに、ダイハツを応援しようとフェイスブックで呼び掛けたところ、数時間で三四〇人の人から「俺のダイハツ」という写真が送られてきました。「生活にも仕事にも欠かせない」「俺の最後の車」「農道のポルシェ」とみんな一言添えていましたが、要は暮らしに必要な車なのです。

日本の道の八三%は軽自動車でなければ行き来できません。地方における「暮らしの友」、それが軽自動車です。国内の新車販売台数、約四〇〇万台（年間）の四割強が日本は軽自動車です。

ただし今、大きな問題があります。世界の自動車メーカーや大手部品メーカーにはいまEV離れが起き、内燃機関に投資しようという動きがありますが、中小の下請け会社はそうではありません。

自動車メーカーには、たとえばダイハツでも八〇〇〇社くらいの中小の下請け会社がありますが、その会社が実は内燃機関への投資を六%しか増やさないというのです。なぜなら金融機関が融資をしないからです。金融機関のサステナブルファイナンスのようなものが「これからはEV」と決めつけて内燃機関に融資しない。このため中小の下請けは強烈なEVシフトを行っています。述べてきたようにEVシフトで中小の下請けは弱ります。中小の下請けが弱ると自動車産業が弱ります。自動車産業という基幹産業が弱ればどうなるか。日本経済が弱るのです。

最近、私は自動車整備の関連で講演したりしていますが、整備工場の人たちはやる気を失っています。EVになると板金修理の仕事は要らなくなるからです。たとえばテスラのEVはアルミのギガキャストを使っています。これは自動車の車体構造をアルミニウムダイカストで一体成形する技術です。しかし、アルミはスチールではないので板金（金属加工）できません。たとえば車の後ろをぶつけただけでも板金修理ができないので車体交換になります。つまり、少しぶつけただけでも三〇〇万円くらいかかります。

板金修理がなくなり「もう俺たちの仕事は要らないのか」と、たとえばホンダスクールやスズキのスクールを出た人たちがやる気をなくしている。若い人たちが就職しない。跡を継がないという現象が起こっているのです。

私が講演に行くと最後にはみんな「この真実を伝えたい」と泣いてしまいます。私が「ホンダはどうしてエンジンをやめるんですか」と聞くと、ホンダスクールを出た人が「俺たちはエンジンを守りたい」と泣く。みんな日本の経済を支えてきたという自負があるからです。先日も内燃機関のエンジニアたちの勉強会で講演した後にディスカッションしたら、涙、涙で「経産省はひどい」と言うのです。経産省が「ミカタプロジェクト」というものを行っています。その中でエンジンとトランスミッションの部品メーカーを集めて講習し、コンサルタントを派遣し、設備投資まで提案して「EVにしませんか」と言うそうです。

しかしEVは、先ほども述べたようにニッチな市場です。売れているのはほとんどがテスラ、中国のBYDです。日本の部品メーカーはどうするのですか。向こうへ行ったら泥舟で、帰ってこられない。自動車部品メーカーの人たちはひどいと言っていました。

電気自動車は五年で廃棄ですが、内燃機関の自動車は一五年くらい使います。中には二〇年使う人もいて、中古車になってもまた活躍します。そんな日本の優れた自動車を作っている部品メーカーが自信を失っているのです。自動車産業の五五〇万人もの人がです。ガソリンスタンドでも従業員が真実を伝えたいと言います。みんな自分たちの未来が懸かっています。

この五五〇万人を大切にせず、ＥＶを増やすことだけにフォーカスする日本の政策は問題です。しかもその日本の内燃機関の技術者を、いま中国が取りに来ています。「ビズリーチ」という転職サイトに登録すると中国企業がヘッドハンティングに来るというのです。特に内燃機関の技術者が狙われているといいます。

私の一番好きな「いすゞ」のＣＭがあります。一九五六年、戦後まもなく、技術もない時代に南極に行き、いすゞは二〇〇〇キロを超える移動を行ったというものです。当時からこれだけの技術を日本は持っていることを忘れないでほしい。極限の環境で頼れるのはメンテナンス、整備ができる人材です。技術と人です。それをなくさないでもらいたい。

明治の伊藤博文ら「長州ファイブ」の一人、山尾庸三が留学を終えて帰国したときに何と言ったか。

「たとえ今は工業が無くても、人を育てればきっとその人が工業を興すはずだ」

工業を興す人材を、技術者、技能者ともに、育成していただきたいと思います。

冒頭申し上げたように、日本がなぜ三四〇〇万人でも明治の近代国家を建設できたのか、八五〇〇万人でも高度経済成長できたのか。それは国家戦略に基づく正しい政策を採ったからです。少子高齢化など悲観することはありません。

質疑応答

高市　少子高齢化も怖くない、円安も怖くない。重要なのは、技術力と人材力と、国家の経営理念ですね。

加藤　はい。よろしくお願いいたします。

議員Ａ　高市大臣が国家の経営理念だと言われましたが、残念ながら今はそれが真逆。国土に占める太陽光発電の割合は世界で一位なのに、まだこれから三倍増やすと言っています。政府も産業界もそちらに進んでいるのをどう引き戻していけばいいのか。加藤さんがお話しになったようなことは報道も伝えない。

議員Ｂ　二、三日前、アメリカの民主党の地方議員にお会いしましたが、やはり民主党はＥＳＧ投資、ＳＤＧｓに熱心です。ＥＳＧ投資などの世界的な流れがあり、産業界も金融界もそれに乗って、火力発電やタービンに対しての投資が少なくなっている。世界の潮流から考えるとこれを変えるのはなかなか難しいと感じています。ただトランプ大統領が誕生すればエネルギー政策、環境政策に関して真逆の考えなので、日本がまたチャンスになるのではないかとお話を聞いて思いました。どうお感じになっているかお教えください。

加藤　たとえば脱炭素で利益を得ている会社もあります。原発、水素で最先端の技術を持っている企業もあります。日本の技術が脱炭素によってさらに活かされるのはいいと思います。しかし脱炭素が国家の目標であったり、政策の中心ではいけないのです。国力そして国益を中心に考えてほしい。また、ＥＳＧ投資は利回りがすごく悪い。アメリカはすでに一八州で、年金の運用にＥＳＧを考慮しないという法律が可決され、ＥＳＧを年金運用の基準とすることが禁止となりました。年金運用でアメリカの資金がＥＳＧ関連から離れています。とくに高市大臣に理解して頂きたいのは、脱炭素政策は再エネもＥＶも中国への支援策だということです。日本の場合は日経新聞が変わらないと世論も政策も変わらないかもしれません。先ほど述べたようにＥＶは基本的に売れておらず、日本でも二％弱です。売れているという数字を一生懸命作っているのに、それでも売れていない。アメリカでも在庫が余ってしまって勘弁してくれという状態です。

日経新聞をはじめとするＥＶの「売れている」という数字は、脱炭素のためのミスリードとしか思えません。要するに国際会議で日本はＣＯ２をこれだけ減らしたと言いたいだけだとしか思えません。そのために日本の優れた内燃機関の技術者がやる気をなくしています。総理総裁が河野太郎氏や小泉進次郎氏になれば、さらに脱炭素を進めるでしょうから心配です。

議員Ｃ　社会のリーダーに国家観がない、国家という視点がないのは日本の戦後の特徴だと思います。加藤先生のように魅力的で説得力があり、かつイデオロギーのレッテルを貼られない歴史観、産業界に対する嗅覚、国家観はどのように磨かれたのかを教えて頂ければと思います。また日本が悲しいかな再生エネルギーに善意で、良かれと思ってやればやるほど中国に首根っこをつかまれている。この現実をどう知らしめるか。

加藤　まず、内閣府で再エネのタスクフォースを許すこと自体が問題です。構成員四人のうち二名が自然エネルギー財団の関係者であったこともとんでもない話ですが、タスクフォースを設置したこと自体が問題です。自民党の中枢に再エネ推進の方たちがいるからこういう問題になってしまうのです。まずはエネルギー基本計画で再エネ比率を抑えることが重要だと思います。再エネにすればするほど電気代は高くなります。たとえば原子炉一基と同じ発電量を太陽光でまかなうにはどうしたらいいのか。山手線の内側全部を太陽光パネルにしないと難しい。しかも太陽光は夜は発電せず、悪天候では不安定になりますからバックアップ電源として火力が欠かせません。経産省の試算ではその火力の費用は入っていません。

私の国家観がどうやって培われたか。恐らく父の影響もあるとは思いますし、子供の頃から福山や水島の工業地帯、町工場を見ていて、大学では企業城下町のケーススタディが研究テーマでした。ハーバード大学大学院では日鉄が今度買収しようとしているUSスチールのモンバレー工場（ペンシルベニア州）などがある企業城下町の栄枯盛衰が私のケーススタディのテーマだったのです。産業の栄枯盛衰を見てきたので、日本から産業がなくなったら、商店街、町がなくなってしまうことを知っています。日本に生産拠点があること、国内生産を続けることが重要なのです。それを理解してもらいたいと思います。

議員D　外国資本に土地を絶対に買わせない。そこへの危機感があまりに欠如していると思います。当たり前のことをやれば日本は豊かなはずなのにと思います。私はナショナリズムこそがグローバリズムだと思っています。自分の国を大事にしないのに何が世界だと思いますが、どうですか。

加藤　仰るとおりだと思います。グローバリズム、ダボス会議に日本の未来を任すわけにいかないわけです。今やっていることは、グローバルエリートたちが掲げているものです。彼らは日本に何もコミットしておらず、グローバルな理想社会を描いて、日本にも指図しています。それに対して、他国はどの国であっても、自国のナショナリズムがあり、自国の民を守り、自国の産業を守ります。日本だけが自国の産業、国民を踏み台にするのです。そしてグローバルエリートに良く見られたいと思っているとしか思えない人たちが、リーダーになっています。

実は先日、金融庁のサステナブルファイナンスの室長のところに行って、あなたたちの手法では日本が良くなるはずがないという話をしました。たとえば火力にファイナンスを付けない、内燃機関の部品メーカーにＥＶシフトをすすめるというようなことをやって日本が良くなるはずがないのです。しかも進んだ先は泥船ですから、金融機関は経済性で融資しなければいけないのではないのかという話をしたのです。するとすごく慌てていましたが、今日お話ししたような世界の流れは実はご存じでした。ＥＶの先は泥舟だということもわかっています。わかっていて、官邸で決めたことにそのまま従っていくということなんでしょうけれども。各省庁と話した空気で言えば、一番悪いのは経産省だと思います。経産省はイデオロギーのように脱炭素の方向に移行しようと考えている人たちが案外多い。

自国の産業を守らなければいけないと言っているのですが残念です。

（二〇二四年三月二七日）

第六章

「国力」の全要素を包含する宇宙政策

高市早苗

激変する国際場裡にあって、産学官が密に連携して、「総合的な国力」を強化しなければならないことについては、読者の皆様に十分にご理解をいただけたと思います。

序章に書きました通り、「外交力」「防衛力」「経済力」「技術力」「情報力」「人材力」を「国力」の要素と考えて、本書では、順次、講師の先生方のご講義を紹介致しました。

二〇二二年八月一〇日以降の約二年間、私が閣僚として担当してきた宇宙政策は、「国力」の全要素を包含するものであり、宇宙システム（人工衛星や、人工衛星のロケットでの打上げ、それらを維持・運用・利用するシステム）は、「国力」の基盤ですので、ここに書かせていただきます。

宇宙システムと「防衛力」「情報力」

二〇二二年二月に勃発したロシアによるウクライナ侵略の直後から、私達が改めて思い知らされたことは、宇宙システムの利用が生死を分けるということでした。

特に有事においては、「情報通信の継続性」と「高い情報収集能力」を有する宇宙システムが重要です。

米国Space X社（スペースX社）がウクライナに小型通信衛星システム「Starlink（スターリンク）」のサービスを提供したことは、戦場や通信インフラが破壊された地域でのインターネット通信維持に貢献しました。ウクライナ政府やウクライナ国民が発信した様々な情報が切れ目なく世界に発信され、ロシアに対する経済制裁とウクライナ支援に向けた国際世論を作りました。

巨大農業施設がロシア軍に破壊された様子は、米国Planet社（プラネット社）の衛星が捉えました。ウクライナ侵攻前にロシア軍が同国国境付近に車両を集めている様子も、米国Capella Space社（カペラ・スペース社）の衛星が捉えました。

現在も、米欧企業が提供する商用宇宙アセット（通信・観測）が、軍事作戦支援や戦場動向把握といった安全保障用途で、ウクライナによってフル活用されています。

もちろん、ロシアも、通信や画像情報などで各種衛星を活用しながら戦闘を続けています。

二〇二四年一月一日に発生した能登半島地震においては、日本のAxelspace社（アクセルスペース社）、QPS研究所、Synspective社（シンスペクティブ社）といった小型衛星ベンチャーに加え、フランスのエアバス社と連携したパスコ社が、発災直後から、衛星データを一般や政府機関に公開・提供して下さり、海岸の隆起や土砂崩壊、建物の倒壊といった被災状況・地殻変動の把握に貢献していただきました。

また、ＪＡＸＡ（国立研究開発法人宇宙航空研究開発機構）の陸域観測技術衛星「だいち2号（ＡＬＯＳ－2）」が、発災直後の一月一日二三時から撮像を続け、国土地理院がそのデータを基に、輪島市西部で最大約四メートルの隆起があったと解析しました。

また、地上系の通信インフラが大きな被害を受ける中で、被災地における通信の確保については、衛星通信網が活用されました。

一方で、課題も強く認識しました。人工衛星による撮像をより効果的なものにするためには、機数増とコンステレーション化による即応性の向上や、発災前のアーカイブデータの蓄積が必要です。

国防上の有事においても、地震・津波など広域・大規模災害発生時においても、迅速に状況を把握し、関係機関などに情報提供することが重要です。リモートセンシングデータの活用を加速させるとともに、情報収集と情報通信を目的とした衛星のコンステレーション化を急がなければならないと考えています。

内閣府では、二〇二五年までに、民間事業者による小型SAR衛星コンステレーションを構築し、商業化を加速すべく、政府が一定の調達を保証する実証事業を推進しています。

また、『経済安全保障推進法』の指定基金で運用される「経済安全保障重要技術育成プログラム」でも、光通信等の衛星コンステレーション基盤技術実証事業や船舶向け通信衛星コンステレーション実証事業を実施中です。

経済産業省では、「SBIRフェーズ3事業」で、二〇二三年七月一四日から九月一日まで「衛星リモートセンシングビジネス高度化実証」をテーマに公募を行い、八社の企業が先端技術の社会実装に向けて取り組んでいます。

《日本初の『宇宙安全保障構想』》

二〇二三年六月一三日、私は、宇宙政策担当大臣として、日本初の『宇宙安全保障構想』を取り纏め、同日の宇宙開発戦略本部で決定しました。宇宙を大きくクローズアップし、宇宙の安全保障の課題と政策を具体化しました。

これらは、三年ぶりに改訂した『宇宙基本計画』（二〇二三年六月一三日閣議決定）の個別事業に反映させました。

『宇宙安全保障構想』は、宇宙安全保障上の目標と達成のための三つのアプローチを、今後約一〇年の取組として示したものです。

第一は、安全保障のための宇宙システム利用の抜本的拡大（「宇宙からの安全保障」）です。「宇宙からの安全保障」の確保のためには、広域・高頻度・高精度な情報収集態勢の構築、耐傍受性・耐妨害性の高い情報通信態勢の確立、ミサイル脅威への対応、衛星測位機能の強化、大規模・柔軟な宇宙輸送態勢の確立が必要です。

第二は、宇宙空間の安全かつ安定的な利用の確保（「宇宙における安全保障」）です。「宇宙における安全保障」の確保のためには、宇宙領域把握等の充実・強化、衛星の長期的・経済的運用のためのライフサイクル管理、不測事態における対応体制の強化、国際的な規範・ルール作りへの主体的貢献が必要です。第一のアプローチ及び第二のアプローチの全体像は「安全保障のための宇宙アーキテクチャ」として示しました（図をご参照下さい）。

第三は、宇宙産業支援・育成による、安全保障と宇宙産業の発展の好循環の実現です。併せて、政府のニーズを明確に示し、予見性が確保できる民間部門の投資の促進を図ること

宇宙アーキテクチャ

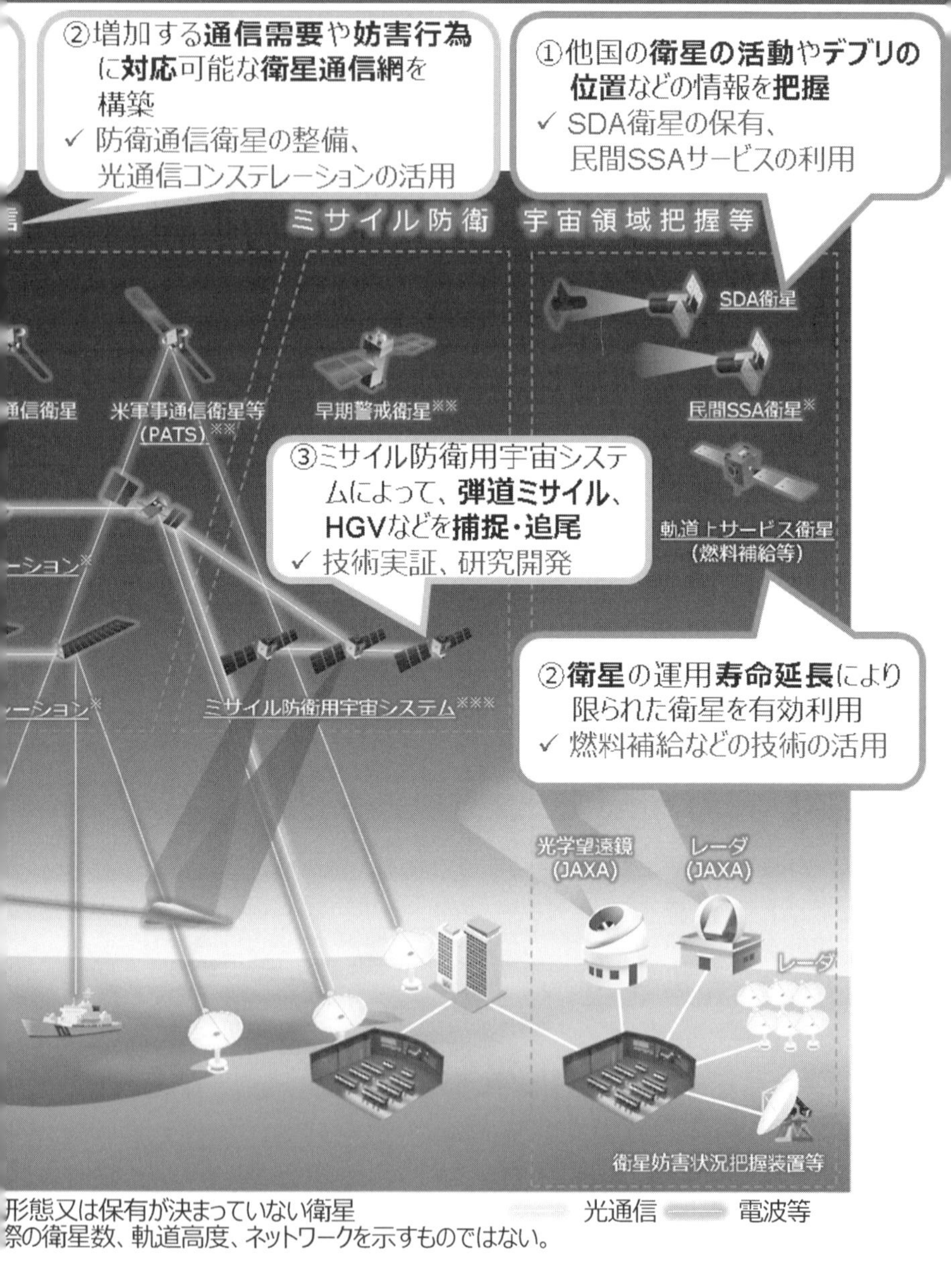

形態又は保有が決まっていない衛星
祭の衛星数、軌道高度、ネットワークを示すものではない。

安全保障のための

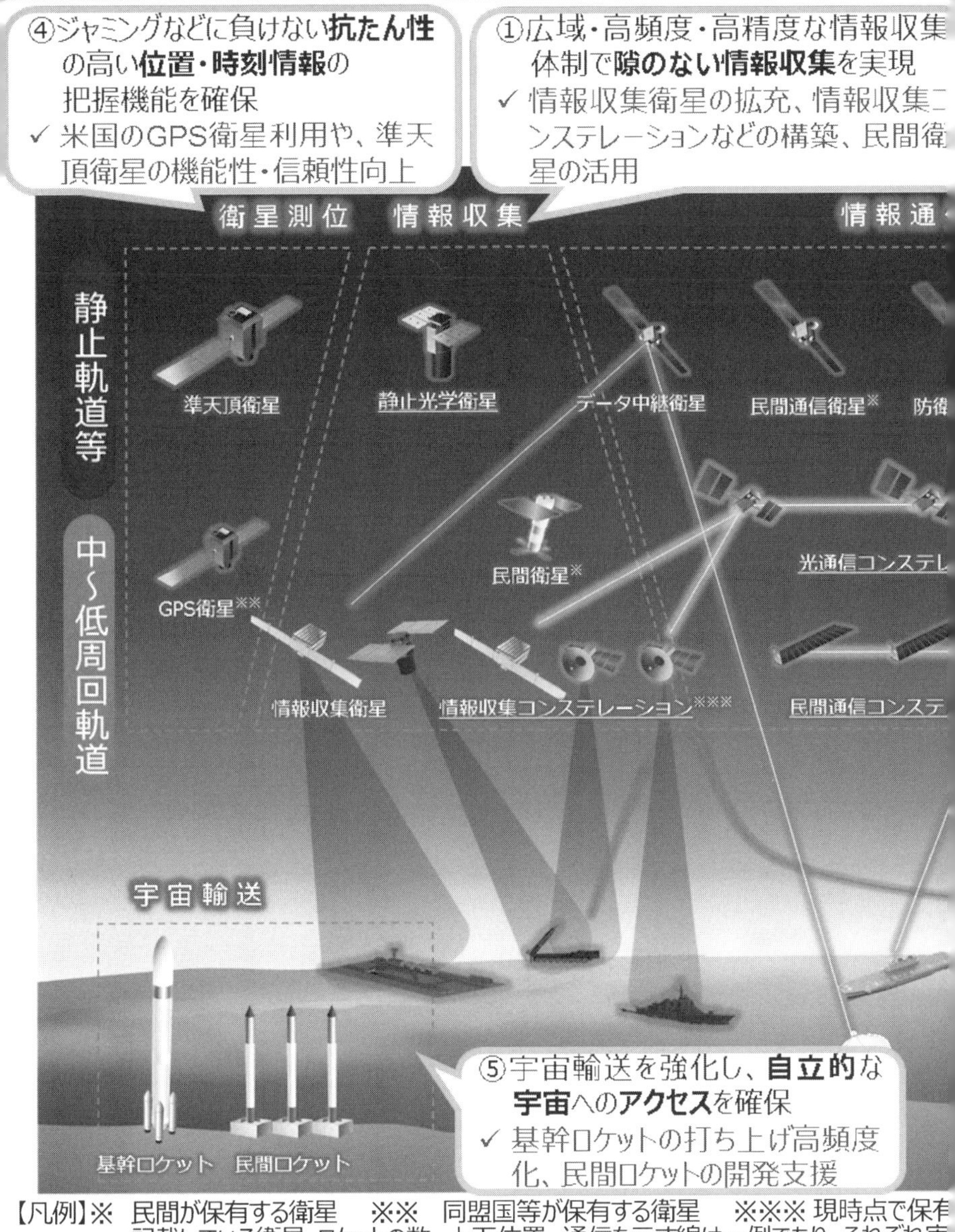

【凡例】※　民間が保有する衛星　※※　同盟国等が保有する衛星　※※※ 現時点で保有
・ 記載している衛星・ロケットの数、上下位置、通信を示す線は一例であり、それぞれ実
・ 下線は、新たに導入や利用が検討されている衛星等を示す。

としました。

「安全保障と宇宙産業の発展の好循環」の実現のためには、先端・基盤技術開発力の強化、自律性を確保すべき重要技術の国産化、JAXAの役割の充実・強化、政府の先端技術の研究開発成果の安全保障用途への活用、民間技術の活用、民間主導の技術開発の支援が必要です。

『宇宙安全保障構想』や『宇宙基本計画』に基づいて、我が国は、宇宙安全保障の確保に取り組んでいきます。特に重点的に取り組むべき事項を、次に例示します。

《宇宙安全保障の確保》

●スタンド・オフ防衛能力の実効性確保等の観点から、二〇二七年度までに、目標の探知・追尾能力の獲得を目的とした衛星コンステレーションを構築するため、効率的かつ効果的な衛星画像を取得するための最適な在り方についての調査結果等を踏まえ、この構築に向けた方向性の検討を行い、必要な措置を講じる。

●情報収集衛星について、ユーザー・ニーズを踏まえつつ、一〇機体制が目指す情報収集能力の向上を着実に実施する。

●耐傍受性・耐妨害性のある防衛用通信衛星の整備など、安全保障用の衛星通信網の強化を進める。

●二〇二五年度を目途に、他国の衛星測位システム（GNSS）に頼らず持続測位を可能とする準天頂衛星システム七機体制の構築（二〇二四年現在は四機体制）に向け、引き続き着実に開発・整備を進める。

また、機能性や信頼性を高め、衛星測位機能を強化するべく、一一機体制に向け、コスト縮減等を図りながら、検討・開発を進める。
●HGV（極超音速滑空兵器）探知・追尾等の能力向上に向けて、新型宇宙ステーション補給機（HTV-X）で計画している宇宙実証プラットフォームを活用し、赤外線センサ等の宇宙実証を実施する。
二〇二四年の日米首脳の共同声明において発表された、HGV等のミサイルのための地球低軌道の探知・追尾の衛星コンステレーションに関する協力についても検討を進める。
●MDAにおける宇宙アセットの活用を推進し、二〇二三年一二月に策定された『我が国の海洋状況把握（MDA）構想』等を着実に実行する。
●二〇二六年度に打上げを予定しているSDA（宇宙領域把握）衛星の製造や複数機運用の検討等、引き続きSDA体制の構築に向けた取組を着実に進める。
●機能保証強化に係る重要な取組として、「宇宙システムの安定性強化に関する官民協議会」（二〇二三年一〇月設置）の活動を継続し、脅威・リスクに関する情報の収集・分析や、これを踏まえた情報の共有、机上演習等を行い、官民協議会の実効性を向上させ、宇宙に関する不測の事態が生じた場合における官民一体となった対応要領を強化する。

宇宙システムと「技術力」「経済力」

《日本初の『宇宙技術戦略』》

二〇二四年三月二八日には、日本初となる『宇宙技術戦略』も取り纏めました。安全保障・民生分野横断的に、技術・産業・人材基盤の維持・発展に係る課題を検討し、策定しました。「プロジェクト化の前段階からの先端・基盤技術開発」「技術の実装の具体的な道筋を見据えた技術実証や科学探査のプロジェクト」「民間事業者主体の商業ミッションに向けた開発支援」を実施し、技術開発を戦略的に推進します。

さらに、同戦略実行に際し、JAXA自らの開発能力強化とともに、大学のシーズ研究や民間の商業化の支援のため、JAXAの戦略的かつ弾力的な資金供給機能を強化することとしました。また、民間企業の一層の活躍を期して、JAXAにおける「産官の開発リスク分担の見直し」や「物価・為替変動への対応の継続」など必要に応じた契約制度の見直しも行うこととしました。

企業や大学が、複数年度にわたる予見可能性を持って研究開発を行えるよう、二〇二三年に、令和五年度補正予算（三〇〇〇億円）で、JAXAに「宇宙戦略基金」を創設しました。総務省、文部科学省、経済産業省、内閣府が、ＪＡＸＡに基金を造成して、ＪＡＸＡが企業やアカデミアに資金を配分します。一〇年で一兆円規模を目指す基金です。二〇二四年七月五日から公募が開始されました。まずは二二の技術開発テーマについて、この基金で強力にサポートしていきます。

『宇宙技術戦略』では、日本の勝ち筋を見据え、開発を進めるべき各分野の技術を見極め、タイムライン（ミッションへの実装や商業化のタイミング）も、可能な限り示しました。

革新的な研究開発や事業化には、リスクが伴います。民間企業が主体的に技術開発に取り組み、新たに宇宙分野に参入するためには、予見性を高める必要があります。これまでの『宇宙基本計画工程表』に加えて『宇宙技術戦略』を示すことによって、これから必要とされる技術を分かりやすくお示しすることに注力しました。宇宙分野における民間投資の拡大も期待できると考えました。

政府でも、関係省庁において、予算執行に際して参照する羅針盤として活用されるものになったと思います。

技術開発のタイムラインを示した『技術ロードマップ』も含む『宇宙技術戦略』については、毎年度、最新の状況を踏まえて継続的な改訂を行います。

具体的には、「衛星」「宇宙科学・探査」「宇宙輸送」「分野共通技術」において、我が国の技術的優位性の強化や、サプライチェーンの自律性の確保に資するような技術開発を推進し、必要な宇宙活動を自前で行い得る能力を確保することを目指します。

民間の宇宙技術の安全保障への活用が、宇宙産業の発展を促し、日本の防衛力強化にも繋がる好循環を実現しなければなりません。

私は、日本を守り、経済成長も実現するためには、「国際市場で勝ち残る意思・技術・事業モデルを有する企業」を戦略的に支援することが重要だと考えています。

《「六月最初の一週間」の出来事》

宇宙システムは、「国力」の基盤です。そして、各国の宇宙開発にも、激動が起こっています。

二〇二四年「六月最初の一週間」の出来事は、画期的なものでした。

二〇二四年六月二日（日本時間）、米国ボーイング社の新型有人宇宙船「スターライナー（Starliner）」が打ち上げられる予定でしたが延期となりました。しかし、早くも六月五日に再設定された打上げが成功し、七日未明には二名の宇宙飛行士がＩＳＳ（国際宇宙ステーション）に到着しました。初めて利用される宇宙船での有人飛行に挑まれた二名の宇宙飛行士には、その勇気に敬意を表さずにはいられません。

六月二日、中国の月面探査機「嫦娥６号」が月の裏側への着陸に成功し、サンプルを採取の上、六月四日には月面を離陸し、地球に向かいました。

六月五日、米国とニュージーランドに拠点を持つ Rocket Lab 社（ロケット・ラボ社）が、

「Electron（エレクトロン）ロケット」49号機の打上げに成功し（これまでに四五機成功）、その実績は、我が国の「H－ⅡAロケット」（全四八機中、四七機成功）に拮抗しています。六月六日、米国Space X社（スペースX社）が、将来の有人宇宙船として開発中の「Starship（スターシップ）」の四回目の飛行実験を行い、宇宙船の洋上軟着水に初成功しました。

驚くべきは、以上の全てが五日間足らずの間の出来事だということです。

こうした宇宙開発利用競争の激化は今に始まったことではありませんが、近年は各国が宇宙活動にしのぎを削っています。我が国の存立と繁栄の帰趨は、宇宙活動の自立性を維持・強化し、宇宙先進国として世界をリードできるか否かに左右されます。日本は、ここでギアを一段も二段も上げて、宇宙政策を戦略的に強化する必要に迫られています。

《日本の優れた技術とビジネスチャンス》

海外の衛星打上げ需要も取り込む

日本の強みは、「ロケット」「衛星」「宇宙探査」という宇宙活動の三大分野全てを、自前で行う力を培ってきたことです。このような国は世界でも珍しく、日本が「宇宙大国」に数えられる理由です。

日本は、一九七〇年二月に、国産人工衛星「おおすみ」を、国産の「ラムダ－4Sロケット」で打ち上げることに成功しました。一九五七年の旧ソ連、一九五八年の米国、一九六五年のフランスに次いで、四番目の人工衛星打上げ国になりました。

　現在でも、自前でロケットを打ち上げられる国は、日本、米国、フランス（欧州宇宙機関が開発したロケットも打上げ）、韓国、インド、イスラエル、ロシア、中国、イラン、北朝鮮の一〇カ国・地域のみです。

　二〇二四年一月一二日、「H－ⅡAロケット48号機」による情報収集衛星「光学8号機」の打上げが成功しました。

　二〇二四年二月一七日、「H3ロケット試験機2号機」による「ロケット性能確認用ペイロード」「小型副衛星CE－SAT－IE」「小型副衛星TIRSAT」の打上げが成功しました。開発の苦戦や前年の「H3ロケット試験機初号機」の打上げ失敗を乗り越えての成功でした。

　さらに二〇二四年七月一日には、「H3ロケット3号機」によるJAXA先進レーダ衛星「だいち4号」の打上げが成功しました。

「H3ロケット」は、「H－ⅡAロケット」の後継機として開発され、打上げ能力（搭載可能重量）が向上するとともに、打上げ価格は約半額を目指しています。我が国の宇宙活動の自立性確保と国際競争力強化のために極めて重要な、新たな基幹ロケットです。

　それゆえ、二〇二四年に二回連続で打上げを成功させたことは、我が国の宇宙政策の最重要課題である「ロケット打上げ能力の抜本的強化」に向けた大きな飛躍でした。この成功を弾みに、開発を着実に進め、定常運用に移行することで実績を重ね、高い信頼性を持つ柔軟で低価格な基幹ロケットへと発展させなければなりません。

この基幹ロケットで、まずは政府衛星を優先的に打ち上げ、他国に依存しない宇宙へのアクセスを確保することが最重要であることは言うまでもありませんが、世界的に衛星打上げの需要が急増していますので、日本にとっては大きなビジネスチャンスです。

特にロシアによるウクライナ侵略以降、世界各国はロシアのロケットを使うことが困難になりました。二〇二四年二月二五日付の『日本経済新聞』朝刊は、米国の宇宙物理学者ジョナサン・マクドウェル（Jonathan McDowell）博士らの集計を基に、ロシアによる他国の衛星打上げ数が、二〇二一年には三五機であったが、ウクライナへの侵略を始めた二〇二二年は二機、二〇二三年は三機に激減したことを報じていました。

実際に、二〇二四年二月一七日に「H３ロケット」で打上げに成功した超小型衛星「TIRSAT」は、もともとはロシアのロケットで打上げを行う予定でした。

日本が誇る基幹ロケットにより、国内だけでなく、海外の衛星打上げ需要も取り込むことによって、我が国の経済成長に繋がることを期待しています。

引き続き、「H３ロケット」の打上げの頻度向上と価格低減、輸送能力増強に取り組んでいきます。民間小型ロケット活用のための開発・事業支援も行っていきます。

日本が誇る技術

また、日本が誇る技術としては、SAR（合成開口レーダ）衛星があります。

ＳＡＲ衛星は、夜間でも、雨や雪が降っていても、上空が火山灰に覆われていても、広範に高解像度の画像が得られるため、防衛や災害発生時における活用が期待されます。

我が国のベンチャーＱＰＳ研究所やSynspective社（シンスペクティブ社）は、小型ＳＡＲ衛星分野で、世界に伍するトップランナーです。

政府では、国の大型衛星と数十機からなる民間の小型衛星コンステレーション（群）を組み合わせて、災害対応で重要とされる発災後三時間以内に、被災状況の情報提供ができる体制の構築を目指しています。二〇二五年までの民間小型ＳＡＲ衛星コンステレーション構築のため、利用実証を推進しています。

また、技術力を持った国内スタートアップの衛星データを、政府が積極調達して、投資促進の好循環を生み出したいと考えています。二〇二四年度からの三年間を、「民間衛星の活用拡大期間」と位置付けています。

ＳＡＲ衛星データをＡＩ解析することによって、多様な産業の発展に繋がる可能性が見えています。

他の衛星データも併用する活用事例は後記しますが、例えば、SPACE SHIFT社（スペースシフト社）は、同じ場所の二時期のＳＡＲ衛星データを比較し、その変化をＡＩで自動的に検出する技術を用いて、多分野の事業にソリューションを提供するべく頑張っておられます。

農業では、他産地も含む農作物生育モニタリングから、約二カ月後の価格予測、出荷量や出荷時期の判断、転作判断、種蒔きや収穫時期の調整などにも貢献できるということです。特定の農産物が大量に安価に市場に出回りそうな時期には、農産物に合った調味料のCMを放送するなど食品産業にも利用されているそうです。交通量や人流の把握は、マーケティングなど企業戦略に資するものです。地表面や建築物の変異をミリ単位で検知することによって、地盤強度の判断やビル・橋梁の老朽化対策に活かせます。新規建築物の検知や違法船の推定など、安全保障にも貢献できます。海上の油膜（オイルスリック）検出は、海底油田の発見にも役立つそうです。

優れたアイデアと「技術力」によって、「経済力」「安全保障（国防・資源）」の強化が可能だと期待できる事例です。

「みちびき」が大活躍

準天頂衛星システム「みちびき」のセンチメートル級の測位もまた、日本が誇る技術です。他国の測位衛星の精度が五メートルから十数メートルですから、公称六センチメートルと高精度な測位が可能な「みちびき」の凄さが分かります。自動運転やスマート農業など自動化・無人化により、我が国の将来の労働力不足解決への貢献を目指しています。

二〇一八年一一月の正式サービス開始以降、様々な製品やサービスで活用されています。現在、準天頂衛星システム「みちびき」に対応している製品数は約四三〇件で、製品カテゴリーは受信機、スマートフォン、カーナビ、スマートウォッチなど約五〇種類です。

日産自動車株式会社は、二〇二一年に、運転支援技術（プロパイロット2・0）を搭載した電気自動車「アリア」の販売を開始しました。車両の位置情報取得に「みちびき」のセンチメートル級測位補強サービス（ＣＬＡＳ）を活用しています。二〇二三年には、「セレナ」最上位グレードの「ルキシオン」にもプロパイロット2・0を搭載して、販売を開始しました。車載センサと3Ｄ高精度地図データとＣＬＡＳによる高精度位置情報を使い、道路と自車の正確な位置関係、先の道路の曲率、勾配などの道路形状を把握し、高速道路のナビ連動ルート走行と同一車線内のハンズオフ走行を実現しました。

東光鉄工株式会社は、「みちびき」のセンチメートル級測位補強サービス（ＣＬＡＳ）対応受信機を搭載した農業用ドローンを開発し、販売中です。ドローンによる農薬散布では、他の圃場《ほじょう》にまで薬剤を散布してしまわないよう、高精度飛行を行う必要があるからです。ＣＬＡＳの使用により、基地局設置費用（一箇所あたり約六万円）や事前の圃場測量（一圃場あたり約一〇万円）が不要となり、作業時間も短縮されました。

株式会社ＡＣＳＬは、二〇二一年一二月に、「みちびき」のサブメートル級（測位精度が一メートル程度）測位補強サービス（ＳＬＡＳ）に対応した高性能・高セキュリティの国産小型空撮ドローン「蒼天」の販売を開始しました。二〇二二年六月には、全国の官公庁に約五〇〇台を出荷していました。災害時の被災状況調査、インフラ点検、警備など様々な分野で活用が期待されています。

株式会社ブルーオーシャン研究所は、サブメートル級測位補強サービス（ＳＬＡＳ）を利用した波高推定システム（海象ブイ）を開発して、受注生産中です。リアルタイムに精度一〇センチメートルの波高や一六方向の流向を推定するシステムです。漁業の効率化や海難事故防止などにも貢献しています。

パナソニック株式会社は、二〇二一年から、「みちびき」の災害危機管理通報（気象庁が作成した災害関連情報を「みちびき」の測位信号を利用して配信するシステム）に対応したETC2.0車載器を販売中です。ETC2.0の機能は、通行料金の支払い、渋滞情報の受信、合流地点の注意喚起など高速道路で使われるものですが、一般道路でも使える機能として、地震や津波発生などの災害危機管理通報を受信可能としました。携帯電波が届かない地域や、地震などで携帯電話網が利用できなくなった場合でも、災害危機管理通報を受信し、音声案内することで、迅速な避難行動に貢献できます。

この他にも、CLASは船舶の自動航行・離着桟や自動走行除雪車への活用、SLASは水道メーターの位置情報管理システムへの活用など、様々な可能性を拓いています。

二〇二四年七月現在、「みちびき」は四機体制ですから、米国のGPSにも依存しなくてはなりませんが、二〇二四年度から二〇二五年度にかけて、順次、準天頂衛星を打ち上げ、自立測位を可能にする準天頂衛星システム七機体制を構築します。七機体制の確立により、測位に最低限必要となる準天頂衛星四機が常に日本上空に配置されることとなるため、米国のGPSに依存しなくても「みちびき」のみで持続的な測位が可能になります。しかし、七機体制は必要最低限の機数です。どの一機が故障しても測位機能を維持するため、一一機体制への拡張に向け、開発に着手してまいります。

他国に依存しない高精度な測位サービスを構築し提供していくことに加えて、「みちびき」の持つ衛星通信機能を活用した災害危機管理通報サービスなども、その利用をアジア・オセアニアに拡げて国際的な貢献を果たすことも目指しています。

今後、「みちびき」の国内における幅広い分野での活用や海外展開も、日本の「経済力」、「外交力」を強くすることに繋がります。

AIで衛星データを利用

また、各種衛星データのAIによる解析については、私達の暮らしに身近な場所でも、大きなメリットがもたらされています。

例えば、株式会社天地人（二〇一九年設立のスタートアップ）は、複数の衛星データを活用して、水道管の老朽化問題に安価な水道管インフラの維持管理で貢献し、全国の地方自治体に展開していくことを目指しています。

日本国内の約一四万キロメートル（全体の一九・一％）もの管路が法定耐久年数を超えていますが、経年管の点検と対策には多額の費用を要します。同社は、GCOM-C（JAXAが開発した地表面温度を計測する気候変動観測衛星「しきさい」）や気象衛星「ひまわり」による地表面温度情報や、SAR衛星による地盤変動情報を活用して、AIを用いて、約一〇〇メートル四方の地区ごとに漏水リスク評価を行います。

二〇二三年度までに八の水道事業者が導入していましたが、二〇二四年度には数十の水道事業者に導入される見込みです。

サグリ株式会社（二〇一八年設立のスタートアップ）は、広域な情報を取得できる衛星データを、ＡＩを活用することにより、農業の効率化を推進しています。

耕作放棄地、農地の作付調査、土壌の肥料量やpH値（酸性・アルカリ性）の推定には、膨大な時間と負担がかかり、営農に関する情報を一度に広域に把握することは困難でした。同社は、土壌を衛星から観測し、ＡＩ解析することによって、土壌に含まれる窒素量やpH値を推測します。適切な肥料散布量を判断するための手間とコストを削減しており、日本国内でも一〇団体・法人がユーザーとなっている上、ウクライナにも貢献しています。また、農地区画の自動化技術（ＡＩポリゴン）は、農地のデジタル区画が整備されていない諸外国でニーズが高く、インド、タイ、ベトナム、インドネシア、ケニア、ペルー、ブラジル、タンザニアに展開しています。

オーシャンソリューションテクノロジー株式会社（二〇一七年設立のスタートアップ）は、準天頂衛星システムの高精度測位やリモートセンシングの情報を活用し、ＡＩ解析することで、漁獲効率向上のための判断支援や操業日誌の自動作成を行っています。

漁業者の高齢化が進み、従業者が減る中で、事務仕事を含めた作業の効率化が求められ、ベテランの経験や勘といった可視化できないノウハウを若手に伝承することも困難だという課題がありました。同社は、準天頂衛星の高精度測位データを用いて航跡から操業位置と漁法をＡＩ推定し、主に手作業で作成していた操業日誌を自動作成しました。また、リモートセンシングから得られる海況・気象・赤潮データを基に、過去の記録をＡＩで参照・分析し、漁師に対して、漁獲量増加のための判断支援を行います。さらに、準天頂衛星システムが配信する津波などの災危情報を活用し、航海の安全性向上に繋げました。既に商業化され、二〇二三年度から売上が拡大しています。インドネシアなど、海外展開の期待も大きいと聞いています。

政府のプロジェクトであるＳＩＰでは、豪雨災害における洪水域抽出解析が実用化されました。国際航業株式会社は、ＪＡＸＡのＳＡＲ衛星（ＡＬＯＳ－２）により取得した衛星画像をＡＩ解析し、衛星画像入手後、最短一五分で浸水域を自動抽出する技術を開発しました。河川沿いの水田など湛水農地（水田に水を張って貯め続ける）範囲を特定し、マスク処理することで自動抽出処理結果の補正を行い、浸水深と氾濫地域の境界を作成することで、実用性が向上しました。

河川氾濫など災害発生時に、迅速かつ広域に被害状況を把握し、適切な初動対応に繋げることが求められます。九州地方を中心とした二〇二〇年七月豪雨災害で初動対応に活用された他、西日本を中心とした二〇二一年八月の大雨で即時被害状況把握と情報共有に貢献しました。

これらも、「技術力」が「経済力」を強くし、私達の安全な暮らしを守ってくれている例だと思います。

前記した『宇宙基本計画』では、目指すべき宇宙空間の開発と利用の「将来像」を示しました。

大きな目標は、日本の宇宙活動の自立性を強化し、科学技術や産業の基盤強化と、宇宙利用の拡大との好循環を実現することです。

そして、宇宙の開発と利用の力で、我が国に富を呼び込むことです。

同基本計画では、宇宙産業を日本経済の成長産業にするため、宇宙機器と宇宙ソリューションの市場を合わせて、二〇二〇年に四兆円となっている市場規模を、二〇三〇年代の早期に二倍の八兆円に拡大することを目標にしました。

この大きな目標を達成するために、政府としての基本的なスタンスを示しながら、安全保障、各分野の衛星の利用、宇宙科学・探査、ロケットや法制度・国際ルールなどの「基盤」の強化、の四分野での将来像と具体的な取組を掲げました。

宇宙の課題解決と「外交力」「経済力」

G７で議題にした「スペースデブリ」

私自身が強い問題意識を持って、粘り強く外交努力を続けたことによって、Ｇ７の中で一定の流れを作れたと自負していることがあります。

それは、「スペースデブリ（宇宙ゴミ）対策」です。

宇宙空間においては、各種のリスクが拡大しています。特にスペースデブリや衛星を含む宇宙物体数の急増によって、宇宙空間の混雑化が急速に進んでいます。

中国が二〇〇七年に行った衛星破壊実験では、追跡可能なものだけで三〇〇〇個以上のスペースデブリが発生し、その殆どが、今後数十年にわたって地球を周回し続けます。ロシアも二〇二一年一一月に衛星破壊実験を行い、大量に発生したスペースデブリが、ＩＳＳ（国際宇宙ステーション）や各国の人工衛星を危険に晒しています。

この他にも、運用を終えた人工衛星や使用済ロケットも、大型のスペースデブリになっています。

現在、宇宙空間を飛んでいる物体のうち、衛星が四四％、使用済ロケットやロシアと中国が実施した衛星破壊実験による破片が五六％です。つまり約六割がスペースデブリで、さらに運用を終えた衛星もあり、これらが年々増加しているのです。

小さなスペースデブリでも、ＩＳＳや人工衛星に衝突すると深刻な被害が発生します。ＥＳＡ（欧州宇宙機関）によると、衝突すると大事故に繋がる直径一センチメートル以上のスペースデブリは一〇〇万個を超えており、人工衛星が回避できない直径一〇センチメートル以下が九割を占めているということです。

宇宙飛行士からも、直接お話を伺いました。船外活動中にスペースデブリが直撃したら命を落としますし、過去にＩＳＳにスペースデブリが接近した時には、各国のモジュールのハッチを閉めて、皆で集まり無事に衝突が回避されることを祈るしかなかったということでした。実際に、小さなスペースデブリがＩＳＳの一部を貫通したという穴の写真を拝見して、宇宙飛行士の命に関わる場所ではなかったことが救いだと思いましたが、宇宙空間の持続的で安全な利用に向けて、対策を急ぐべきだと考えました。
また、大規模な衛星コンステレーションの実現に伴い、衛星を含めた宇宙物体そのものの急増が、軌道上をさらに混雑させ、それに伴って衝突リスクを増加させています。

二〇二三年五月に私がG7科学技術大臣会合の議長を務めることが決まっていましたので、是非とも「スペースデブリ対策」を議題にしたいと考え、前年から、職員とともに各国への根回しを始めました。G7で「スペースデブリ対策」を議題にしたことはなく、難色を示す国も複数ありました。

二〇二三年二月に、米国のビル・ネルソンNASA長官と会談する機会がありましたので、「スペースデブリ対策」の重要性を主張し、長官の賛同を得ることができました。

その後五月一二日から一四日に開催されたG7科学技術大臣会合では、私から「宇宙の持続的で安全な利用のために、各国がスペースデブリ対策に取り組むべきこと」「G7から国際社会に向けて、声をあげよう」と提起を行い、二〇二三年五月一三日の『G7科学技術大臣会合コミュニケ』にも、五月二〇日の『G7広島首脳コミュニケ』にも、スペースデブリの発生抑制に向けて「国連宇宙空間平和利用委員会（UNCOPUOS）において採択された国際的なガイドラインの実施が喫緊かつ必要であるとの共通の見解表明」や「デブリの発生抑制と既存のデブリを除去する技術開発の取組を強く奨励すること」を盛り込むことができました。

その後も、宇宙関係の国際会議における演説の機会には、「スペースデブリの発生抑制と削減の必要性」「破壊的な直接上昇型ミサイルによる衛星破壊実験の不実施」について、訴えてきました。

宇宙空間のルール作りを主導

二〇二四年のG7は、イタリアが議長国でしたが、『G7プーリア首脳コミュニケ』にも『G7科学技術大臣会合コミュニケ』にも、引き続き「スペースデブリ対策」が盛り込まれました。

七月九日から一一日までイタリアで開催されたG7科学技術大臣会合では、欧州委員と直前の選挙で政権交代があった英国の大臣以外は二〇二三年と同じメンバーでしたので、スペースデブリ対策への関心はさらに高まっており、私からは、日本の「商業デブリ除去実証」の取組を紹介するとともに、次の点を強調しました。

日本では、スペースデブリ発生抑制策について、『宇宙活動法』に基づき、衛星の管理者に対し、例えば、破砕予防や衝突回避の措置をとることを義務付けるとともに、管理が終了した衛星を適切に軌道から除去するよう努めることとしています。

また、軌道上サービスを適切に実施するため、世界で初めて『軌道上サービスガイドライン』を策定し、軌道上サービスを行う事業者が、サービスの相手方の同意を得ることや、軌道情報を公開して安全性や透明性を確保することも求めています。

スペースデブリ対策では、国際連携が重要です。G7が、スペースデブリの発生抑制と削減について、国際的なガイドラインの実施や、技術や解決策の研究開発のさらなる取組を奨励する旨のメッセージを発信し、国際社会の先頭に立ってデブリ対策を進めていくべきです。

また、こうした重要・新興技術において革新的な成果を創出するためには、国際的な科学技術協力が重要であり、その鍵となるのは「人材力」です。日本では、G7をはじめとする同志国との国際共同研究を通じ、若手を含めた研究者間のネットワークを強化するための「先端国際共同研究推進事業」、通称「ASPIRE：Adopting Sustainable Partnerships for Innovative Research Ecosystem プログラム」を創設し、二〇二三年から活動を開始しています。

以上の発言は、しっかりとG7の科学技術大臣やEU代表に共有されたと思います。

実は、スペースデブリ除去をはじめとする軌道上サービスの分野で、我が国の技術は世界最先端を誇っています。

スペースデブリを除去するためには、宇宙空間を時速約二万八〇〇〇キロメートルの速さで回転しながら飛んでいるデブリに、ぶつからないようにしながら近づいて除去する、という一連の機能を備えた衛星が必要です。

日本のスタートアップであるアストロスケール社がこの技術を持っており、現在はJAXAと協力しながら、世界に先駆けて、デブリ除去技術の実証プロジェクトを進めています。

二〇二四年二月一八日から一九日にかけて、JAXAの「商業デブリ除去実証（CRD2）

フェーズⅠ」の契約相手方であるアストロスケール社の、商業デブリ除去実証衛星「ADRAS－J」が、米国ロケット・ラボ社のロケットでニュージーランドの射場から打ち上げられ、軌道投入と通信確立に成功しました。

「ADRAS－J」は、二〇二四年五月二三日に、二〇〇九年に打ち上げられたH－ⅡAロケット15号機の第二段機体（全長一一・二九メートル、外径四・〇七メートル、質量約三トン＝二九九一キログラム）に五〇メートルの距離まで接近し、定点観測に成功しました。画像が公開されたのは六月一四日でしたが、スペースデブリを近距離で撮影した画像が公開されること自体が世界初であり、大変な快挙です。

軌道上のデブリに安全に近づき、その運動や、損傷、劣化の状況を調査するアストロスケール社の技術は、デブリ除去をはじめとする軌道上サービスに不可欠です。同社とJAXAは、CRD2を通じて、世界に先駆けて、三トンクラスの相対的に衝突リスクの高いロケット上段などの大型デブリを、商業的に、捕獲・軌道変更し、これによって、スペースデブリを除去する道筋を示すことを目指しています。

次に、「商業デブリ除去実証フェーズⅡ」として、二〇二六年度以降、実際に大型デブリであるロケット上段の除去を行う予定です。

同社は、「能動的デブリ除去」に加え、「衛星の寿命を延ばす軌道上サービス（燃料補給・修理）」の実施も目指しています。

現時点でスペースデブリ除去に成功した国や企業はなく、アストロスケール社による本格的な商業化が実現すれば、スペースデブリ除去技術を持たない国に有償でサービスを提供するなど世界に市場を拓くことによって、日本の「経済力」強化にも貢献できます。

もちろん、「宇宙領域把握（SDA：Space Domain Awareness）」の強化も重要です。二〇二四年二月二七日に、内閣府宇宙開発戦略推進事務局は、『安全で持続的な宇宙空間を実現するための手引書：スペースデブリを増やさないために』を公開しました。

G7科学技術大臣会合では、日本の『宇宙活動法』を紹介しましたが、米国でも、任務を終えた低軌道衛星を五年以内に燃え尽きる廃棄軌道に移すことを義務付けました。各国のルール作りは進み始めていますが、宇宙空間にスペースデブリを排出した国に除去を強制する国際条約はありません。

私は、日本が、「技術力」によって、ベストプラクティスの取組を率先垂範して国際社会に積極的に発信し、「外交力」によって、同盟国・同志国との協力を通じて宇宙空間における責任ある行動に関する規範形成に主体的な役割を果たし、安全保障の観点も含め宇宙利用に係る国際的な規範・ルール作りを主導していくべきだと考えています。

強い宇宙開発利用に必要な「人材力」

「H3ロケット」と「SLIM」

二〇二四年二月一七日、「H3ロケット」の開発を率いられたJAXAの岡田匡史プロジェェクトマネージャーは、打上げ後の記者会見で、次のように話されました。

「ロケットの失敗はやってはいけないことです。ただ、失敗があるとエンジニアは、もの凄く強くなる。この一年で強くなったエンジニアに、後はよろしく頼むぞという思いです」

日本のロケット開発は、逆境を乗り越えて強くなりました。

二〇二四年の二回もの「H3ロケット」の打上げ成功は、失敗にひるむことなく、着実な努力を続けられたご関係の皆様が手にされた勝利でした。

また、岡田氏は、子供や若者へのメッセージを問われて、次のように答えられました。

「難しいものを開発して、打ち上げて成功させることに、私はものすごく魅力を感じています。もちろん、辛い時もありますが、それは好きなら乗り越えられると思います。それは、ロケットだけではなく、どんなことでも同じだと思うので、お子さんには『何でもいいから好きなことを見付けて、それにチャレンジして、乗り越えるのが楽しいよ』ということを伝えたいです」

日本人としての誇りを与え、知的好奇心を喚起し、成功に至るまでの関係者の努力を子供達に示した点でも、未来の「人材力」強化に繋がるコメントだったと思います。

二〇二四年一月二〇日の午前〇時二〇分頃、JAXAの小型月着陸実証機「SLIM」が、我が国初の月面着陸に成功し、地球との通信が確立されました。

着陸後、太陽電池の発電が確認できませんでしたが、一月二五日、着陸後に休眠するまでに取得したデータの解析結果が速報されました。その後、西を向いていた太陽光電池に太陽光が当たり、一月二八日からは、探査機と地上の通信が再確立され、着陸点が「夜」に入った三一日まで運用が続けられました。さらに、二月二五日に、再び「昼」を迎えた「ＳＬＩＭ」との通信が再確立されました。その後、「ＳＬＩＭ」は、三回もの越夜に成功しました。

設計時には月面の過酷な「夜」に耐えること、すなわち「越夜」が想定されていなかった「ＳＬＩＭ」の機体が、月の「夜」を経て通信を再開できたことは、今後の探査機の開発・設計に参考となる知見をもたらしてくれるでしょう。

また、「ＳＬＩＭ」は世界最高精度の「ピンポイント着陸」にも成功しました。実際の着陸地点は目標から五五メートル離れた位置でしたが、障害物回避直前での評価では、一〇メートル以下、おそらく三～四メートル程度だったとのことです。「降りたいところに降りる」という今後の月や惑星探査に不可欠な技術を、世界初の高精度で実証できたことは快挙です。国際競争の中では、着陸の「精度」や「質」が重視されるようになってきています。

そして、変形型月面ロボット「ＳＯＲＡ－Ｑ」は、月面で、太陽光パネルを西に向けて佇む「ＳＬＩＭ」の写真を地球に送ってきました。データ解析により推定されていた「ＳＬＩＭ」の姿勢が、この写真で裏付けられました。

この「ＳＯＲＡ－Ｑ」は、タカラトミー社が、玩具の開発で蓄積された小型駆動や変形機構の技術を活かされたものであり、そこに、医療とデジタルカメラの技術が結実したものです。「ＳＬＩＭプロジェクト」は、ＪＡＸＡと民間企業と大学が力を合わせて進められてきたものです。日本の豊かな「人材力」を活かして、異分野を含めた様々な民間企業や研究者の方々に宇宙開発・宇宙産業に参加いただくことが、オープンイノベーションの喚起に必要だと、改めて確信しました。

日本の「誇り」

今や、宇宙分野で活躍されている方々は、必ずしも衛星やロケットの専門家というわけではありません。ビジネス一筋で来られた方から、情報工学を専門とされている方まで、様々のバックグラウンドをお持ちの皆様が参入され、宇宙の専門家とタッグを組んで奮闘しておられます。

二〇二四年五月には、京都大学と住友林業株式会社が、ＪＡＸＡの協力を得て共同開発を進めていた世界初の木造人工衛星「LignoSat（リグノサット）」が完成しました。

文部科学省の委託費により、二〇二二年度から二〇二四年度まで支援していたものです。人工衛星の運用終了時に完全に燃え尽きる木材を活用した衛星が世界で初めて開発されたことは、「スペースデブリ対策」にも貢献し得る、挑戦的で価値ある取組です。木材建材や不動産を扱う住友林業株式会社が開発を担われたということも、オープンイノベーションの観点で意義深いものでした。開発や実証によって得られた知見は、「木材の劣化抑制技術」や「高機能木質建材」など、地上の木材利用にも活用できると伺っており、宇宙を舞台にした技術開発の広がりに期待しています。この「LignoSat」は、二〇二四年九月に米国スペースＸ社のロケットでＩＳＳに移送された後、二〇二四年一一月に日本の宇宙実験棟「きぼう」から宇宙空間に放出され、衛星の機体のひずみや、内部の温度、地磁気などを測定し、データが分析されると伺っています。

宇宙技術の発展のためには、非宇宙産業の巻き込みが必要です。『宇宙技術戦略』でも、例えば、宇宙機（宇宙船、人工衛星、探査機など）の性能向上には、非宇宙分野で既に製品化されているコンポーネントや機材の転用拡大が鍵だと指摘しています。

宇宙分野への参入障壁は低くなっています。宇宙と他分野の組み合わせによる新分野のビジネスが、これから世界中で興隆していくでしょう。

二〇二三年六月、ＪＡＸＡの油井亀美也《ゆいきみや》宇宙飛行士が、ＩＳＳに長期滞在されることが決定したと発表がありました。その際の油井飛行士の抱負に、私は感動しました。

「私は、日本の皆様や世界中の方々が明るい未来を思い描きつつ、幸せな生活を送る事ができる世界を目指して、これまでどおり挑戦を続けるつもりです。皆様方から『国際宇宙ステーションで油井に仕事をさせて良かった』と思って頂けるような成果を残し、人類の明るい未来に貢献する。日本という国に誇りを持って頂けるように頑張りたいと思います」

これまで多くの日本人宇宙飛行士の方々が、世界の宇宙飛行士とともに、宇宙で、ＩＳＳで、地上で、仕事をしてこられました。そうして積み重ねてこられた実績が、関係諸国との信頼構築に結実しています。まさに日本の「誇り」だと思います。

私は、自国に誇りを持つこともまた、「人材力」と「外交力」を強くするための大きな鍵だと思っています。

二〇二四年に入って日本が続けて成し遂げた宇宙分野での成果を、心から嬉しく、誇りに思います。

開発や運用、データ解析を担われてきた皆様や、我が国の宇宙開発を切り拓かれた先達の皆様の長年のご努力に、敬意を表し、感謝を申し上げています。

私が特にお伝えしたいのは、宇宙開発利用は、遠い世界の話ではなく、日々の生活に密着していて欠かせない分野だということです。

皆様が毎日御覧になる天気予報の裏には気象衛星が、行きたい店に行かれるときに御覧になる地図アプリの裏には測位衛星が、インターネットや衛星放送の裏には通信衛星が活躍しています。カーナビ、自動運転、スマート農業、あるいは飛行機の中でも使えるようになったWi-Fi（ワイファイ）……どれも「衛星」という立役者がいます。

衛星そのものも、衛星が集めるデータも、多種多様かつ精度も高くなっていますから、この活用には、無限の可能性が広がっています。

宇宙産業の市場規模は、二〇四〇年には一五〇兆円と、現在の約四倍に伸びるとも言われています。この成長の果実を取り入れ、日本の宇宙産業を強くし、「経済力」の強化に繋げることは、宇宙政策の一大テーマです。

日本の宇宙市場は、長年の研究開発や技術の基盤に加え、スタートアップや異業種の参入の新潮流が生まれ、活気に満ち始めています。我が国の誇りである優れた技術とサービスの花を世界に咲かせ、「総合的な国力」の強化に繋げたいと考えています。

結びの章

「人材力」の強化に向けて

高市早苗

序章に書かせていただきました通り、『国家安全保障戦略』で示された「総合的な国力」の要素は、「外交力」「防衛力」「経済力」「技術力」「情報力」ですが、私は、これらの全てに関わる重要な要素が「人材力」だと思っています。

出る杭を伸ばす

二〇〇六年（平成一八年）、第一次安倍内閣で、初めてイノベーション担当大臣が設置され、私が就任しました。安倍晋三総理からのご指示は、「二〇二五年までを視野に入れたイノベーションの長期戦略指針を策定すること」でした。

目覚ましい科学技術の進歩の中で、約二〇年後を見据えた長期戦略を策定する作業は、困難を極めました。多様な分野の一流の有識者にお集まりいただき、全国各地の研究者のご協力も求めて、当時の科学的知見をもって二〇二五年には実用化が見通せる可能性がある技術要素を洗い出しました。

また、イノベーションとは「技術の革新にとどまらず、これまでとは全く違った新たな考え方、仕組みを取り入れて、新たな価値を生み出し、社会的に大きな変化を起こすこと」だと定義し、そのための研究開発、社会制度の改革、人材の育成など、短期・中長期にわたって取り組むべき政策を示しました。

気が遠くなるような作業が続きましたが、翌二〇〇七年六月一日に、長期戦略指針『イノベーション25』を閣議決定することができました。

二〇二四年現在、読み返してみると、当時は無理かもしれないと思いながら書き込んだ技術開発や社会実装が幾つも実現しています。他方、本文で提案した諸施策については、幾つかは実行されたものの、未だ実行されていないものもあり、全く古さを感じない戦略指針でもあります。

約四年前の経済財政諮問会議の席上で、民間議員の一人が、「先日、昔の文書で『イノベーション25』というものを見付けたのですが、あそこに書いてあることを実行すればいいのではないですか」と指摘された時には、嬉しく思うとともに、これまでの間に何度も内閣が変わり、継続的な取組ができていなかったことを残念にも感じました。

『イノベーション25』は分厚い冊子ですので、最初の「基本的考え方」に記した中で「人材力」に関わる部分を、一部だけ、抜粋します。


これまでの歴史に共通しているのは、その出発点には、「一見不可能とも思える高い目標」、「困難に立ち向かいそれを現実のものにしようとするチャレンジ精神旺盛な人」、そして「高い志を持った人たち」が存在していたことである。

その目標に向かった様々な挑戦、数々の失敗、そして成功の女神が微笑む幸運によって、大きな飛躍がもたらされてきた。

成功の裏には、単に科学的発見や技術の革新にとどまらず、それらが時代とともに融合し、社会制度の変革を要求し、その結果また次の展開が生まれるという過程が存在する。その繰り返しが、今日の我々の社会を形作ってきたのである。

常識にとらわれることなく、高い目標を設定しそれに果敢に挑戦すること、チャレンジ精神の芽を摘み取らないことこそが、我が国を「イノベーションが絶え間なく起こる国」にする上で最も重要である。

多くの発見、発明は大学や研究所等で生まれる。これが科学技術への投資が期待される所以である。しかし、研究開発の成果が、社会・国民に十分に還元されてこなかったという指摘もある。

創造性豊かな新しい先端的な知は、思いがけないところで、思いがけない発想から往々にして生まれる。「異」（異能、異端）が大事なのである。

ノーベル賞受賞者たちの業績や、社会を大きく変革させた人たちが育ってきた背景を見てみると、多くのケースにおいて、その時代の「異」、「出る杭」が出やすく、伸びやすい社会的条件や環境を見て取ることができる。

「異」を抑えない、いろいろな「異」がぶつかる機会が多い環境を構築する必要がある。

どの組織も社会も政治も、すべて「人」が考え、計画し、実行する。したがってどのような人を、どのように育てていくのかにイノベーション政策の基本がある。

言うまでもなく人材育成の拠点は大学であり、（中略）今後、多様な能力を備えた「出る杭」を伸ばす観点からも、さらに一層入学者選抜の内容・方法の改善を図ることはもとより、抜本的な大学改革を推進していくことが重要である。

イノベーションの源泉は頭脳であり、優れた頭脳こそ21世紀の最大の資源であるとの認識の下、世界はいわば頭脳獲得競争の時代に入っている。

大学も、企業も、そしてこれらが存在する地域社会も、自発的にこのような世界の潮流を受け止め、優秀な人材の受け入れ態勢を早急に構築していかなければ、将来を担う優秀な人材を呼び込むことはできない。

多様な人材、才能、異能と日常的に接する機会が増えることは、日本の若者の目標を広い世界に向け、多様な文化や才能を認める感性を育み、多くの才能を開花させる可能性を増やす。

また、変化の速い時代にあっては、世界を見据えた俯瞰的なものの見方に立った決断と実行のスピードがイノベーション創出のための大切な条件となっている。

情報化の進展によって、これまでとは比較にならないくらい個々の生活者に力が与えられ、人々の知恵が社会の多くの局面に影響を与えつつある。

また、ニーズの多様化を受けて、供給側は、生活者のニーズを探り、掘り起し、先取りしていくことにより需要側のニーズに応えていくという、いわば需要側が牽引する仕組みがイノベーションを起こしていく。これが新しいイノベーションの真髄のひとつである。

日本には自然資源が少なく、「もったいない」という精神が経験的に培われてきた。この精神が、技術、製品、サービス等で世界最先端のものを生み出す原動力となってきた。

この生活者の持つ大きな価値軸を全ての局面でさらに活かし、日本の強さを、強い製品を、強いサービスを、特にアジアを中心にしてさらに巨大化しつつある世界市場に積極的に拡大していくべきであろう。

このような技術力は日本の科学技術と産業や社会の大きな成果なのである。このような国際貢献は日本の経済的利益以上に国際社会での日本の信頼と存在を高めるものである。

２０２５年に向けて、気候変動、資源・エネルギー、水、食料、人口増加、貧困、人間の安全保障等、世界的課題が顕在化する中、急成長するアジアにある日本はどのような国になろうとするのか、また世界に対して日本はどんな国でありたいのか、どのような貢献が出来るのかを我々が自ら描くことが必要である。

そのためにも、従来の発想にとらわれない創造性に富んだ人材を創りだしていくことが最も重要な課題である。

同戦略指針は、当時の安倍晋三総理が掲げておられた「美しい国」を実現するためには、その基盤として、「活力に満ちた経済、豊かさを実感できる社会の実現が不可欠だ」という考え方に基づくものでした。冒頭で、次のような指摘をしています。

「人口減少社会を迎える中にあっても、革新的な技術、製品、サービスが次から次へと生み出され、それが日本のみならず、世界の人々に受け入れられ、その結果、我が国の経済や社会の活力が生み出されることにより、国民が未来に明るい夢や希望を持ち、安心して生活できる社会を実現することができる」

「また、人類の持続可能性への脅威となっている環境、エネルギー、水、食料、感染症等地球規模の課題の解決にも、科学技術、外交等における戦略的な取組が強く求められている」

本書の序章に記したエネルギー安全保障や食料安全保障の課題解決や、前章に記したスペースデブリ対策などの地球規模課題の解決のためには、「技術力」「外交力」が重要であるとともに、「人材力」「経済力」の強化が必要であることについては、現在に通じるものがあります。

当時の私が、特に拘っていたのは「出る杭を伸ばす」というコンセプトでした。

「ジェラシーの文化」や「行き過ぎた結果平等」を排して、優れた才能はどんどん伸ばし、政府は才能が開花する環境作りに注力し、「出る杭」となった方々には、十分に稼いで日本経済のパイを大きくしていただくとともに、その頭脳を活かして社会課題の解決に貢献していただきたいとの思いを強く持っていました。今でも、その考え方は変わりません。

産業人材について

前章でご紹介した「スペースデブリ対策」の世界トップランナーであるアストロスケール社の岡田光信ＣＥＯの行動には、先端技術分野で国際市場に挑もうとする際に必要な「人材力」のヒントをいただいた様な気がします。

前記した通り、二〇二三年五月のＧ７科学技術大臣会合の議長として、Ｇ７で初めて「スペースデブリ対策」を議題にしようとした時には、複数国が慎重な姿勢を示していました。

同会合は仙台市で開催したのですが、大臣会合を行う議場の側に日本の科学技術を紹介する展示コーナーを設けていました。会議終了後に展示コーナーに足を踏み入れてみて、驚きました。

その一角にアストロスケール社が小さなブースを設置しており、同社の衛星がスペースデブリに接近して除去する技術を紹介する画像を流しながら、岡田ＣＥＯ自身が機関銃のような速さの英語で解説をしていたのです。

私は、慎重な姿勢を示していた国々の大臣達を岡田ＣＥＯの前に連れて行き、説明を聴いてもらいました。如何《いか》なる質問にも即座に流暢な英語で答え、親しみやすい笑顔とともに自信に満ちた説明をする岡田ＣＥＯは、多くの大臣や随行政府職員の心を鷲掴みにしたようです。

翌日から、各国大臣の反応はガラッと変わりました。早々に自国にアストロスケール社のオフィスを開いて欲しいというオファーも複数あったそうです。

長時間、立ったままで喋り続けていた岡田ＣＥＯはお疲れだったことだと思いますが、同社の素晴らしい技術力に加え、岡田ＣＥＯの優れた語学力と行動力、並々ならぬ情熱が、Ｇ７を動かしたと言っても過言ではありません。

Ｇ７の議題に盛り込むだけでも難産だった「スペースデブリ対策」が、二〇二三年の『Ｇ７科学技術大臣会合コミュニケ』『Ｇ７広島首脳コミュニケ』に明記されたことに加え、イタリアが議長国だった翌二〇二四年の『Ｇ７プーリア首脳コミュニケ』『Ｇ７科学技術大臣会合コミュニケ』にも再び明記されたのですから、民間の「人材力」が日本の「外交力」を後押しした事例だったと思います。

《職種のバランスや労働需要の変化》

二〇二二年五月に経済産業省が示した、二〇五〇年を見据えた『未来人材ビジョン』では、デジタル化などによる「構造変化」によって、二〇五〇年には、現在の産業を構成する「職種のバランス」が大きく変わるとともに、「産業分類別にみた労働需要」も三割増から五割減という大きなインパクトで変化する可能性があるということでした。

まず「職種のバランス」ですが、デジタル化などのメガトレンドの中で、ＡＩやロボットで代替しやすい職種では、今後、雇用が減少し、代替しづらい職種や、新たな技術開発を担う職種では、雇用が増加する見通しです。二〇五〇年の労働需要の見通しとして、「事務従事者」が四二％減少、「販売従事者」が二六％減少するのに対し、「情報処理・通信技術者」が二〇％増加、「開発・製造技術者」が一一％増加の見通しだとされていました。

次に「産業分類別にみた労働需要」ですが、「医療・福祉分野」で必要な労働者数が三割増に対し、「農林水産業分野」は五割減とされています。

『未来人材ビジョン』では、既に日本においては、「医療・対個人サービス職」「清掃・警備職」と「専門職」「技術職」の就業者シェアが高まり、「製造職」「事務職」「販売職」の就業者シェアが減少するトレンドが見られることも指摘されていました。

このため、新たな未来を牽引する人材が重視され、人の能力等のうち、「問題発見力」「的確な予測」「革新性」を強く求められるようになることが示されています。

足元では、諸外国に比べて伸び悩む賃金や少ない人的投資、人口減少に伴う労働供給制約が課題となっています。

このため、二〇二三年六月、経済産業省の「産業構造審議会」（経済産業政策新機軸部会 第２次中間整理）では、①官民を挙げたリスキリング・人材育成、②労働移動の円滑化、③賃上げに向けた取組の強化、④徹底した人手不足への対応、の四点の政策の方向性を示していました。

既に、いくつかの取組が実施されています。

●第四次産業革命スキル習得講座認定制度：AIに代表されるIT／データを中心とした将来の成長が強く見込まれ、雇用創出に貢献する分野において、社会人が高度な専門性を身に付けてキャリアアップを図る専門的・実践的な教育訓練講座を経済産業大臣が認定する制度。（厚労省の「教育訓練支援制度」と連携）

●デジタル人材育成支援：経済産業省・文部科学省・自治体による連携の下、産学官の人材育成コンソーシアムを構成し、企業内人材・大学生／大学院生・高専生向けの人材育成を推進。半導体では北海道（ラピダス）、東北（キオクシア）、広島（マイクロン）、九州（TSMC）、蓄電池では関西（パナソニック）

●スタートアップ人材の育成支援：メンターによるIT分野の若手人材の発掘・育成事業、スタートアップの海外展開を促すための起業家等の海外派遣プログラム、ディープテック分野に特化した研究機能と国際標準のインキュベーション機能を兼ね備えたグローバル・スタートアップ・キャンパスの創設など

●「人的資本経営コンソーシアム」の設立：企業内労働者のキャリアパスの多様化やスキルに応じた登用を推進するため、経済産業省の主導により、二〇二二年八月に、日本企業五七九社による「人的資本経営コンソーシアム」を設立

●賃上げ促進税制（令和六年度税制改正）：従業員の給与や教育訓練費を増加させた場合に

法人税額の一部控除

●ものづくり補助金、事業承継・引継ぎ補助金等の補助率アップ：大胆な賃上げに取り組んだ場合、補助率や補助上限を引き上げ

今後必要な取組として、いくつか例を挙げます。

第一に、ＡＩ、半導体、量子技術、マテリアル、ロボット、蓄電池、サイバーセキュリティ、フュージョンなど、重要分野における産業人材育成支援を強化することです。

第二に、未来を牽引する人材を育成するために、アントレプレナーシップ教育の受講機会を拡大することです。

第三に、産業分野における国際的な「ルールメイキング」を主導する人材育成を支援し、ルール形成戦略を担う経営層や、個別産業分野の国際標準化の交渉をリードできる人材育成を強化することです。

第四に、重要情報や知的財産権を保護するための知識・スキルの育成です。経営層からＩＴ技術者、一般社員にいたるまで、サイバーセキュリティに関する知識・スキルの向上を図らなければなりません。

『不正競争防止法』『外国為替及び外国貿易法』『特定秘密保護法』『重要経済安保情報の保護及び活用に関する法律』など、技術情報の管理等に関わる法令や制度に関する知識・スキル向上に繋がる取組を強化することです。

また、クリエイターやソフトウェア開発者などの権利を保護するため、知的財産権や契約に関する教育を強化することも必要です。

《システムインテグレーター不足への対応》

具体的な産業分野について、個人的な問題意識にも触れます。

二〇二一年九月の自民党総裁選公約として発刊した著書で私が指摘していたのは、日本企業が世界トップシェアを持つ産業用ロボット分野におけるシステムインテグレーターの不足でした。

システムインテグレーターは、情報システムの企画・構築・運用などの業務を一括して請け負う情報通信企業です。

米国では、顧客の技術を活用できる新分野の提案も行っており、その数も圧倒的に多いそうです。日本のシステムインテグレーターは、五〇人から六〇人くらいの人員で用途に応じてやっている個人事業主が多いということでした。日本のシステム分野では、完成しないと支払いが得られないので、資金繰りが厳しいと聞きました。

その人材育成とともに、出来高払いのような方法に転換するなど、対策を考えるべき課題だと考えていました。

この課題については、二〇二四年三月に、経済産業省が、ロボットの導入により自動化を実現したい相談企業に対し、「企業支援アドバイザー」が自動化の実現に向けた対応について整理を行い、それをシステムインテグレーターに伝えることで、「相談企業からの対応能力」を上げていくためのツールとして、『中小企業支援機関のためのロボット導入支援の手引き』を発表してくれましたので、一歩前進です。

《漫画・アニメ・ゲーム分野の担い手支援を強化》

同じく二〇二一年九月に発刊した著書には、「漫画」「アニメ」「ゲーム」も、日本の強みであり、担い手の育成と起業支援の仕組みが必要だと書きました。

まずは、高等教育機関で、著作権や契約などに関する法律教育を行うこと。次に、外資とのイコールフッティング（競争条件同一化）や海外配信網の整備などを支援すること。さらに、資金面では、投資家の税負担軽減策として、「寄付税制」を所得控除から税額控除にすることなどを提案しました。

その後、私自身が、閣僚として、二〇二三年九月一三日からは、新たに「クールジャパン戦略」も担当することになりました。

日本の「漫画」「アニメ」「ゲーム」といったコンテンツの海外における売上の市場規模は、四・七兆円（二〇二二年）で、輸出額では鉄鋼産業に匹敵し、半導体産業に迫る規模です。

日本の強みを活かしてさらなる高みを目指すべきだと考え、着任早々に『新たなクールジャパン戦略』の策定に向けた検討を指示しました。

二〇二四年六月四日に、四年半ぶりとなる『新たなクールジャパン戦略』を策定することができました。

同戦略では、私自身の課題意識に対応する施策を、いくつか盛り込むことができました。

「産業界のニーズに応じて、大学など高等教育機関等におけるコンテンツ産業を支える人材育成強化のための取組を支援する」（経済産業省、文部科学省、文化庁、関係府省）

「クリエイターの適切な収益の確保に向けて、クリエイターが事業展開する際の契約作成などに関する課題について、弁護士等の専門家による個別支援を行う相談窓口の体制を強化する」（文化庁）

「海外プラットフォームとの対等な関係が構築されるよう、一方的なルール変更（不利益変更）の有無や透明性の向上に係る取組（視聴者数等のデータの公開）、収益配分、コンテンツの二次利用に係る権利設定等について実態の把握を進める」（公正取引委員会、文化庁、総務省、内閣府知財事務局）

「拡大する海外需要を獲得し、日本発のコンテンツ市場の拡大を図るため、コンテンツの海外展開のための制作能力の強化、制作・流通ノウハウの取得、流通プラットフォームの機能強化、プロモーションやローカライゼーション（翻訳等）等の支援を行う」（経済産業省、文化庁、総務省、関係府省）

「国際水準ベースの制作費を確保し、日本の豊富なＩＰ（知的財産）を活かした高品質な映像作品の製作を促すべくグローバルに競争力を有する映像作品の制作費支援を行う」（経済産業省）

こちらは、二歩ほど前進しました。

《国際標準機関で活躍できる人材の育成》

同じく二〇二一年九月に発刊した著書には、国際標準化に関する課題意識も記しました。習近平指導部以降の中国は、「規格強国」化を掲げ、国際標準化機関における発言力の向上により、中国規格の国際標準化を提示しています。背景は「製造強国」の建設や「一帯一路」の推進といった国家戦略の推進だと考えられますが、先進国による国際的な規格・ルールの制定が、製品の輸出コストを高めるなど非関税障壁を作り出し、中国などに不利益をもたらしているとの不満も表明しています。

日本が既に国際規格登録を終えていた光ケーブルのコネクターについて、中国は二〇二〇年一〇月に日本製品を微修正した仕様を国際規格として登録申請しました。日本企業の中には、国際標準化に無関心な企業や消極的な企業も見受けられます。日本が優位性を維持している分野もあるものの、スマートシティなど新興分野では中国が優勢になっています。

技術革新のスピードが上がっている今、国家戦略として「国際標準化」にも力を入れるとともに、日本人が国際標準化機関の重要ポストを積極的に取りに行くための活動を進めたいと考えていました。

近年、中国、ＥＵ、米国は、総合的な『国家標準戦略』を競い合うように相次いで発表しており、いわば「国際標準化競争」の状況にあります。

他方、我が国では、次のような課題が指摘されています。

①経営計画でルール形成により新たな市場創造の構想を盛り込むと回答した企業が三割弱となるなど、国際標準化を有効に活用する経営戦略やビジネス戦略が弱いこと

②国際標準化活動に携わる日本の関係者の七割以上が五〇歳以上であり、高齢化で人材基盤が脆弱化していること

③英国規格協会（ＢＳＩ）などの他国機関と比べて日本の規格策定機関は規模が小さく、民間活動を支援する基盤が脆弱であること

私自身が、二〇二二年八月から、閣僚として「知的財産戦略」も担当することになりましたので、二〇二三年六月に知的財産戦略本部で決定した『知的財産推進計画２０２３』では、「総合的な標準戦略を整備し、官民で実行に移す必要がある」としました。

二〇二四年五月二四日には、そのための体制として、知的財産戦略本部の下に、「国際標準戦略部会」を設置することを発表しました。この部会で、我が国産業のインパクトを踏まえ、

「戦略領域」を設定することや、「国家標準戦略」の検討を行うこととしています。

また、内閣府では、令和五年度補正予算で三〇億円を確保し、内閣府が、国際標準機関で活躍できる人材の育成や、国際標準機関での主要ポスト獲得に向けた活動などに取り組むための予算を関係省庁（経済産業省、総務省、農林水産省、国土交通省など）に配分することとしました。

こちらも、一歩だけ前進です。

研究人材について

研究力の強化は、イノベーションを通じて、経済成長の実現や社会課題解決に貢献するものであり、極めて重要です。

一方で、定量的に把握しやすい指標のみをもって一面的に判断すべきではないのですが、我が国の「注目度の高い論文数」（ＴＯＰ一〇％補正論文数など）の順位の低下など、日本の研究水準の相対的な立ち位置の低下に相当な危機感を持っています。

研究力強化の鍵は、「競争力ある研究者の活躍」だと考えていますが、若手をはじめ、研究者を取り巻く状況は厳しく、研究者の魅力が低下しています。

研究者を魅力ある職業にするためには、若手からトップ研究者に至るまで意欲ある研究者に、魅力ある研究環境を提供することが必要です。特に未来に向けては、安定した環境のもとで挑戦略的な研究に打ち込めるよう、若手研究者への支援強化が重要です。

これまで、政府では、『研究力強化・若手研究者支援総合パッケージ』（二〇二〇年一月二三日総合科学技術・イノベーション会議決定）や、『第6期科学技術・イノベーション基本計画』（二〇二一年三月二六日閣議決定）に基づき、次の五つを柱として、各省が連携して様々な取組を実施してきました。

①博士後期課程学生の処遇向上とキャリアパスの拡大
②大学等において若手研究者が活躍できる環境の整備
③女性研究者の活躍促進
④国際共同研究・国際頭脳循環の推進
⑤研究時間の確保

例えば、博士後期課程学生への支援については、博士課程在学中の経済的見通しが十分ではないことによる博士課程入学者の減少といった課題に対応するため、『第6期科学技術・イノベーション基本計画』において、生活費相当額を受給する学生数を従来の三倍に増加させることを目標としていましたが、令和三年度（二〇二一年度）から抜本的に拡充し、約九〇〇〇人規模の支援（従来の二倍以上の支援規模）を実施してきました。

さらに、令和五年度（二〇二三年度）には、既存施策と合わせて約一万八四〇〇人規模の生活費相当額の支援を実施しました。

また、前記しましたが、若手研究者の海外研鑽・海外経験の機会の拡充や、諸外国からの優秀な研究者の招聘など、国際頭脳循環の推進のため、令和四年度補正予算（約五〇〇億円）で造成された基金により「先端的国際共同研究推進事業／プログラム（ＡＳＰＩＲＥ）」を実施しています。これにより、世界のトップ科学者層とのネットワーク構築、未来を決める国際的なトップ研究コミュニティへの参画、将来持続的に世界で活躍できる人材の育成を目指しています。

さらに、研究者の研究時間の確保については、私が科学技術政策担当大臣に就任した後、二〇二三年三月に、総合科学技術・イノベーション会議で『研究に専念する時間の確保』を取り纏めました。これを踏まえて、技術職員等の専門職人材の処遇改善など「人のサポートによる改善」や、大学入試業務の負担軽減など「大学マネジメントによる改善」を通じて、研究者の研究時間の確保を促してきました。

私が取り纏めを担当し、二〇二四年六月四日に閣議決定した『統合イノベーション戦略２０２４』においても、着実に推進する「３つの基軸」のうちの一つとして、「知の基盤（研究力）と人材育成の強化」を掲げました。研究者が腰を据えて研究に打ち込める環境を実現するために、研究時間の確保を含む研究環境の改善に係る取組を進めるとともに、若手から中堅以上の優秀な研究者に切れ目ない支援を行うこととしています。

引き続き、博士課程学生や若手研究者の処遇向上に取り組みますが、既に経済団体や企業に対して、「博士人材が産業界で幅広く活躍する重要性」の理解促進に向けた働きかけも行っています。

さらに二〇二四年に入って私が特に頑張ったのは、国立大学法人等の「運営費交付金」などの基盤的経費や「科研費」など競争的研究費を増やすための行動でした。

二〇〇三年一〇月一日に『国立大学法人法』が施行され、二〇〇四年四月一日には、国立大学法人が設立されました。それまでの国立大学が、国の組織から独立した法人になったのです。国の組織として求められる文部科学省との様々な調整を不要とし、優れた教育や特色ある研究に各大学が工夫を凝らせるようにするための改革でした。

規制緩和により、国立大学法人が株式を取得したり、収益事業を行ったり、寄付金の金融商品への運用を行ったりできるようになり、「国立大学法人による自律的な経営環境の確保」が可能になりました。他方、「運営費交付金」などの基盤的経費は、減額されることとなりました。

ところが、少子化による入学者減に加え、昨今の電気代の高騰により、実験を止めるわけにはいかない理工系学部を持つ大学の負担は増大し、卓越した外国人教授の給与も国際水準に見合った支出が苦しくなっている旨、多くの大学マネジメント層から伺いました。

盛山正仁文部科学大臣とも事前に相談の上、経済財政諮問会議では一人で発言を行い、二〇二四年六月四日に閣議決定した『統合イノベーション戦略２０２４』には「国立大学法人運営費交付金等の基盤的経費や科研費等の競争的研究費を通じた研究力の一層の強化」という一文を盛り込むことができました。

国と社会を守る「人材力」について

二〇二二年一二月一六日に閣議決定された『国家安全保障戦略』には、重要な記述があります。次に、一部を抜粋します。

【社会的基盤の強化】

平素から国民や地方公共団体・企業を含む政府内外の組織が安全保障に対する理解と協力を深めるための取組を行う。

また、諸外国やその国民に対する敬意を表し、我が国と郷土を愛する心を養う。

そして、自衛官、海上保安官、警察官など我が国の平和と安全のために危険を顧みず職務に従事する者の活動が社会で適切に評価されるような取組を一層進める。

さらに、これらの者の活動の基盤となる安全保障関連施設周辺の住民の理解と協力を確保するための施策にも取り組む。

また、領土・主権に関する問題、国民保護やサイバー攻撃等の官民にまたがる問題、自衛隊、在日米軍等の活動の現状等への理解を広げる取組を強化する。

そして、将来の感染症危機に備えた官民の対応能力の向上、防災・減災のための施策等を進める。

【知的基盤の強化】

安全保障における情報や技術の重要性が増しており、それらを生み出す知的基盤の強化は、安全保障の確保に不可欠である。

そのような観点から、安全保障分野における政府と企業・学術界との実践的な連携の強化、偽情報の拡散、サイバー攻撃等の安全保障上の問題への冷静かつ正確な対応を促す官民の情報共有の促進、我が国の安全保障政策に関する国内外での発信をより効果的なものとするための官民の連携の強化等の施策を進める。

「防衛力」も「外交力」も、国民世論の後押しと納税者の皆様のご理解が得られなければ、強化することができません。

また、国民の皆様お一人お一人が自らの身を守るためにも、サイバーセキュリティ対策、防災、防犯、社会制度に関する知識が浸透している必要があります。

私自身は、長年、学校現場はもとより、幅広い世代を対象にした地域ぐるみの「情報セキュリティ教育」「防災教育」「防犯教育」「消費者教育」「投資教育」「社会制度教育」の必要性を訴え続けてきました。

「社会制度教育」というのは、困窮しているのに生活保護の申請ができずに飢餓で亡くなったり、育児や介護の負担に耐え切れなくなったり、進学を諦めたりする方が居なくなるように、生活・育児・介護・障碍・進学への支援策など利用可能な施策の周知を徹底することです。

総務大臣在任中、行政評価局長に対して、「介護保険サービス」や「介護休業制度」の利用状況や利用促進に向けた取組状況の調査を要請しました。調査の結果、家族の介護を始める前に「介護保険サービス」を知らなかった方が五三・〇%、「介護休業」を知らなかった方が七二・八%も居られることが分かりました。事業所にも、「介護休業制度」の改正内容が十分に伝わっておらず、『就業規則』に適切に反映されていない事業所が五一・六%ありました。利用できるサービスを知らないまま介護離職をする方、精神的に追い詰められる方を減らす観点からも、「社会制度教育」は重要だと考えています。

かけがえのない命を守ること、安全を守ること、人手不足が叫ばれる中で離職を防ぐこともまた、日本の「人材力」を考える時に重要な要素だと思います。

この点、安倍内閣の下で改訂された『学習指導要領』には、大切な項目が書き込まれました。『小・中学校学習指導要領』の改訂（平成二九年三月三一日改訂、小学校は令和二年度、中学校は令和三年度から新たな教科書の使用開始など全面実施）の、教育内容の主な改善事項では、「自然災害に関する内容の充実を含む理数教育の充実」「主権者教育」「消費者教育」「防災・安全教育」などの充実が掲げられています。

『高等学校学習指導要領』の改訂（平成三〇年三月三〇日改訂、令和四年度から年次進行で実施）の、教育内容の主な改善事項では、「職業教育」の充実や、「主権者教育」「消費者教育」「防災・安全教育」「キャリア教育」などの充実が掲げられています。この中には、「高齢者の尊厳と介護についての理解（認知症を含む）」や「生活支援に関する技能」も含まれています。ただし、「公民」や「家庭」の授業で教えることとされており、高校で科目選択制をとっている場合には、全ての生徒が学べていないのではないかという懸念が残ります。

金融庁では、二〇二二年四月からの成年年齢引下げにより、一八歳から、クレジットカードを作るなど金融に関する様々な契約を自ら行えるようになり、金融経済教育の重要性がますます高まっていることから、高等学校向けの金融経済教育指導教材を作成・公表した他、中学校、高等学校、大学などでの金融経済教育に関する出張授業や、教員向け研修会への講師派遣を実施してくれています。

行政機関の人材力

二〇二四年六月二八日の閣議で、『国の行政機関の機構・定員管理に関する方針』が、約一〇年ぶりに改訂されました（前方針は二〇一四年七月二五日閣議決定）。

これまでは、行革の観点から国家公務員の定員管理は厳しく、「府省の枠を超えて、大胆に定員の再配置を推進する」と記されていました。明らかに業務量過多で負担が大きくなっている部局があっても、同じ府省庁内の他の部局に応援人員を求めるか、他の府省庁から出向してもらうしか対応方法がありませんでした。

しかし、私の所管分野でも、明らかに無理がある状態になっていました。

例えば、経済安全保障分野です。経済安全保障の課題は変化が早く多岐にわたります。二〇二五年には経済安全保障版セキュリティクリアランス制度を創設する『重要経済安保情報の保護及び活用に関する法律』が施行される上、更なる技術流出対策にも取り組まなければなりません。他の業務と併任がかかった状態の幹部も多く、体制強化は喫緊の課題でした。

宇宙分野でも、H3ロケットの打上げは成功しましたが、今後は民間ロケットも急速に増えていきます。北海道や和歌山県でもロケット開発や射場整備に向けて精力的に取り組んでおられます。内閣府宇宙開発戦略推進事務局では、民間ロケットや衛星の打上げの許認可や審査を行っていますが、二〇二四年現在の定員は僅か一八名です。なんと、審査関係では一名だけという惨状です。安全保障や民間ビジネスで期待を集めている中で、他省庁からの出向や民間企業からの派遣に頼り続けられる状況ではなくなっていました。

二〇二四年の五月と六月の二回に分けて、前記した二事例について、内閣人事局長、官房長官、総理に、私から説明をさせていただき、定員増をお願いしました。

その後、『国の行政機関の機構・定員管理に関する方針』が改訂され、「必要な場合には、行政の重要課題を担う業務について定員の合理化数を上回る増員を行う等、行政需要の変化に対応したメリハリのある定員管理を行う」という文言に変わり、胸をなでおろしています。

また、本書で紹介しましたように、講師の先生のお話からも、日本のインテリジェンス機能の弱さは明らかです。特に、情報源との関係を維持しながら諜報活動をする機関においては、大胆な定年の延長も含めて検討するべき時期が来ているように感じています。

高市早苗（たかいち・さなえ）

1961年（昭和36年）生まれ、神戸大学経営学部卒業、松下政経塾卒塾。米国連邦議会Congressional Fellow、近畿大学経済学部教授（産業政策論・中小企業論）を歴任。衆議院では、文部科学委員長、議院運営委員長等を歴任。自由民主党では、政務調査会長（３期）、経済安全保障対策本部長、日本経済再生本部長、サイバーセキュリティ対策本部長（３期）等を歴任。内閣では、通商産業政務次官、経済産業副大臣（３回任命）、内閣府特命担当大臣（５回任命）、総務大臣（５回任命、史上最長在職期間を記録）を歴任。2024年７月現在は、衆議院議員（９期）、自由民主党奈良県第２選挙区支部長、経済安全保障担当大臣、内閣府特命担当大臣（クールジャパン戦略、知的財産戦略、科学技術政策、宇宙政策）。著書に『日本の経済安全保障　国家国民を守る黄金律』（飛鳥新社）、『美しく、強く、成長する国へ。―私の「日本経済強靱化計画」―』（ワック）、『アズ・ア・タックスペイヤー』（祥伝社）、『サイバー攻撃から暮らしを守れ！』（編著・ＰＨＰ研究所）、『ハト派の嘘』（櫻井よしこ氏との共著、産経新聞出版）などがある。

国力研究

日本列島を、強く豊かに。

令和６年９月１日　第１刷発行
令和６年９月18日　第３刷発行

編 著 者　高市早苗
発 行 者　赤堀正卓
発 行 所　株式会社産経新聞出版
〒100-8077 東京都千代田区大手町 1-7-2
産経新聞社８階
電話　03-3242-9930　FAX　03-3243-0573
発　　売　日本工業新聞社　電話　03-3243-0571（書籍営業）
印刷・製本　株式会社シナノ

ISBN 978-4-8191-1441-7　C0095
